Über Ingeborg Bachmann 2
Porträts, Aufsätze, Besprechungen (1952-1992)

Herausgegeben von Michael Matthias Schardt

LITERATURWISSENSCHAFT

Über Ingeborg Bachmann:
Porträts, Aufsätze, Besprechungen (1952-1992)

Rezeptionsdokumente aus vier Jahrzehnten

In Zusammenarbeit mit Heike Kretschmer
herausgegeben von Michael Matthias Schardt

Michael Matthias Schardt (Hg.)
Über Ingeborg Bachmann 2: Porträts, Aufsätze, Besprechungen (1952-1992).
Rezeptionsdokumente aus vier Jahrzehnten

1. Auflage 1994 | 2. Auflage 2011
ISBN: 978-3-86815-537-2
© IGEL Verlag *Literatur & Wissenschaft*, Hamburg, 2011
Alle Rechte vorbehalten.
www.igelverlag.com

Igel Verlag Literatur & Wissenschaft ist ein Imprint der Diplomica Verlag GmbH
Hermannstal 119 k, 22119 Hamburg
Printed in Germany

Die Deutsche Bibliothek verzeichnet diesen Titel in der Deutschen Nationalbibliografie.
Bibliografische Daten sind unter http://dnb.d-nb.de verfügbar.

2. Abteilung

ALLGEMEINES ZU LEBEN UND WERK

Die österreichische Lyrikerin Ingeborg Bachmann

Von Ernst Schönwiese

Es war die Verwirklichung eines höchst dankenswerten und kulturell bedeutsamen Gedankens, als sich das Theater in der Josefstadt entschloß, neben seinem großen Haus auch noch das Kleine Theater im Konzerthaus unter seine Betreuung zu nehmen und dieses kleine Haus allem im besten und wahrsten Sinn des Wortes *Jungen* der dramatischen Dichtkunst, insbesondere auch dem österreichischen Dramatiker-Nachwuchs, bereitzuhalten. Dem literarischen Experiment vorwiegend junger Autoren soll, nach der Idee dieser Gründung, das Theater gewidmet sein. Daß im Zusammenhang mit diesem Plan auch die Gründung des Kollegiums "Wiener Dramaturgie" steht, die ja auf eine Idee des Direktors des Theaters in der Josefstadt, Professor Häußermann, zurückgeht, ist bekannt. Von jenem Kollegium ist dann angeregt worden, neben den abendlichen Vorstellungen im Kleinen Haus auch noch Matineen zu veranstalten, um so die Lyrik und die Erzählkunst in den Plan einzubeziehen, aber auch um damit Gelegenheit zu haben, einzelne Szenen und Akte aus Stücken, die als Ganzes zu inszenieren man sich vorerst noch nicht entschließen kann, zumindest in Form der Lesung auszuprobieren und so die erste Stellungnahme des Publikums und der Kritik zu dem Stück kennenzulernen. Bei jeder dieser Matineen wird ein Mitglied des Kollegiums "Wiener Dramaturgie" die Vorstellung des oder der Autoren sowie die Einführung in deren Werk übernehmen. Die erste dieser Veranstaltungen, zu der wir heute hier zusammengekommen sind, ist der österreichischen Lyrikerin Ingeborg Bachmann gewidmet.

Wer das Werk dieser Dichterin in seiner Besonderheit, wer insbesondere die Stellung, die dieses Werk zur Zeit im Bewußtsein der literarischen Öffentlichkeit Österreichs und Deutschlands einnimmt, darstellen will, der tut, wie ich glaube, gut, zunächst scheinbar einen Umweg einzuschlagen. Ich möchte nämlich in diesem Zusammenhang kurz auf den Umstand hinweisen, daß der literarische Geschmack - besonders dem Jungen und Neuen gegenüber - in den drei Ländern deutscher Sprache: Deutschland, Österreich, Schweiz, auffällige Unterschiede, ja mitunter sehr gegensätzliche Einstellungen aufweist. Wir dürfen die Schweiz hier außer Betracht lassen und wollen uns begnügen, die, wie ich glaube, typischen Gegensätze zwischen der Einstellung eines gebildeten Durchschnittslesers in Österreich und der eines solchen in Deutschland näher zu betrachten. Beim Österreicher ist ein gewisses Traditionsbewußtsein immer vorhanden. Als Künstler etwa vergißt er nie ganz, daß er etwas fortzuführen und fortzusetzen hat, was schon andere vor ihm zu einer - freilich immer nur relativen - Vollendung, wenn auch nie zu einem Ende, gebracht haben. Ich erinnere mich eines Gespräches über ähnliche Probleme, es liegt nun bald 25 Jahre zurück, in dem mir Franz Werfel, der doch als einer der umstürzendsten Expressionisten begonnen hatte, mit strenger Entschiedenheit sagte: "Wir stehen alle auf den Schultern anderer." - Das scheint mir eine Haltung zu sein, die für den Österreicher charakteristisch ist. - Dazu kommt ein zweiter Umstand, der hier entscheidend ins Gewicht fällt, nämlich der, daß die gewaltsame Fernhaltung von bestimmten, sehr wichtigen Strömungen der eigenen literarischen Tradition und der der Weltliteratur, wie sie in Deutschland von 1933 - 1945 bestand, für Österreich wesentlich kürzer gewährt hat, so daß die Brücke über den Abgrund jener Unterbrechung auch sehr viel leichter wieder zu schlagen war. Wie bedeutsam das sein kann, wird klar, wenn man folgende Überlegung anstellt: Den Lesern, die 1938 etwa 18 Jahre oder älter waren, also allen vor 1920 Geborenen, war z. B. der Name Thomas Mann geläufig, die Gebildeten unter ihnen kannten Kafka, Musil, Broch - oder konnten sie zumindest kennen. Von den nach 1920 Geborenen muß - wenigstens im Durchschnitt, und soweit nicht der glückliche Zufall einer väterlichen Bibliothek oder überhaupt der eines entsprechenden geistigen Zuschnittes des Elternhauses zu einer günstigeren Entwicklung verhalf - angenommen werden, daß sie alle diese Namen, zu denen die Großen der englischen, amerikanischen, französischen Literatur usw. hinzuzuzählen sind, im Jahr 1945 überhaupt zum erstenmal gehört haben. In Deutschland währte diese Unterbrechung noch wesentlich länger, - gewiß nicht ganz, aber doch beinahe doppelt so lang. Und wenn es bei uns mehr als sieben Jahre gedauert hat, so war es draußen, - gewiß nicht ganz, aber doch beinahe: ein halbes Menschenalter.

Was ich mit diesem kurzen Hinweis sagen will, ist, daß es uns nicht wundern darf, wenn man in Deutschland allem Neuen und Jungen, allem Modernen und Modernsten so rasch aufgeschlossen ist, daß wir traditionsbewußteren Österreicher oft ein leises Kopfschütteln und ein verblüfftes Staunen nicht ganz unterdrücken können; denn schließlich war dort für sehr viel mehr Jahrgänge einfach alles "neu", auch das für uns alte, auch die Dichtung der Vorkriegsgeneration. - Ich möchte mich hier aber sofort gegen ein mögliches Mißverständnis verwahren. Ich habe den angedeuteten Gegensatz in der durchschnittlichen Einstellung zweier großer Lesergruppen nicht deshalb aufgezeigt, um der einen Einstellung vor der anderen den Vorzug zu geben. Denn selbstverständlich hat jede dieser beiden Einstellungen ihre großen Vorzüge und ebenso ihre großen, unverkennbaren Gefahren. Wenn man bei uns oft nur zu leicht geneigt ist, der anderen Haltung vorzuwerfen, daß sie auf alles hereinfiele, was nur irgendwie neu und modern aussehe, so wirft man uns andrerseits Epigonentum und ein bequemes Steckenbleiben in Provinzialismen vor. Man weist also hier wie dort auf mögliche Gefahren hin, die nicht verkannt werden sollten. Zuletzt haben immer nur die Extreme und die Einseitigkeiten unrecht, während jede Meinung, die ohne Ausschließlichkeit auftritt, auf ihre Weise recht behält. Wenn wir die Dinge so ansehen, wird man bald erkennen, daß die beiden Geschmacksrichtungen nicht nur sehr gut und fruchtbar nebeneinander bestehen können, sondern daß sie im Tiefsten, im Letzten auf eins hinauslaufen, nämlich auf das, was Georg von der Vring jüngst in die Worte gebracht hat: "*Neue* Gedichte müssen, um gut zu sein, den großen Gedichten aller Zeiten ähneln." - -

Sie werden fragen, meine verehrten Damen und Herren, warum ich von dem allen spreche, da ich doch von Ingeborg Bachmann sprechen soll. Nun, ich habe diesen scheinbaren Umweg gewählt, weil er mir trotz allem als der kürzeste erscheint, das zu sagen, was ich sagen möchte, nämlich: Ingeborg Bachmanns Werk steht genau im Schnittpunkt dieser beiden von uns im Gegensatzpaar "Tradition und Moderne" verstandenen Geschmacksrichtungen. Sie ist Österreicherin, genauer Kärntnerin, in Klagenfurt geboren, in ihr lebt als Erbe ein nie ganz zu verleugnendes Gefühl für Tradition und kulturelle Überlieferung. Sie wird nie so sehr die extremen Einseitigkeiten moderner literarischer Formexperimente mitmachen, daß sie etwa in alle die Fehler nochmals fiele, die von den in den Jahren nach dem Ersten Weltkrieg jungen Generationen schon gemacht wurden und die heute so gut vergessen sind, daß man sie, wie wenn sie funkelnagelneu wären, wieder machen kann. - Sie ist 1926 geboren. Als der Krieg zu Ende war, zählte sie 18 Jahre. Sie gehört also der Generation an, für die fast alles, was sie in den ersten Jahren ihres geistigen und seelischen Erwachens in sich aufgenommen hatte, falsch gewesen war, und die unendlich viel nachzuholen hatte. Ingeborg Bachmann hat nachgeholt. Ich erinnere mich z. B. eines Essays von ihr über Robert Musil, der zum besten zählt, was man von der Generation, der sie zugehört, über diesen großen Österreicher lesen konnte. Der von den Zeitumständen ihr aufgezwungene Neubeginn nach dem Krieg erhielt sie aber auch aufgeschlossener für alles, was an neuen Möglichkeiten dichterischer Formung und sprachlichen Ausdrucks aus dem Ausland erstmals zu uns gelangte. So wurde sie, um es mit einem Satz zu sagen, die allem Modernen, Jungen und Neuen am weitesten offene unter den österreichischen Dichtern und Dichterinnen. Und sie verstand dieses Neue in so reifer Weise ihrem Werk einzuverleiben, zu integrieren, daß - die von niemandem bezweifelte große, starke und reine Begabung einmal vorausgesetzt - es kein Wunder war, daß sie sogleich mit ihrem ersten Gedichtbuch "Die gestundete Zeit" zu einer der bekanntesten und meistgenannten Lyrikerinnen, mit ihrem zweiten, weit stärkeren Buch "Anrufung des Großen Bären" zu einer der heute - das Wort trifft wirklich zu - berühmtesten Dichterinnen unserer Zeit geworden ist. Jedenfalls in Deutschland. Denn wir haben bei Ingeborg Bachmann den seltsamen Fall, daß eine österreichische Dichterin in Deutschland zu Ruhm gelangt ist, dort mehrere Dichterpreise zuerkannt erhalten hat, während ihr in ihrer Heimat, bei aller Anerkennung der Begabung, ich sagte es schon, auch gute und wohlwollende Kenner der zeitgenössischen Lyrik, nicht ohne eine gewisse Reserve gegenüberstehen. Hält man in Deutschland heute Umfrage nach der bedeutendsten jüngeren Dichterin, so wird bestimmt zuerst auf Ingeborg Bachmann verwiesen werden. Macht man die gleiche Umfrage bei uns, so erhält man ebenso wahrscheinlich zuerst zwei andere Namen genannt, Dichterinnen, die fast zur gleichen Zeit mit ihr hervorgetreten sind, aber - wie seltsam! - elf Jahre älter sind als sie. Dort also die Vertreterin der Generation, die bei Kriegsende achtzehn war und sich Formbewußtsein, Ausdrucksgefühl erst erobern mußte; hier Vertreterinnen einer Generation, die im Jahre 1938 immerhin schon 23 Jahre alt war, die also eine Fülle von bestimmenden Kunsteindrücken und Einflüssen über den großen Zeitenriß hinwegretten konnte.

Aber genug mit dem allen, das - ich sage es noch einmal - keinerlei Kritik, weder nach der einen noch nach der andern Seite, enthalten, sondern nur auf gewisse Zusammenhänge hinweisen sollte. Vor allem auf ein entscheidendes Moment in der existentiellen Situation Ingeborg Bachmanns und der ganzen Generation, für die sie spricht. Und ich möchte Ingeborg Bachmann zugleich in Schutz nehmen, vielleicht sogar ein wenig gegen ihre Verehrer draußen, die sie zumeist wegen der gleichen Züge in ihrem Werk so besonders schätzen, die ihr in ihrer Heimat eine eher reserviertere Haltung eingetragen haben: sie ist durchaus keine einseitig extreme, 'modernistische' Lyrikerin, als die sie die einen so bewundern und die andern glauben geringer werten zu sollen. Schon der Schritt von ihrem ersten Gedichtbuch zu ihrem zweiten ist gewaltig. Die Metaphorik ihrer Sprache hat an Farbe und sinnenhafter Anschaulichkeit in erstaunlichem Maße gewonnen. Überwogen im ersten Band Stil und Ton des reimlosen Freien Rhythmus, so daß sich in jenem Band kaum mehr als zwei Gedichte in gereimten Strophen finden ließen, so ist in der "Anrufung des Großen Bären" das Gleichgewicht zwischen Freiem Rhythmus und Reimstrophen längst wieder hergestellt. Aber selbst in dem frühen Band steht schon ein so großartiges Gedicht wie "Die große Fracht", das mit Recht Eingang in mehrere Anthologien gefunden hat, und das in Strophenform und Reim, in der Wiederkehr einzelner Verszeilen und reizvoller Verschlingung untereinander, ganz im Sinne des zitierten Ausspruches Georgs von der Vring eines jener neuen Gedichte ist, die den großen Gedichten aller Zeiten ähneln. Schon dieses frühe Gedicht ist ganz und gar nicht mehr "neu", allerdings ebensowenig "alt", es ist weder zeitnahe, noch ist es zeitfern, sondern es lebt hoch über all diesen Gegensätzen, dort wo zu allen Zeiten alle echte Poesie ihre Heimat hatte und immer haben wird: in der einen Zeitlosigkeit. Oder mit den Worten eines ihrer Gedichte gesagt, das nicht zufällig die "Große Landschaft bei Wien" beschreibt:

> ... dem vergänglichsten Augenblick
> Geneigt und der Schönheit verfallen, sag ich mich los
> Von der Zeit, ein Geist unter Geistern, die kommen.

Und Gleiches gilt dann für einige der schönsten Gedichte ihres zweiten Bandes, etwa für die "Nord und Süd" überschriebenen Strophen, für den ergreifenden "Brief in zwei Fassungen" oder das Gedicht "Nach vielen Jahren", das anhebt:

> Leicht ruht der Pfeil der Zeit im Sonnenbogen.
> Wenn die Agave aus dem Felsen tritt,
> Wird über ihr dein Herz im Wind gewogen
> Und hält mit jedem Ziel der Stunde Schritt.

Das hat unverkennbar den großen Atem des reinen Gedichts, jenen Herzschlag des echten inneren Erlebnisses, das immer neu sein wird und doch zugleich uralt ist, und das sich in eine Tiefe des Wesens begibt, in der Menschen zu allen Zeiten gleich waren und sich vor dieselben Fragen und Ver-Antwortungen gestellt sahen, - was auch immer rings um sie an sogenanntem "Zeit"-Geschehen sich abgespielt haben mag: in jener Tiefe, in der die letzten, die persönlichsten, die religiösen Fragen ihrer Antwort entgegenreifen.

In der "Gestundeten Zeit" stehen die geheimnisvoll tiefsinnigen Verse:

> Was dich trennt, bist du. Verström,
> Komm wissend wieder, in neuer Abschiedsgestalt.

Diese Zeilen deuten auf das, was ich hier meine.

Und in dem "Monolog des Fürsten Myschkin", den Ingeborg Bachmann zu der Ballett-Pantomime "Der Idiot" verfaßt hat - Hans Werner Henze schrieb dazu die Musik - findet sich der verzweifelte Ausruf:

> O Stummheit der Liebe!

Ich glaube, wir haben Dichtern und Dichterinnen, wie Ingeborg Bachmann eine ist, zu danken dafür, daß sie der stummen Liebe mit ihren Versen für kostbare Augenblicke die Zunge gelöst haben.

Wort in der Zeit, Jg. 4, Heft 3, März 1958, S. 33-36

Ingeborg Bachmann: mit Undine verwandt

Von Peter Conrad

Die Österreicherin Ingeborg Bachmann hat etwas vom Wesen der Undine: Scheuheit, die Dinge zu betasten, Unbefangenheit, das Geheimnis hinzunehmen, in den Worten die Klage, daß Unbenennbares das Licht der Reinheit verliert. "Undine geht" heißt eine Geschichte in ihrem Erzählungsband "Das dreißigste Jahr", einem der schönsten in diesem Jahr erschienenen Bücher. Undine als verratenes Traumwesen, zurückgestoßen ins grüne Schattenreich durch die Gebärden der Alltäglichkeit: das ist nicht nachromantische Empfindsamkeit, sondern die Poesie gewordene Erschütterung, ausgelöst durch das einfache und ganz neue Betrachten der Dinge. Im rationalen Erkennen ist diese Erschütterung nicht faßbar. Die Dinge neu sehen, alles was rund um den Menschen ist, unmittelbare Gegenwart, Vergangenheit und Tradition - das löst in einer Dichterin, die in unsere Zeit der Kriege hineingeboren wurde, Melancholie aus: Melancholie als Lebensgefühl der Wahrhaftigkeit. "Gebt zu, daß es vorbei ist mit Griechenland und Buddhaland, mit Aufklärung und Alchimie. Gebt zu, daß ihr nur ein von den Alten möbliertes Zimmer bewohnt, daß eure Ansichten nur gemietet sind, gepachtet die Bilder eurer Welt." Klage, tränenlos, verhalten, weil der Schrei nirgendwo hindringt in den Trümmerfeldern.

Und dennoch dieses Wesen Undine: es ist wie ein neues Geheimnis der Schönheit und der Liebe, sich wehrend im Schlingennetz der Melancholie; Leidenschaft tönt in den Klagen an, das Selbstverständlichste zu tun. In einem Hörspiel, "Der gute Gott von Manhattan", gibt es Eichhörnchen, Boten der Liebe, schüchterne, aber mutige Tierchen. Wozu denn sonst, wenn nicht für Eichhörnchen, sollen die Glaskugeln voll Nüßchen in den heißen Untergrundbahnhöfen von Manhattan da sein? Im Selbstverständlichen liegt die Schönheit. Ingeborg Bachmann singt in der Klage einen Lobgesang, verhalten und einfach, aber unverwechselbar neu im Erkennen der Dinge. Wer hat je diese Glaskugeln beachtet in den Schächten?

Da wären ihre Gedichte zu nennen, erschienen in zwei Bändchen, mit den Titeln "Die gestundete Zeit" und "Anrufung des Großen Bären". Bilder im überklaren Licht des südlichen Mittags; Metaphern ohne Beispiel in der modernen deutschen Literatur. Die Erlebnisse der Dinge werden zu Erlebnissen der Seele: eine Kontrapunktik, die das Innewerden des Sinnes deutlich macht. Der Rhythmus wird nicht vom Ästhetizismus diktiert, davon ist die Dichterin weit entfernt, sondern vom Wert des Wortes: das Wort als Sinndeutung des Menschen.

Mag es Zufall sein, daß die Dichterin für den Komponisten Hans Werner Henze Heinrich von Kleists "Der Prinz von Homburg" als Libretto bearbeitet hat? In ihrer Prosa ist die Strenge Kleists: Sätze von unheimlicher Genauigkeit. Zwischen dem Wort des Gedichts und jenem der Prosa gibt es hier keinen Unterschied. Es hat denselben Wert des Bildes. Das ist gleichsam Magie der Sprache, vom Denken her unter Kontrolle gebracht, so daß in der Satzfolge die Hintergründe deutlich werden. Diese Prosa bewegt sich auf dem schmalen Grenzgang, wo äußerste Empfindsamkeit und abstraktes Erfassen der Situation aufeinanderstoßen. Das Wagnis dieser Sprache, von Abstürzen in die Banalität gefährdet, führt, wenn es gelingt, in jenen Bereich, wo Dichtung für sich nicht mehr deutbar wird, sondern den höchsten Grad von Beglückung erreicht.

Es sind zwei Österreicher zu nennen, um Analogien zu Ingeborg Bachmanns Erzählkunst aufzuzeigen: Hermann Broch und Hugo von Hofmannsthal. Wie Broch in seinem Geschichtenroman "Die Schuldlosen" die reale Vordergründigkeit immer wieder verliert, weil die Gedanken sich dem Bereich der Seele nähern, ungewollt, ganz einfach aus der Zwangsläufigkeit des Erzählens heraus: dieses Beispiel wiederholt sich, auf ganz eigener Ebene bei Ingeborg Bachmann. So sind ihre Geschichten oft Monologe; aus dem mit realen Konturen gezeichneten Geschichtenanfang entwickelt sich ein Selbstgespräch. Zu Beginn stehen Tisch, Stuhl und Bank, die Affichen eines Cafés, der Ton, wenn Löffel an Porzellan schlagen: aus der realen Umwelt begibt sich der Mensch hinaus in die wahrhaftigere Wirklichkeit seiner Seele. Der Gedanke durchdringt die Situation; sie erhellt sich aus der Lage des Einzelnen: nicht beschreiben, was geschieht - es geschieht alles aus der Wahrhaftigkeit der mit den Sinnen faßbar gewordenen Existenz eines Einzelmenschen.

Hier ist die veränderte Situation unserer Zeit herauszulesen, die Zeitgenossenschaft der Dichterin: von der Stimme des einzelnen her, die deutlicher, ergreifender die Wandlung der Werte sichtbar macht als es das Abbild oder die ironisierte Überzeichnung der Gegenwart vermag. Diese Kunst steht in der Nähe von Hofmannsthals "Andreas"-Fragment, wo das Unbenennbare in der reinen Prosa leuchtet und sich Erschütterung und Ergriffensein einstellt.
Die Weltwoche, 8.12.1961

Ingeborg Bachmann: Undine in der Krise

Von Josef Reding

Einige Erinnerungen bereiten ihr Alpdrücken: ein Lesezyklus durch deutsche Städte im Jahre 1961, bei dem einige Kulturbürger die leise, spröde Stimme der Lesenden nicht verstanden und martialisch "Lauter"! röhrten. Und die Randerscheinung beim Festakt zum Hörspielkreis der Kriegsblinden, den sie 1959 für "Der gute Gott von Manhattan" bekam. Ein wohlmeinender Bonner Minister, der in letzter Minute vertretungsweise zu der feierlichen Übergabe des Preises abkommandiert war, faßte die Scheue häufig um den Oberarm, schiebend und drückend. Schließlich verbat sich die Autorin den Zugriff. Da staunte der Minister: "Sind Sie denn gar nicht kriegsblind?"
 Nichts Neues von Bachmann! hieß es auf der letzten Buchmesse. Undine in der Krise, sagten ein paar Autorenkollegen, die das völlige Verstummen der Bachmann seit ihrem 1961 erschienenen Erzählungsband "Das dreißigste Jahr" mit Besorgnis registrierten. Zwar hält der rührige Verlag die Autorin durch retrospektive Veröffentlichungen "im Gespräch"; so ließ er eine Sprechplatte pressen, auf der die Dichterin Lyrik und Prosa liest, eine Selektion von der "Gestundeten Zeit" bis zu "Undine geht". Zwar veröffentlichte derselbe Verlag eine 60 Seiten starke Werkbroschüre über seine Star-Autorin. Zwar ediert die Verlagsgemeinschaft "Bücher der Neunzehn" soeben einen Sammelband querbeet durch das bisherige Œuvre der 1926 geborenen Klagenfurterin. Aber Neues ist von der Autorin, deren erstes Werk ihre 1950 erschienene Dissertation über die "Kritische Aufnahme der Existentialphilosophie Martin Heideggers" war, nicht signalisiert.
 Über die Gründe der letztjährigen literarischen Sterilität der Ingeborg Bachmann werden Mutmaßungen angestellt. Offensichtlich wirken die Jahre des römischen Domizils - so stimulierend sie anfangs sind - auf die Dauer lähmend. Max Frisch, der Autorin Bachmann als Kollege besonders verbunden, zieht die Konsequenzen und wird in diesem Jahr Rom verlassen. "Ich brauche die deutsche Sprache um mich herum, in der Straße, im Café, im Bus", erklärte Frisch.
 Ingeborg Bachmann, ohnehin höchst sensibel und durch einen scharfen Intellekt selbstkritisch gebremst, wird nach diesem Fazit Frischs vielleicht ebenfalls einen Wechsel ihrer Sprach-Umgebung erwägen.
Ruhr-Nachrichten, 10.10.1964

Erklär mir, Liebe

Von Hans-Jürgen Baden

Ist es förderlich, sich mit einer Dichterin zu beschäftigen, die 1926 geboren wurde, die also nach menschlichem Ermessen erst am Beginn ihrer Entwicklung steht? Geraten wir nicht in Gefahr, uns mit solcher Betrachtung am Kult des jungen Autors zu beteiligen, an einem Kult, der heute überall zelebriert wird und die wunderlichsten Blüten treibt? Der junge Autor wurde zum Fabeltier unserer Zeit; selbst jene formalen Experimente, bei denen regellos Konsonanten und Vokale zusammengeschüttet und verrührt werden, begleitet man mit respektvollem Gemurmel, ehrfürchtigen Kommentaren.

Ich behaupte, daß der publizistische Aufwand, der hier getrieben wird, in keinem Verhältnis zur Leistung steht - weder zur künstlerischen noch zur moralischen. Jede literarisch-moralische Leistung bedarf der Reife, der Geduld, nicht zuletzt der Klausur und der Stille; die Art jedoch, wie heutzutage das Werk forciert, das Unfertige ans Licht gerissen, das Unausgereifte vor einem gierigen Publikum prostituiert wird - diese Art dünkt mich indiskutabel. Ich würde lediglich dem sogenannten Frühvollendeten hier eine Ausnahme zubilligen; aber wer wagte es, etwa (um beliebige Namen zu nennen) Enzensberger oder Rühmkorf als Frühvollendete zu annoncieren!

Ingeborg Bachmann bildet hier eine erstaunliche Ausnahme. Als sie mit ihrem ersten Gedichtband "Die gestundete Zeit" an die Öffentlichkeit trat, wirkte sie sogleich fertig und abgeschlossen. Dieser Eindruck wurde durch ihr folgendes Gedichtbuch "Anrufung des Großen Bären" bestätigt. Die Bachmann war nicht, wie die Kritik sonst konziliant zu sagen pflegt, ein Versprechen oder eine Hoffnung; sie löste bei ihrem ersten Auftritt das Versprechen sogleich ein, sie realisierte die Hoffnung.

Die Bachmann hat bisher erst ein Buch von vergleichsweise normalem Umfang geschrieben: den Erzählband "Das dreißigste Jahr"; die beiden Gedichtbände sind schmal, desgleichen das Hörspiel "Der gute Gott von Manhattan". Rein quantitativ gesehen, bleibt dies eine dürftige Ausbeute; in den letzten Jahren ist nichts mehr erschienen, bekannt wurde lediglich ein einziges Gedicht, das die Dichterin auf einer Tagung der Gruppe 47 vorlas.

Es ist müßig, Erörterungen darüber anzustellen, in welcher Weise sich dieses Werk weiterentwickeln wird. Vom jähen und unabsehbaren Verstummen ist jede poetische Arbeit bedroht; dies sind Risiken, gegen die sich der Künstler nicht zu wehren vermag. Die sogenannte schöpferische Pause beginnt sich plötzlich auszuweiten, und auf dem Felde, das sich vor unseren Blicken öffnet, gedeiht nur noch das Unkraut des Unvermögens, der Müdigkeit und des Zweifels. Die Worte fassen die Wirklichkeit nicht mehr, die Worte gleichen Raubvögeln, welche in der Höhe kreisen, aber außerstande sind, herabzustoßen und die Beute der Wirklichkeit zu packen. Der Einblick in diese innersten Zusammenhänge von Produktivität und schöpferischer Lähmung bleibt uns verschlossen. Jedoch gibt es eine gewisse Erklärung für das retardierende Moment im Schaffen der Bachmann: das ist ihre Neigung zum moralischen Radikalismus.

Was verstehen wir unter einem Moralisten, unter literarischem Moralismus? Zur Zeit rangiert jeder Autor zum Moralisten, soweit er das Bestehende verneint und die herkömmlichen Werttafeln zertrümmert. Sein moralischer Rang wächst mit der Rabiatheit, mit der er sich seinen destruktiven Spielen ergibt. Freilich dient diese Destruktion immer nur dem einen Ziel: die Lüge und Fäulnis der gegenwärtigen Gesellschaft zu enthüllen, die Verkommenheit dieser Gesellschaft vor genüßlichen Betrachtern auszubreiten. Endlich erfahren wir in allen Einzelheiten, wie korrumpiert wir sind, und wir suhlen uns im Schlamm unserer Verderbnis. So gerieten wir in einen Kult des sogenannten Nonkonformismus, des Neinsagens um jeden Preis; die Nonkonformisten schlossen sich zur Phalanx zusammen und begründeten ihrerseits einen Konformismus, der es an Intoleranz mit jedem bekämpften Konformismus aufnimmt.

Es zeugt für den Rang der Bachmann, daß sie in diesem dialektischen Schema nicht unterzubringen ist. Vor ihrem Werk versagen so provinzielle Kategorien wie Konformismus und Nonkonformismus; die Moralität, welche hier in Erscheinung tritt, ist von einer Unerbittlichkeit, daß man die Flamme der Transzendenz von fern her leuchten sieht. Hier wird keine Destruktion von Werten betrieben, die sich morgen selbst wieder von anderen Werten destruieren lassen müssen - Destruktionsspiel ad infinitum -, sondern das Hiesige erscheint oft wie ausgelöscht von der Realität des Kommenden, ganz anderen. Die Bachmann vollzieht, sowohl in Erzählungen wie in Gedichten, den Sprung ins Unmögliche; sie beschwört die Umrisse eines Reiches, das alle uns geläufige Wirklichkeit aufhebt.

Die brennendste Thematik der Bachmann vornehmlich in Erzählungen, aber auch im "Guten Gott von Manhattan", ist diese: ob es möglich sei, in dieser zukünftigen vollkommenen Welt zu leben, oder ob man nicht scheitern müsse, weder in der ersten noch in der zweiten Realität heimisch. Wer den Sprung ins Unmögliche vollzieht, muß zugrunde gehen, er muß verbrennen, er bereitet sich selbst ein Autodafé, aus dem es keine Rettung gibt. Wer jedoch diesen Untergang scheut und sich schleunigst auf seine Ausgangsposition zurückzieht, versinkt in der Trivialität, einverstanden mit dem, was Thomas Mann die Wonnen der Gewöhnlichkeit genannt hat. Dies also bleibt die Alternative: Trivialität oder Selbstverbrennung; es gibt keinen Kompromiß - und darum keine Möglichkeit zu leben. Wer sich mit der Trivialität, mit den Wonnen der Gewöhnlichkeit begnügt, verzichtet auf das Ungeheure, in dessen glühendem Medium aller Zwiespalt ausgelöscht, alle Schuld verzehrt wird. Wer sich jedoch an das Ungeheure verliert, entwurzelt sogleich im Hiesigen und findet nie mehr zurück; er wird das Opfer seiner metaphysischen Unersättlichkeit.

Die Götter sind gestorben, nur einer blieb, schwingt sein blitzendes Zepter: der Gott Eros. Es ist der gleiche Gott, der in einigen Weltentstehungslehren der Antike nicht nur das Pantheon, sondern die Welt beherrscht - der Eros kosmogonos, der weltgebärende Eros, wie ihn auch Ludwig Klages in einer seiner glänzendsten Schriften wieder zu inthronisieren trachtete.

Die ganze Schöpfung glüht von dieser Kraft des Eros, wird von ihr durchpulst und zusammengehalten. Aber nur die außermenschliche Kreatur ergibt sich dieser Liebesfeier mit einer schönen, unersättlichen Selbstverständlichkeit; der Mensch scheint auf tragische Weise ausgeschlossen. Ich zitiere aus dem Gedicht "Erklär mir, Liebe":

> Der Pfau, in feierlichem Staunen, schlägt sein Rad,
> die Taube stellt den Federkragen hoch,

vom Gurren überfüllt, dehnt sich die Luft,
der Entrich schreit, vom wilden Honig nimmt
das ganze Land, auch im gesetzten Park
hat jedes Beet ein goldner Staub umsäumt.

Der Fisch errötet, überholt den Schwarm
und stürzt durch Grotten ins Korallenbett,
zur Silbersandmusik tanzt scheu der Skorpion.
Der Käfer riecht die Herrlichste von weit;
hätt ich nur seinen Sinn, ich fühlte auch,
daß Flügel unter ihrem Panzer schimmern,
und nähm den Weg zum fernen Erdbeerstrauch!

Erklär mir, Liebe!
Wasser weiß zu reden,
die Welle nimmt die Welle an der Hand,
im Weinberg schwillt die Traube, springt und fällt.
So arglos tritt die Schnecke aus dem Haus!
Ein Stein weiß einen andern zu erweichen!

Erklär mir, Liebe, was ich nicht erklären kann:
Sollt ich die kurze schauerliche Zeit
nur mit Gedanken Umgang haben und allein
nichts Liebes kennen und nichts Liebes tun?
Muß einer denken? Wird er nicht vermißt?

Du sagst: es zählt ein andrer Geist auf ihn ...
Erklär mir nichts. Ich seh den Salamander
durch jedes Feuer gehen.
Kein Schauer jagt ihn, und es schmerzt ihn nichts.

Während selbst der Fisch errötet, der Skorpion zur Silbersandmusik tanzt, die Steine sich gegenseitig zu erweichen wissen, ist der Mensch an sich selbst verloren, vom Gewicht seiner Schwerkraft in die Tiefe gerissen. Der Mensch besitzt niemanden als sich selbst; er denkt - aber das ist kein Ersatz für die Liebe. Der Mensch allein darf "nichts Liebes kennen und nichts Liebes tun"; er ist eingesperrt in den Kerker der Reflexion.

Das Leiden an der Einsamkeit gewinnt metaphysisches Ausmaß; hier sind vor allem einige Stücke aus den "Liedern auf der Flucht" zu nennen, mit denen der Gedichtband "Anrufung des Großen Bären" abschließt. Die uralte Klage der Sappho klingt wieder an:

Ich aber liege allein
im Eisverhau voller Wunden.
Es hat mir der Schnee
noch nicht die Augen verbunden.

Die Toten, an mich gepreßt,
schweigen in allen Zungen.
Niemand liebt mich und hat
für mich eine Lampe geschwungen!

Das also bleibt von der Liebe: ein "Eisverhau voller Wunden", in den man sich erschöpft, verwundet zurückzieht wie ein Tier, das zu verenden wünscht. Man schläft nicht bei einem Geliebten, sondern schläft unter Toten, an Tote gepreßt, die ohne Wärme sind, man ruht unter Erinnerungen aus Eis.

In immer neuen Bildern wird die Tragödie menschlicher Liebe ausgesagt, einer Liebe, die nicht zum Ziel kommt, sondern nur Irrtümer, Mißverständnisse inszeniert, Leiden heraufführt, schließlich einen durch den anderen vernichtet. Der Berg öffnete sich, die Lava strömte nach draußen - aber was mit unaussprechlicher Herrlichkeit begann, verwandelte sich in ein Leiden, welches jede Flamme erstickt:

O Liebe, die unsre Schalen
aufbrach und fortwarf, unseren Schild,
den Wetterschutz und braunen Rost von Jahren!
O Leiden, die unsre Liebe austraten,
ihr feuchtes Feuer in den fühlenden Teilen!
Verqualmt, verendend im Qualm, geht die
Flamme in sich.

Der Blick der Liebe versteint, die zärtlichste Geste verwundet, die Liebenden werden einer zum Henker des anderen:

Mund, der in meinem Mund genächtigt hat,
Aug, das mein Aug bewachte,
Hand -
und die mich schleiften, die Augen!
Mund, der das Urteil sprach,
Hand, die mich hinrichtete!

Dort wo die Liebe stirbt, beginnt die Weltvereisung. Die Sonne verliert ihre Glut, man sieht nur Gräber, die sich ins Unendliche dehnen, Grab an Grab, soweit das Auge reicht. Es sind lauter einzelne, die dort ruhen, frierend, allein - das Motiv der Sappho klingt erneut an. Aber dann bricht, aus diesem eisigen Inferno, der Schrei nach Erlösung, denn was hier geschieht, in den Schneegräbern, ist ein ständiges Sterben, das unerträglich wird. Die betreffenden Verse lauten:

Die Sonne wärmt nicht, stimmlos ist das Meer.
Die Gräber, schneeverpackt, schnürt niemand auf.
Wird denn kein Kohlenbecken angefüllt
mit fester Glut? Doch Glut tut's nicht.

Erlöse mich! Ich kann nicht länger sterben.

An wen richtet sich der Ruf: "Erlöse mich, ich kann nicht länger sterben"? Was ist das für ein fernes großartiges Du, das hier apostrophiert wird? Zwei Antworten sind möglich. Entweder handelt es sich um die Geliebte, den Geliebten. Aber der Geliebte ist entrückt wie eine Gottheit; man fühlt sich an Rilke erinnert, der das Gesicht der Geliebten in Weltraum übergehen und dahinter die Konturen des verborgenen Gottes dämmern läßt. - Ich würde für eine andere Auslegung plädieren, die auch möglich ist: das Du, an das sich der Schrei nach Erlösung richtet, ist Gott, der nicht mehr mit Namen genannte. Hier wirkt sich jenes Gesetz der Diskretion Gott gegenüber aus, das Rilke zum religiösen Gesetz der Neuzeit erhoben hatte.

Man scheut sich, Gott beim Namen zu nennen - bei seinen vielen, abgebrauchten, traditionell zerschlissenen Namen. Aber man vermag die Wirklichkeit Gottes nicht zu verneinen, die fast immer verdeckt ist wie ein Gebirgsmassiv durch Wolken. Nur gelegentlich zerreißt das Gewölk, und man gewahrt die Flanken der Berge, die sich ins Ungeheure schichten. Eine solche Gottes-Vision scheint mir hier, in den "Liedern auf der Flucht", vorzuliegen. Der Mensch, unfähig zur Liebe, wie Tantalos an den Felsen seiner selbst geschmiedet, geht zugrunde: ein unablässig Sterbender. Er will ausbrechen aus dem Gefängnis seiner Existenz - er vermag es nicht! Die Wirklichkeit Gottes war ihm längst verlorengegangen, aber jetzt im Abgrund der Qual streckt er die Arme aus in jener Richtung, in der er Gott vermutet, und der Schrei, der aus ihm bricht, ist eine zeitgemäße Version des Kyrie eleison.

Es heißt weiter, im selben Zusammenhang, immer noch in Richtung auf das dunkle, nicht identifizierbare Du:

Ich bin noch schuldig. Heb mich auf.
Ich bin nicht schuldig. Heb mich auf.
Das Eiskorn lös vom zugefrornen Aug,
brich mit den Blicken ein,
die blauen Gründe such,
schwimm, schau und tauch:

Ich bin es nicht.
Ich bin's.

In diesen stammelnd-tastenden Sätzen, die um zwei Paradoxien herum angelegt sind, wird der Anschluß an die zentrale christliche Glaubensaussage erreicht. Auch diese Aussage kulminiert im Paradox (ungeachtet dessen, daß der Gebrauch des Paradox, im Anschluß an Kierkegaard, leicht zu theologischer Artistik verführt und sich deshalb weitgehend als unfruchtbar erwiesen hat!); das Paradox lautet einmal: schuldig - unschuldig, zum anderen: ich bin es nicht - ich bin's. Im Angesicht Gottes erfährt der Mensch beides - er erfährt es gleichzeitig, mit einer ungeheuren Wucht: Schuld und Unschuld, Sein und Nichtsein.

Der Aufschrei nach Erlösung ist ja nur dort motiviert, wo die Kreatur unter der Last der Schuld und des Nichtseins leidet, wie ausgelöscht von ihrer moralischen und seinshaften Unzulänglichkeit. Aber in dieser Selbstpreisgabe vor dem unsichtbaren Forum der Transzendenz wird sogleich etwas völlig anderes erfahren: die Macht der Unschuld und des unzerstörbaren Seins. Beides besteht nebeneinander, geheimnisvoll verschlungen: Schuld und Unschuld, Nichtsein und Sein - so daß der Augenblick des Untergangs zugleich zum Augenblick des äußersten Triumphes wird.

Wer erinnert sich, angesichts dieser Bachmannschen Paradoxien, nicht der erhabenen Formeln von der getrosten Verzweiflung, der begnadeten Angst, des Lutherschen "Gerecht und Sünder zugleich"; das Überraschende ist, daß hier ein Dichter ohne gläubige (geschweige denn christliche) Voraussetzungen bis in den Kern der Rechtfertigung einzudringen scheint. Nur zögernd wage ich daraus eine Folgerung zu ziehen: daß nämlich dort, wo Schuld und Seinsverlust radikal durchlebt werden, sich die Umrisse einer Wandlung abzuzeichnen beginnen, die gnadenhaften Charakter hat.

Die Liebe führt auch zu anderen Entwicklungen, denen nichts Tröstliches innewohnt. Den Modellfall dafür liefert das Hörspiel "Der gute Gott von Manhattan"; einige Passagen dieses Hörspiels zählen zum Bedeutendsten, das die Bachmann überhaupt geschrieben hat.

Es handelt sich um die Geschichte von Jan und Jennifer, einem französischen Studenten und einer amerikanischen Studentin. Die Geschichte beginnt auf der Straße und endet in der ersten Nacht in einem schmutzigen Stundenhotel. Es ist eine Affäre wie zahllose, nicht wert, sich des näheren damit einzulassen. Aber dann bricht in dieser Liebe, die keine (noch keine) ist, etwas Ungeheures durch. Der Mann, der schon für die Schiffsreise nach Frankreich gebucht hat, bleibt noch; die beiden ziehen in ein Hotel. Sie betreiben die Spiele der Liebe mit einer Unerbittlichkeit, daß sie sich der Alltags-Liebe gänzlich entfremden. Ihre Liebe schmeckt nach Tod, Todesrausch, Auflösung; sie haben es darauf angelegt, die Existenz zu vernichten: "Sie umarmten einander und dachten schon an die nächste Umarmung. Sie gaben einem Verlangen, davon der Schöpfung nicht so gedacht sein kann mit einer Laune nach, die ernsthafter war als jeder Ernst, und schwuren sich Gegenwart und sonst nichts, mit jedem Blick, jedem heftigen Atemzug und jedem Griff in das hinfälligste Material der Welt, dieses Fleisch, das vor Traurigkeit bitter schmeckte und in dem sie gefangen lagen, verurteilt zu lebenslänglich."

Das Fleisch der Geliebten wird für den Mann durchsichtig wie Glas; das Innerste liegt frei, Zellen, Gewebe, Herzkammer, und beginnt zu phosphoreszieren. Der Mann sagt: "Ich möchte einmal sehen, was jetzt ist, abends, wenn dein Körper illuminiert ist und warm und aufgeregt ein Fest begehen möchte. Und ich sehe schon, durchsichtige Früchte und Edelsteine, Kornelian und Rubin, leuchtende Minerale. In eine Feerie verwandelt, die Blutbahn. Sehen. Schauen. - Alle Schichten bloßgelegt. Die Decken feinen Fleisches, weiße seidige Häute, die deine Gelenke umhüllen, die entspannten Muskeln, schön polierte Knochen und den Lack auf den bloßen Hüftkugeln. Das rauchige Licht in deiner Brust und den kühnen Schwung dieser Rippen. - Alles sehen, alles schauen."

Was will die Liebe, wenn sie diese Grenzmarken der Existenz überschreitet? Sie will den Tod aufheben, die Zeit vernichten - sie langt nach dem ekstatischen Hier und Jetzt, in dessen Wirbel Vergangenheit und Zukunft versinken. Diese Liebe will den Triumph über den Staub, sie ist noch in den Figuren des Atubes nachgebildet, wenn alles längst endete. Noch einmal der Mann: "Und darum will ich dein Skelett noch als Skelett umarmen und diese Kette um dein Gebein klirren hören am Nimmermehrtag. Und dein verwestes Herz und die Handvoll Staub, die du später sein wirst, in meinen zerfallenen Mund nehmen und ersticken daran. Und das Nichts, das du sein wirst, durchwalten mit meiner Nichtigkeit. Bei dir sein möchte ich bis ans Ende aller Tage und auf den Grund dieses Abgrundes kommen, in den ich stürze mit dir. Ich möchte ein Ende mit dir, ein Ende. Und eine Revolte gegen das Ende der Liebe in jedem Augenblick und bis zum Ende."

Und dann folgt, bald darauf, der Satz des Mannes, in dem mit prometheischer Gebärde die Zeit annulliert, die Gegenzeit ausgerufen wird. "Ich bin mit dir und gegen alles. Die Gegenwart beginnt."

Die Liebenden revoltieren gegen das Verhängnis der Vergänglichkeit, sie trachten danach, die Zeit für immer aus den Angeln zu heben. Sie zerschlagen, mit den Hämmern der Leidenschaft, die Zeit wie Porzellan. Aber dies setzt voraus, daß die Ekstase nicht abnimmt, daß der Rausch ohne Intervall, ohne Ekel oder Erschlaffung durchgehalten wird. Mit anderen Worten: Die Proklamation der Gegenzeit durch die Liebenden ist eine Absurdität. Sie müßten ihr Fleisch wie ein Gewand ablegen, sie müßten austreten aus der Ordnung der Dinge, aus der geläufigen Welt. Sie müßten auf dem Altar der Leidenschaft ihr Ich nicht nur für den Augenblick, sondern für immer in Flammen aufgehen lassen.

Man sieht, welches unerhörte Spiel hier gespielt wird! Das ist der Griff hinter die Existenz, der Eintritt in eine Region soll hier vollzogen werden, die nicht mehr menschlich ist. Dahinter steht die uralte Versuchung des eritis sicut deus - ihr werdet sein wie Gott; hier wird diese Versuchung nicht auf den Höhen der Reflexion, sondern in den Abgründen des Fleisches erfahren.
Kontraste, Jg. 5, Nr.13, 1964, S. 44 u. 50-51

Ingeborg Bachmann

Von A. H.

Am 25. Juni 1926 wurde sie in Klagenfurt geboren. Ihre Jugend verbrachte sie in Kärnten ... "im Süden, an der Grenze, in einem Tal, das zwei Namen hat - einen deutschen und einen slowenischen. Und das Haus, in dem seit Generationen meine Vorfahren wohnten - Österreicher und Windische -, trägt noch heute einen fremdklingenden Namen. So nahe der Grenze noch einmal die Grenze: die Grenze der Sprache - und ich war hüben und drüben zu Hause, mit den Geschichten von guten und bösen Geistern zweier und dreier Länder; denn über den Bergen, eine Wegstunde weit, liegt schon Italien. - Ich glaube, daß die Enge dieses Tals und das Bewußtsein der Grenze mir das Fernweh eingetragen hat."

Sie studierte in Graz, Innsbruck und Wien Philosophie und schloß 1950 ihr Studium mit einer Doktorarbeit über "Die kritische Aufnahme der Existentialphilosophie Martin Heideggers" ab. Danach arbeitete sie als Redakteurin und Lektorin beim Wiener Sender und schrieb ihre ersten Hörspiele. 1953, noch vor Erscheinen des ersten Gedichtbandes "Die gestundete Zeit", erhielt sie den Literaturpreis der "Gruppe 47", wurde als Entdeckung gefeiert, als neue poetische, sprachgewaltige Stimme in der westdeutschen Nachkriegslyrik.

"Manchmal", schrieb sie später, "werde ich gefragt, wie ich als Kind, in einem Dorf groß geworden, zur Literatur gefunden hätte. - Genau weiß ich es nicht zu sagen; ich weiß nur, daß ich in einem Alter, in dem man Grimms Märchen liest, zu schreiben anfing, daß ich gern am Bahndamm lag und meine Gedanken auf Reisen schickte, in fremde Städte und Länder und an das unbekannte Meer, das irgendwo mit dem Himmel den Erdkreis schließt. Immer waren es Meere, Sand und Schiffe, von denen ich träumte, aber dann kam der Krieg und schob vor die traumverhangene, phantastische Welt die wirkliche, in der man nicht zu träumen, sondern sich zu entscheiden hat."

Ingeborg Bachmann entschied sich gegen Krieg und kriegerisches Nachkriegsgeschehen. 1958 trat sie dem Komitee gegen Atomrüstung bei, 1963 schloß sie sich der Klage gegen Dufhues an, der die "Gruppe 47" als Reichsschrifttumskammer bezeichnet hatte, und 1965 unterschrieb sie mit anderen die Erklärung gegen den Vietnamkrieg. In ihren Gedichten, Hörspielen und Prosatexten ist die "Nachgeburt der Schrecken" des Dritten Reiches zentrales Thema, verbunden immer mit einer oft resignierenden Hoffnung auf das bessere, menschlichere Miteinander. Ängste, Kommunikationsnot, Trauer, prägen ihr Engagement, ihr Leben.

"Der Wunsch wird in uns wach, die Grenzen zu überschreiten, die uns gesetzt sind. Nicht um mich zu widerrufen, sondern um es deutlicher zu ergänzen, möchte ich sagen: Es ist auch mir gewiß, daß wir in der Ordnung bleiben müssen, daß es den Austritt aus der Gesellschaft nicht gibt ... Innerhalb der Grenzen aber haben wir den Blick gerichtet auf das Vollkommene, das Unmögliche, Unerreichbare, sei es der Liebe, der Freiheit oder jeder reinen Größe. Im Widerspiel des Unmöglichen mit dem Möglichen erweitern wir unsere Möglichkeiten. Daß wir es erzeugen, dieses Spannungsverhältnis, an dem wir wachsen, darauf, meine ich, kommt es an; daß wir uns orientieren an einem Ziel, das freilich, wenn wir uns nähern, sich noch einmal entfernt."

Ingeborg Bachmann hat nicht viel geschrieben. Und sie stand nur kurze Zeit im Zentrum des Kulturbetrieb-Interesses. 1955 veröffentlichte sie den zweiten Gedichtband "Anrufung des Großen Bären". 1958 erhielt sie für das Hörspiel "Der gute Gott von Manhattan" den Hörspielpreis der Kriegsblinden; 1961 für ihren ersten Erzählband "Das dreißigste Jahr" den Kritikerpreis. Zehn Jahre danach kam erst ihr Roman "Malina" heraus, 1972 dann der letzte Band Erzählungen "Simultan". (Ein Sammelband "Gedichte, Erzählungen, Hörspiel, Essays" ist beim Verlag erschienen.)

Die Zeit des Übergangs, die Veränderungen im politischen Klima der vergangenen Jahre hat Ingeborg Bachmann nicht mehr reflektiert. Ihr Verhältnis zur Wirklichkeit blieb beobachtend. Das eigene Ich ist in "Malina" sogar in den Mittelpunkt der Suche nach dem Glück gerückt.

Sie starb am 17. Oktober, mit 47 Jahren, an den Folgen schwerer Verbrennungen in Rom.
Deutsche Volkszeitung, 1.11.1973

Kommt eine Bachmann-Renaissance?

Von Walter Weiss

"Auf diesem dunkelnden Stern, den wir bewohnen, am Verstummen, im Zurückweichen vor zunehmendem Wahnsinn, beim Räumen von Herzländern, vor dem Abgang aus Gedanken und bei der Verabschiedung so vieler Gefühle, wem würde da - wenn sie noch einmal erklingt, wenn sie für ihn erklingt! - nicht plötzlich inne, was das ist: Eine menschliche Stimme." Dieser letzte Satz ihres Versuches über "Musik und Dichtung" ist ein Schlüssel zu Ingeborg Bachmann gestern und heute.

Als österreichische Lyrikerin nahm sie in den fünfziger Jahren einen ähnlichen zentralen Platz ein wie Heimito von Doderer als österreichischer Erzähler. Das von der Literaturkritik geprägte Bachmann-Bild zeigt Affinitäten zum damaligen Zeitgeist. Es verbindet Gegensätzliches: Auf der einen Seite die avantgardistische Vertreterin der Moderne, die neben Paul Celan und anderen eine neue Form des metaphorischen Sprechens einführt, die sich von überkommenen ästhetischen und menschlichen Konventionen löst ("Die gestundete Zeit", "Ihr Worte"); auf der anderen Seite die Bewahrerin bedrohter Kontinuitäten, die Untergänge alter Kultur ("Große Landschaft bei Wien"), der Liebe, der Sprache im Vollsinn beklagt oder zur Wiedergeburt aufruft ("Landnahme").

Doch schon in den "Frankfurter Vorlesungen" (1959/60) mußte sie sich gegen eine Tendenz wehren, die in den folgenden Jahren zunehmend das Feld und den Markt beherrschen sollte: "Mit einer neuen Sprache wird der Wirklichkeit immer dort begegnet, wo ein moralischer, erkenntnishafter Ruck geschieht, und nicht, wo man versucht, Sprache an sich neu zu machen, als könnte die Sprache selbst Erkenntnis eintreiben und die Erfahrung kundtun, die man nie gehabt hat ..."

Damit entfernte sich Ingeborg Bachmann von dem herrschenden Zeitgeist, der sie im ersten Jahrzehnt ihres Schaffens getragen hatte, wie unter anderem ihr Erfolg bei der Gruppe 47 und der Büchner-Preis 1964 bezeugen. Der Auswahlband ihrer Gedichte, Erzählungen, Hörspiele, Essays (1964) erhielt so - ungewollt? - einen abschließenden Charakter. Es wurde in der Folge stiller um sie. Als sie dann aber nach längerem Schweigen aus ihrem römischen Domizil mit ihrem Roman "Malina" (1971) hervortrat, verstieß sie gegen die nun zeitgemäße Auffassung, daß die Literatur in einen nachindividuellen Zustand eingetreten sei, der das Ich auflöst in ein Bündel von Redegewohnheiten und es überführt in die anonyme Objektivität menschlichen Sprechens (Heißenbüttel).

Sprach da doch ein, wenn auch noch so gefährdetes, weibliches Ich, dessen Seelenrhythmus alles bestimmt - lyrische Prosa im äußeren wie im inneren Sinn. In seinen Aufschwung ("Glücklich mit Ivan"), seine Vaterängste ("Der dritte Mann"), seine Auslöschung durch den männlichen Doppelgänger Malina ("Von letzten Dingen") wird alles einbezogen, was ihm begegnet und zugehört. Reduziert sich zuletzt auch sein "Herzland", sein "Ungargassenland", auf eine glühende Herdplatte und auf den Platz in der "sehr alten, sehr starken Wand", aus der kein Laut mehr dringt, so ist damit doch nicht diese "menschliche Stimme" ausgelöscht, und nicht ihre emanzipative Utopie vom geeinten Menschen, jenseits der heutigen Unterscheidungen und Verstümmelungen: "Ein Tag wird kommen, an dem die Menschen rotgoldene Augen und siderische Stimmen haben, an dem ihre Hände begabt sein werden für die Liebe, und die Poesie ihres Geschlechts wird wiedererschaffen sein ..."

In einem Augenblick, da die Literatur und die Literaturbetrachtung den Ich-Bezug, gesellschaftlich und geschichtlich vermittelt, neu entdeckt, da "Die Leiden des jungen Werthers" und "Malte Laurids Brigge" produktive Anstöße geben, da ein Handke lyrische Prosa zu schreiben beginnt, sind Voraussetzungen für die Bachmann-Renaissance gegeben. Ihre Verbindung von Elegie und Utopie fügt sich weder einem linksdoktrinären Melancholieverbot noch einem konservierenden Verzicht auf Zukunft. Junge Menschen interessieren sich wieder für sie.
Die Presse, 28.6.1976

Ingeborg Bachmanns Tod: ein Unfall

Von Christine Koschel, Inge von Weidenbaum

Der Tod von Ingeborg Bachmann ist bis heute von Gerüchten verdunkelt. Denn als sie nach einer drei Wochen langen Agonie am Morgen des 17. Oktober 1973 im römischen Krankenhaus Sant'Eugenio starb, gab es niemand der wußte, wie sie sich die tiefen Verbrennungen zugezogen hatte.

Nun wartet der Fernsehfilm über Ingeborg Bachmann "Der ich unter Menschen nicht leben kann" von Peter Hamm, der am 11. September zum ersten Mal im dritten Programm des SWF gezeigt wurde, und der heute von sämtlichen deutschen Fernsehanstalten - mit Ausnahme allerdings des Bayerischen Rundfunks - ausgestrahlt wird, mit einer These auf, die manchen Schriftstellerkollegen Ingeborg Bachmanns nicht unbekannt ist, beim Publikum jedoch Neugier und Erschrecken hervorruft. Die These lautet: Ingeborg Bachmann habe zu Drogen und Stimulantien gegriffen und sei in den letzten Jahren zusehends in Abhängigkeit zu Menschen gekommen, die ihr diese Drogen verschafft hätten. Ihr Tod sei die tragische Folge dieser Verkettungen ... Ihre nächsten Freunde seien überzeugt, daß sie ermordet worden ist, und auch der Arzt, der sie zuletzt behandelt hat, sei der Meinung, daß sie sich diese Wunden nicht selbst beigebracht haben könne.

Vorgebracht wird diese These von einer langjährigen Freundin Ingeborg Bachmanns, der Schweizer Arztgattin Heidi Auer, die zusammen mit ihrem

Mann, dem Sportarzt Dr. Fred Auer, in St. Moritz ein gastliches Haus für Künstler, Literaten, Verleger und Wirtschaftsprominenz unterhält. Frau Auer teilt der Öffentlichkeit mit, daß sie und die Freunde Klage eingegeben haben, daß dieser Klage aber nicht Folge geleistet wurde, weil sich in Rom wegen der Berühmtheit Ingeborg Bachmanns niemand hat einmischen wollen.

In einer Besprechung des Fernsehfilms in der FAZ vom 16. September fordert Marcel Reich-Ranicki, "die Wahrheit über die 1973 unter mysteriösen Umständen gestorbene Dichterin Ingeborg Bachmann sollte nicht verborgen bleiben. Sie ist den Zeitgenossen und Nachgeborenen zumutbar."

In der Tat, die Aura des Mysteriösen wird einer nüchternen Beurteilung der Fakten und Verhaltensweisen weichen müssen, die zu Ingeborg Bachmanns Tod beigetragen haben. Durch Zeugen der Geschehnisse und anhand von Briefen und der archivierten Gerichtsakte, aus denen im folgenden zitiert wird, lassen sich die wirklichen Vorgänge erhellen.

Am 26. September 1973 sendet der I. Polizeidistrikt des Polizeipräsidiums Rom, Piazza del Collegio Romano n. 3, einen Bericht an die Pretura Unificata - 9. Sezione Penale - über die Aufnahme von Ingeborg Bachmann in das Krankenhaus Sant'Eugenio. In dem darin zitierten Phonogramm des Polizeipostens beim Krankenhaus Sant'Eugenio an den I. Polizeidistrikt heißt es, "daß Ingeborg Bachmann heute früh um 7 Uhr 5 mit Verbrennungen 2. und 3. Grades eingeliefert worden ist" und daß "die Genannte außerstande ist, irgendeine Erklärung abzugeben."

Kein Wort über Verbrennungen

Als Ingeborg Bachmann am Nachmittag des gleichen Tages Christine Koschel durch einen Krankenpfleger telefonisch um einen Besuch bittet, hat sie die Sprache wiedergefunden. Durch die Besuchersprechanlage klingt ihre Stimme deutlich und stark. (Der Zutritt zu der Schwerverletzten im "Centro Ustionati" ist wegen der bakteriellen Infektionsgefahr nicht erlaubt). In dem Gespräch bittet sie darum, den Schlüssel zu ihrer Wohnung bei Maria Teofili in der Via Bocca di Leone zu holen, um ihr den Reisepaß und Waschsachen zu bringen. Über die Verbrennungen kein Wort. Wenige Stunden später verliert sie das Bewußtsein.

In den folgenden Tagen treten Konvulsionen auf, die epileptischen Anfällen gleichen. Die Ärzte stehen vor der Frage, Epilepsie oder eine Folgeerscheinung der Verbrennungen oder Abstinenzsymptome einer Suchtkrankheit. Dr. Paolo Lombardi, der vom 4. Oktober an die Behandlung übernimmt, erhofft sich Aufschluß durch die Freunde und die Familie Ingeborg Bachmanns. Er befragt jeden nach den Medikamenten, die sie in den drei Wochen ihrer Krankheit vor dem Unfall genommen hat und läßt sich sämtliche Arzneipackungen, die in ihrer Wohnung auffindbar sind, ins Krankenhaus bringen. Ihre pharmakologische Überprüfung im Krankenhauslabor ergibt keine brauchbaren Anhaltspunkte. Die einzige Information von seiten der Freunde lautet, daß Ingeborg Bachmann Medomin genommen hat, ein Schlafmittel, das bei längerer Überdosierung zur Sucht führt und dessen paradoxer Effekt dann nicht narkotisch, sondern euphorisierend ist.

Während die Heilung der Brandwunden - 36% ihrer Körperoberfläche sind betroffen - nach Abtragung der toten Gewebeschichten einen normalen Verlauf nimmt, gelingt es den Ärzten nicht, die zerebralen Krampfanfälle unter Kontrolle zu bringen. Am 13. Oktober gibt der Primarius, Professor Elio Ciarpella, folgende Auskunft über den Zustand von Ingeborg Bachmann: "Il corpo reagisce bene, è la testa che non va" (Der Körper reagiert gut, aber der Kopf macht nicht mit). Und Professor Carlo Guida, der frühere Leiter des "Centro Ustionati" in Sant'Eugenio, der Ingeborg Bachmann ebenfalls am 13. Oktober auf Bitten einiger Freunde untersucht hat, gelangt zu der Feststellung, "non è la gravità della ustioni. C'e un x che non si riesce a risolvere" (Es ist nicht die Schwere der Verbrennungen. Da ist ein X, das sich nicht aufklären läßt).

Die erhoffte Aufklärung kommt am 15. Oktober, als Frau Auer, die Schweizer Freundin, in Sant'Eugenio erscheint und Dr. Lombard mitteilt, daß Ingeborg Bachmann sich aufgeputscht hat durch das Mischen von Medomin und Alkohol. (Frau Auer tritt als Ärztin auf und erhält dadurch Zugang zu Ingeborg Bachmann in der geschlossenen Abteilung). Dr. Lombardi läßt der Patientin eine verdünnte Alkohollösung verabreichen, auf die sie "gut reagiert".

Wieso kommt diese lebenswichtige Information so spät? Dr. Lombardi fragt es voller Vorwurf jene Freunde, die seit nunmehr 19 Tagen täglich mit der Familie Bachmann oder in ihrer Vertretung ins Krankenhaus kommen und nur unvollständige Angaben machen konnten. Warum Frau Auer selbst, die seit dem 28. September von dem Unglücksfall weiß, ihre Mitteilung so lang für sich behalten hat, bleibt ungeklärt. In einem plötzlichen Zweifel wegen dieser siebzehntägigen Verspätung fragt Christine Koschel sie noch am gleichen Tag im Beisein von Sheila Bachmann, der jungen Schwägerin, ob Ingeborg Bachmann außer dem "Medomin- und Whisky-Cocktail" nicht noch ein anderes Psychopharmakon genommen hat. Frau Auer reagiert überrascht und betroffen. Natürlich müsse Ingeborg noch ein anderes Mittel genommen haben. Nur so lassen sich die abrupten Stimmungswechsel erklären, die sie an ihr wahrgenommen hat. Wenn sie nur den Namen des Mittels wüßte.

Mordanzeige gegen Unbekannt

Tags darauf, als auch Dr. Fred Auer die Kranke zu sehen wünscht, erklärt das Ehepaar vor Dr. Lombardi, daß "die Bachmann des öfteren Gast ihrer Klinik in der Schweiz zu Entziehungs- und Aufbaukuren gewesen ist". (Aus der Aussage Dr. Paolo Lombardis am 4. Dezember 1973 vor der Mordkommission des Polizeipräsidiums Rom).

Am späten Abend trifft in Ingeborg Bachmanns Wohnung in der Via Giulia ein Alarmruf von der Insel Malta ein. Ein Freund teilt Sheila Bachmann den Namen des Mittels mit: Seresta. Frau Auer hat ihn soeben angerufen, und zum Schweigen verpflichten wollen über ihr letztes Zusammentreffen mit Ingeborg Bachmann auf Malta, bei dem sie ihr große Mengen Seresta übergeben hat. Es war als ob sie stirbt, wenn sie es nicht hatte, sagt der Freund, wenn es ihr jetzt fehlt, kann man es doch nicht verheimlichen.

Seresta ist ein Tranquilizer aus der Familie der Benzodiazepine Librium und

Valium. Die hochgradige Intoxikation bei chronischem Mißbrauch führt zum Verlust der Tast-, Temperatur- und Schmerzempfindung und zu zerebralen Krämpfen. Aber auch plötzlicher Entzug hat große Krampfanfälle bis zum Status epilepticus zur Folge, in dem über viele Stunden hin ein Anfall den anderen ablösen kann.

Der Versuch, die Information über Professor Carlo Guida noch am gleichen Abend an die Ärzte in Sant'Eugenio weiterzugeben, schlägt fehl. Am 17. Oktober um 6 Uhr früh stirbt Ingeborg Bachmann.

Die Frage, ob sie die schweren Brandverletzungen hätte überleben können, ob sie hätte gerettet werden können, wenn die Ärzte von Anbeginn die Psychopharmaka gekannt hätten, von denen sie abhängig war, diese Frage bleibt offen. Dr. Lombardi heute: "Dato lo stato d'intossicazione, è difficile dirlo" (Bei diesem Ausmaß der Vergiftung ist das schwer zu sagen).

Gewiß ist, daß Ingeborg Bachmanns Gebrauch des Tranquilizers Seresta zurückreicht ins Jahr 1967. Sie schreibt am 30.9.67 an Frau Auer: "Hab vielen Dank für Deinen Brief und seine Beilagen ... über die andere, namens Seresta war ich überglücklich: ... auch die Internationale Apotheke hat das Zeug nicht, ich soll es jetzt noch im Vatikan versuchen. Könntest Du mir für alle Fälle in einem (sic) Briefkuvert ein paar Brosamen tun und Eure Sekretärin damit zur Post fliegen lassen." Und am 11.10.67 heißt es in einem Brief an die gleiche Adressatin: "heute hat mich Dein armer Kanadier viele Male angerufen, aber ich, in meiner Angst um die Arbeitszeit, habe die längste Zeit nicht begriffen, daß es sich um den berühmten Überbringer handelt."

Am 11. November 1973 erstatten Hans Werner Henze, Pierre Evrard, ein französischer Journalist, und Fausto Moroni, Hans Werner Henzes Sekretär, bei der römischen Staatsanwaltschaft Mordanzeige gegen Unbekannt: "A noi sembra in effetti che questa morte presunta accidentale, potrebbe egualmente essere criminale" (Uns erscheint in der Tat, daß dieser angebliche Unfalltod ebenso gut ein Verbrechen sein könnte). Die Anzeige erfolgt auf Betreiben des Ehepaars Auer.

Zuvor hatte Dr. Fred Auer versucht, auch den damaligen österreichischen Botschafter in Rom, Dr. Max Löwenthal, von der Mordthese zu überzeugen. Er schreibt ihm am 24. Oktober 1973: "Die Art der Verbrennungen war meines Erachtens von solcher Art, daß sie einen selbstverursachten Unfall nur als kleinere Möglichkeit deuten lassen ... Die symmetrischen, schweren, flächenhaften Verbrennungen und deren Lokalisation lassen daran denken, daß hier von zweiter Hand Einwirkungen stattgefunden haben könnten ... Hinzu kommt, daß die Angaben von Drittpersonen und das Verhalten der Umgebung reichlich widersprüchlich und sicher auch bewußt im Sinne des Vertuschenwollens gehalten waren."

Der österreichische Botschafter führt hierzu in einem mehrseitigen Promemoria, das am 22. November 1973 der römischen Staatsanwaltschaft vorgelegt wird, an: "Dr. Lombardi, den ich von Dr. Auers Brief unterrichtet habe, sagte darauf, daß dieser Ingeborg Bachmann in seiner Anwesenheit 'gesehen', aber nicht einer 'gründlichen Untersuchung' unterzogen habe, und daß es ihm seiner Ansicht nach auch an den Fachkenntnissen fehle, die Natur der Wunden zu beurteilen. Er wiederholte, daß er mit Dr. Auer über die Möglichkeit eines Unfalls, Selbstmords oder Mords gesprochen habe, ohne jedoch einen Verdacht in diesem Sinne zu äußern."

Der Botschafter hat sich der Mordthese nicht anschließen können und es zudem vorgezogen, keinen Briefwechsel mit Dr. Fred Auer darüber zu führen, wie aus dem Promemoria an anderer Stelle hervorgeht.

Die Untersuchungen der römischen Staatsanwaltschaft erstrecken sich über sieben Monate. Der Staatsanwalt gelangt Mitte Juni 1974 aufgrund der Ermittlungen und Gutachterbefunde zu dem Schluß, daß Ingeborg Bachmann an den Folgen der schweren Verbrennungen gestorben ist, die sie sich durch Unfall zugezogen hat, und daß niemandem eine strafrechtliche Verantwortung zur Last zu legen ist. Er fordert am 15. Juni 1974 die Einstellung des Ermittlungsverfahrens, der am 11. September 1974 mit der Archivierung der Akte stattgegeben wird.

Ingeborg Bachmanns Sterben und ihr Tod wurde von denen, die ihr nahestanden, mit jener Rücksicht umgeben, die sie selbst für sich und andere als das Recht auf das Private gefordert hat. Weil dieses Recht verletzt worden ist, sehen sich die Herausgeber ihres Werkes genötigt, eine dokumentierte Darstellung des Geschehenen zu geben.

Süddeutsche Zeitung, 30.12.1980

Suche nach Seresta

Von Anonym

Am 17. Oktober 1973 starb in einem römischen Krankenhaus die österreichische Schriftstellerin Ingeborg Bachmann.

Unter bis heute nicht lückenlos aufgeklärten Umständen hatte die Bachmann sich in ihrer Wohnung schwere Brandverletzungen zugezogen, denen sie drei Wochen später erlag.

Daß sie ausgerechnet durch Verbrennungen ums Leben gekommen war, darin allein witterte die Nachwelt bereits das Werk dunkler Schicksalsmächte. Denn in ihrem Roman "Malina" hatte Ingeborg Bachmann schon 1971 geschrieben: "Ich muß aufpassen, daß ich mit dem Gesicht nicht auf die Herdplatte falle, mich selbst verstümmle, verbrenne."

So mochten auch einige Freunde der Dichterin, wie etwa der Komponist Henze, nicht an einen trivialen häuslichen Unfall glauben: Sie erstatteten Anzeige gegen Unbekannt wegen Mordverdachts.

Mehr als sieben Monate ermittelte daraufhin die römische Staatsanwaltschaft - mit dem Ergebnis, Ingeborg Bachmann sei an den Folgen der Verbrennungen gestorben, die sie sich durch Unfall zugezogen habe. Seit September 1974 ruht die Akte im Behörden-Archiv.

Doch was die Juristen für abgeschlossen erklärt haben, das läßt den Literaten bis heute noch keine Ruhe.

Als im September vergangenen Jahres der Südwestfunk in seinem 3. Programm einen zweistündigen Weihe-Film über Ingeborg Bachmann ausstrahlte, in dem eine Schweizer Freundin der toten Dichterin an der Mordtheorie festhielt unter geheimnisvollen Hinweisen auf Beziehungen der Bachmann zur Unterwelt des römischen Drogenhandels, da forderte in der "FAZ" Literaturkritiker Reich-Ranicki: "Die Wahrheit über die 1973 unter mysteriösen Umständen gestorbene Dichterin Ingeborg Bachmann sollte nicht verborgen bleiben."

Diesen Ruf vernahmen Christine Koschel und Inge von Weidenbaum, die autorisierten Herausgeberinnen der Bachmann-Werke.

In der vergangenen Woche, am 30. Dezember, als der Bachmann-Film bundesweit in den 3. Programmen der ARD gesendet wurde, trumpften sie in der "Süddeutschen Zeitung" mit einer ganz neuen Version des Bachmann-Todes auf.

Danach ist die Dichterin weder mit einer Zigarette eingeschlafen und an Verbrennungen gestorben, noch ist sie ermordet worden noch aber auch schuldlosem Versagen körperlicher Funktionen erlegen. Vielmehr geht der Tod der Ingeborg Bachmann auf das Konto jener Schweizer Freundin, die in dem Fernseh-Film die Mordtheorie äußert.

Diese Freundin, Ehefrau eines Schweizer Arztes, habe der tablettensüchtigen Schriftstellerin jahrelang Tranquilizer verschafft und ihr noch zuletzt auf Malta "große Mengen" davon übergeben.

Während aber Ingeborg Bachmann nun mit unkontrollierbaren zerebralen Krämpfen und allen Anzeichen von Entzugsdelirium auf der Intensivstation lag und die Ärzte nach dem entzogenen Medikament fahndeten, um die lebensbedrohenden Krämpfe in den Griff zu bekommen, habe "Frau Auer", wie die Freundin vorzugsweise genannt wird, den Namen jenes Präparates verschwiegen, das womöglich Ingeborg Bachmanns Leben gerettet hätte.

Erst einen Tag vor dem Tod der Bachmann erfährt deren Schwägerin den Namen des Mittels: Seresta. Und sie erfährt ihn natürlich nicht von "Frau Auer", sondern durch den telephonischen "Alarmruf" eines "Freundes" aus Malta.

Der nämlich wußte von der Suche nach Seresta durch "Frau Auer", die ihn "soeben" angerufen und "zum Schweigen" hatte "verpflichten wollen über ihr letztes Zusammentreffen mit Ingeborg Bachmann auf Malta, bei dem sie ihr große Mengen Seresta übergeben hat", wie die beiden Toten-Wächterinnen wissen.

Der Anruf des Freundes am Abend des 16. Oktober 1973 kam indes zu spät, der Name des fraglichen Mittels konnte den Ärzten nicht mehr rechtzeitig übermittelt werden, "am 17. Oktober um 6 Uhr früh stirbt Ingeborg Bachmann".

Die Bachmann-Freundin Heidi Auer will gegen diese "Dokumentation" der autorisierten Bachmann-Freundinnen Koschel und von Weidenbaum nicht einmal zur Gegendarstellung schreiben.

Schließlich sei sie es ja gewesen, die Ingeborg Bachmann in ein besser ausgerüstetes Krankenhaus nach Lyon habe bringen wollen.

Und was die angebliche Übergabe großer Mengen Seresta-Tabletten auf Malta angehe, so könne Herr Griesel, dies der Name des in der "Dokumentation" nicht genannten Freundes, jederzeit bestätigen, daß daran kein Wort wahr sei.

Frau Koschel wolle nur einfach der Tatsache nicht ins Auge sehen, daß Ingeborg Bachmann keineswegs nur von Zigaretten, Alkohol, Tranquilizern und Aufputschmitteln, sondern vor allem auch von harten Drogen abhängig gewesen sei.

Mit oder ohne Gegendarstellung: Der Streit um den Tod der Ingeborg Bachmann wird weitergehen. In einigen Monaten wollen die beiden Nachlaßpflegerinnen die erweiterte Fassung ihrer "Dokumentation" vorlegen. Dann wird man noch genauer wissen, was Nachlaßpfleger, Witwen und wahre Freunde dem verschiedenen Dichter niemals verzeihen: mit einer brennenden Zigarette einzuschlafen und so alltäglich zu sterben, wie sie selber sind.
Der Spiegel, 5.1.1981

Erinnerungen an eine Bachmann-Lesung
Von Hinrike Gronewold

Die brüderlichen Männer mit dem chevalesken Beschützergehabe, die jovialen Betriebsliteraten, die Männer "mit losen Sommerhemden" und alle anderen, die auch Hans heißen, kommen nicht mehr aus ihren Klappen heraus, wenn der Name Ingeborg Bachmann erscheint.

Sie ist zu lange tot und noch nicht lange genug. Zu lange für ein erotisches Spielzeug und noch nicht lange genug für das Denkmal eines erotischen Spielzeugs.

Jetzt dürfen die Frauen reden über Ingeborg Bachmann. Jetzt melden sie sich, dürfen sich melden und dürfen die Wahrheit sagen, die, wie sich herausstellt, zumutbar ist, aber von denen, durch die Ingeborg Bachmann zerstört wurde, nicht gehört werden kann.

Die Systematiker des männlichen Denkens und der männlichen Sprache, mit denen Ingeborg Bachmann sich erfolgreich gemessen hat, von denen sie nach gehobenen Kriterien begutachtet und in gehobene Kategorien eingeordnet wurde, haben keine Ohren zu hören und keine Augen zu sehen, was außerhalb ihres Funktionsbereichs liegt.

Das lange, vielleicht lebenslange Sterben von Ingeborg Bachmann ist kein geheimnisvolles Rätsel, läßt sich nicht vergleichen mit den Schicksalen männlicher Sentimentalisten, die verzückt ihre Selbstzerfleischung als ästhetisches Kunstwerk zur Schau stellen können.

Ingeborg Bachmann hat den, für Frauen tödlichen, Versuch unternommen, ihre eigenen, lebendigen Gefühle für die mörderische männliche Sprach- und Denkmaschinerie faßbar zu machen. Sie hat begriffen, daß sie eine Gefangene in dieser Maschinerie war. Sie hat oft genug schreibend ihrer Verzweiflung über die Grenzen des Denkens und der Sprache Ausdruck gegeben. Sie hat immer wieder und immer wieder auch erfolgreich versucht, die Grenzen des Sagbaren, Denkbaren zu überschreiten. Sie war sehr nah an ihrer eigenen Wahrheit. Ihr geistig-seelisches Verletztsein durch männlichen Intellektualismus hat sie in ihren Büchern MALINA und, vielleicht noch deutlicher, in DER FALL FRANZA und REQUIEM FÜR FANNY GOLDMANN zum Ausdruck gebracht.

Sie hat geschrieben, "daß wir alle ermordet werden", sie hat über ihr "Kranksein an der Zeit und an der Welt" geschrieben; gefragt, warum sie nicht über den

Krieg schreibe, hat sie erklärt, "der wirkliche Krieg ist nur der Ausbruch des Krieges, den wir Frieden nennen", und sie hat die Feststellung gemacht: "Alle Männer sind krank".

Trotzdem hat sie, wie Aschenputtels Stiefschwestern ihre Füße für den zu kleinen Schuh zurechtzuschneiden versuchen, ihre großen Gefühle und großen Gedanken für die Sprache der kranken, mörderischen Männer zurechtzustutzen versucht.

Dies wird jetzt von Frauen gesagt und geschrieben, und Männer geben Aufträge dafür und hören kopfnickend weg und tun so, als sei dies nichts als die Wiederholung dessen, was sie selbst schon immer gesagt haben.

Aber Männer haben immer die Tragödie der Ingeborg Bachmann als eine ganz persönliche und private bezeichnet. Sie haben pikante Geheimnisse angedeutet und dabei ein Stammtischlachen verschluckt und eine Wildwestfilmheldenritterlichkeit zur Schau gestellt.

Die Tragödien der Ingeborg Bachmann haben sich nicht in dunklen, verschlossenen Räumen abgespielt und hatten ihren Grund nicht in erhörtem oder unerhörtem Liebesgeflüster. Sie waren sichtbar für alle, die nicht nur funktionieren, sondern sehen und hören können.

Bachmann-Lesung

Alle Gedichte von Ingeborg Bachmann haben für mich die Stimme von Ingeborg Bachmann, zum erstenmal gehört auf einer Schallplatte, die mich befremdete. Den harten Kärntner Akzent konnte ich mir nicht erklären, da ich davon überzeugt war, daß alle Österreicher sprechen wie Operettensänger, nasal und mit rollendem Zungen-R. Ihre Art zu sprechen hielt ich für eine Erfindung von Ingeborg Bachmann, etwas, das zu ihr gehörte wie ihre Gedichte, die mir spröde, gläsern und rein erschienen.

Als ich gelernt hatte, diese Gedichte zu begreifen, ohne sie jemals interpretieren zu können, war ich auch dem Zauber dieser Stimme und dieser Sprache verfallen.

"... Ist Liebesmüh in alle Zeit verloren, verlier ich sie hier gern ..."

In Leverkusen, am 19.11.1971, las Ingeborg Bachmann in der Lesehalle der Firma Bayer vor einem Publikum, das größtenteils aus für die schönen Künste interessierten Damen mittleren Alters bestand.

Ich war in einem verspäteten Zug in Köln eingetroffen. Ich mußte ein Taxi nehmen, wenn ich noch Hoffnung haben wollte, rechtzeitig zur Lesung zu kommen. Der Taxifahrer kannte sich auf dem Gelände der Firma Bayer nicht aus, fuhr zum Casino und stieg aus, um einen dort wartenden livrierten Mercedes-Chauffeur nach dem Weg zur Lesehalle zu fragen. Er kam zurück mit der Auskunft, der Chauffeur fahre auch dorthin und habe ihm gesagt, er solle warten und ihm dann nachfahren. Ich war ungeduldig. Der Taxifahrer wußte offenbar nicht, wer Ingeborg Bachmann war, und der livrierte Chauffeur sicher ebensowenig. Ich hatte keine Zeit zu verlieren und war für mein Geld diesen Männern ausgeliefert, die zufrieden waren, wenn sie ihre Zeit bezahlt bekamen.

Die Tür des Casinos wurde geöffnet und zwischen zwei großen Männern kam Ingeborg Bachmann, sehr zerbrechlich aussehend, die Treppe hinunter. Es schien, als habe sie diese Männer nötig, damit nicht ein leichter Windstoß sie umwerfen oder vielleicht davontragen könne.

Der Taxichauffeur, der pflichtbewußt meine Unruhe übernommen hatte, meinte, nun werde es ja auch wirklich Zeit und hoffentlich fahre der andere auch schnell genug. Ich hatte Mühe, ihm begreiflich zu machen, daß wir nun nicht mehr zu spät kommen konnten, denn auf die Dame, die gerade in den Mercedes eingestiegen sei, komme es an und, im Gefolge dieser Dame, könnten wir gar nicht zu spät kommen.

Ingeborg Bachmann ging unter uneinheitlich klapperndem Applaus den Gang zwischen den Besuchern entlang bis zum Pult. Sie trug eine große dunkle Sonnenbrille. Ihre Stimme war zunächst unsicher und ein wenig rauh, als sei sie lange nicht mehr benutzt worden. Sie las auch MALINA, und ihr Gesicht war abwechselnd auf das Buch und auf das vor ihr stehende Mikrofon gerichtet. Sie senkte den Kopf langsam zum Buch hinunter und hob ihn dann schnell zum Mikrofon hinauf. Wie ein Fisch, der aus dem Wasser springt, um nach Luft zu schnappen, dachte ich. Es dauerte eine Zeitlang, bis ich mich an dieses Bild gewöhnt hatte und zuhören konnte.

Ingeborg Bachmann schien eher gegen ihre Zuhörer zu lesen als für sie. Ihre Stimme wurde in dem Maße weicher und geschmeidiger, in dem das Publikum sein allgemeines, kulturbeflissenes Wohlwollen verlor, in dem ein Verlangen sich ausbreitete nach etwas wie einem delikaten Hesse-Cocktail, nach einer kleinen bedeutungslosen, aber höchst bedeutsamen Thomas-Mann-Buchstabenkunstreiterei oder einem Goethe-Bonbon, der das Mitdenken erspart hätte in dem beruhigenden Wissen, daß dieser Abend ein Jahrhunderterlebnis war, bei dem nur die Teilnahme zählte.

Ingeborg Bachmanns Sicherheit wurde größer, je stärker die Unsicherheit ihres Publikums wurde. Und am Schluß las sie mit dem Ausdruck großer Befriedigung über leichtes Füßescharren und Hüsteln hinweg eine Passage, die sie unbeliebt machen mußte:

"... Kein Kind, das nicht ganz und gar schwachsinnig oder bodenlos verdorben ist, aber das sind wohl die meisten, kann sich wünschen, in einem Kinderhaufen zu leben und die Probleme von anderen Kindern zu haben und außer einigen Kinderkrankheiten irgendetwas zu teilen mit anderen Kindern, meinetwegen eine Entwicklung ..."

Kein Wort über das Kinder- und Jugendproblem und kein Hinweis auf einen verhaltenen Mutterinstinkt. Die Zuhörer wurden ratlos nach Hause geschickt ohne das Versprechen, daß die Welt gerettet werden könne, wenn sie sich endlich entschließe, von der Unschuld unschuldiger Kinder zu lernen, und ohne die Prophezeiung einer Katastrophe, die größer war als alle Katastrophen, die es schon gab.

Es gab Schlußapplaus für eine Dichterin, die wohl oder übel entlassen werden mußte, ohne eine Lehre, einen Verweis oder ein Lob ausgeteilt zu haben, eine, vor deren Gedanken und Worten es auf der Hut zu sein galt. Denn so wenig die auch geeignet waren, auf Fahnentücher geschrieben oder in Marmor gehauen zu werden, so leicht konnte es geschehen, daß diese Gedanken und Worte sich in Gehirnen festsetzten und in ihren Windungen der Wahrheit Eingang verschafften, die zumutbar, aber eine Zumutung war.

Ingeborg Bachmann senkte den Kopf vor dem Beifall und schloß das Buch. Als sie dann, auf halbem Weg zur Tür, im Gang zwischen den Stuhlreihen war, begann der Applaus noch einmal. Sie blieb stehen, sah das Pult an, zu dem die aufeinanderschlagenden Hände sie zurückbefahlen, dann die Tür, die sie in Gedanken schon hinter sich geschlossen hatte.

Es lag keine Provokation in dem Beifall, er war getragen von der Erkenntnis, daß es zu wenig Anerkennung gegeben hatte, daß es so nicht enden durfte und daß nun doch, nach einer Verzögerung durch Unsicherheit, die Entscheidung gefallen war, dies sei ein begeisternder, ein großer Abend gewesen. Noch einmal zurück ans Pult mit der Dichterin, damit die Gunstbeweise ihr Ziel finden konnten.

Die Dichterin stand, offenbar unfähig zu gehen, während der Applaus unbarmherzig fortgesetzt wurde. Ingeborg Bachmann war keine Puppe, die jemand tanzen lassen durfte, sie durfte nicht zurückgehen zum Pult und beweisen, daß sie dem Beifall nachlief. Aber ebensowenig durfte sie einen Skandal heraufbeschwören, indem sie, die Gesetze der Höflichkeit außer acht lassend, unbeirrt den Saal verließ.

Die Tür wurde geöffnet, ein Mann in dunklem Anzug kam herein, eilte auf Ingeborg Bachmann zu und führte sie hinaus. Die Zuhörer standen auf, verließen die Stuhlreihen, fingen an, Bücher zu kaufen, oder standen in Gruppen plaudernd herum. Es sah aus, als würden Wetten abgeschlossen, ob die Dichterin, wie angekündigt, noch signieren werde oder nicht.

Der Mann im dunklen Anzug kam herein und verkündete, Frau Dr. Bachmann bitte um ein bißchen Geduld. Kurz darauf erschien sie, ohne Sonnenbrille, freundlich, mit geschäftsmäßigem Lächeln.

Ich stand als erste in der Reihe von Menschen mit Büchern unter dem Arm. Ingeborg Bachmann setzte sich an den bereitgestellten Tisch und begann hastig, eine Zigarettenpackung aufzureißen. Ich wäre bis ans andere Ende des Raumes zurückgetreten, wenn die nachdrängenden Menschen mich nicht daran gehindert hätten. Es war schrecklich, neben dieser Frau zu stehen, die sich beeilte mit ihren Zigaretten, weil ja die Leute mit ihren Büchern auf sie warteten.

Ich habe mich nie so als Voyeur gefühlt, als Zeugin eines ganz intimen, privaten Vorgangs, wie in diesem Augenblick. Ingeborg Bachmann hatte ihre Zigarette angezündet, einen tiefen Zug daraus gemacht und dann ruhig und auffordernd die Menschenschlange angesehen. Ich trat an den Tisch heran und legte meinen MALINA-Band aufgeschlagen hin. Sie sah mich an mit einem aufmerksamen, prüfenden Blick, griff dann zum Kugelschreiber und vermerkte auf der Buchseite Ort, Datum und ihre Unterschrift.

Ich stand noch ein bißchen herum, und mit einer Mischung aus Neid und Verachtung sah ich den anderen Leuten zu, die nicht einfach schweigend ihre Bücher hinlegten, sondern Fragen stellten, Schmeicheleien sagten oder kleine, charmantwitzige Bemerkungen machten.

Aber diese Geschichte hat es so wohl gar nicht gegeben, für die Leute nicht und für Ingeborg Bachmann sicher auch nicht.
Es ist meine Geschichte.
Courage, Jg. 7, Heft 2, 1982

Ingeborg Bachmann - oder der Versuch, eine literarische Rede nach ihrem Sein zu befragen

Von Ursula Adam

I.

"der ich unter Menschen nicht leben kann."
  Unter Menschen leben heißt auch ihre Sprache sprechen, heißt auch Konventionen achten, heißt auch, es dabei bewenden lassen.
  Der Anspruch "eine neue Sprache - eine neue Welt" trägt in seiner Totalität das Scheitern schon in sich.
  Ingeborg - verstanden werden will sie nicht, obwohl sie nichts so herbeisehnt wie Verständnis. Das Sprechen in Metaphern, in Chiffren wird ihr zur zweiten Haut, in der sie sich zu Markte trägt, scheinbar widerwillig, aber doch nicht so ungern. Die Geschäfte der Menschen, ihre Händel sind ihr widerwärtig, ja die Menschen selbst sind ihr widerwärtig - Ekel hat sie erfaßt vor den vielen. Im geheimen natürlich die Angst, den anderen entgegenzutreten, die Unfähigkeit, sich einzulassen, sich zu behaupten. Sprache als Ausflucht - hört doch, wie schön ich es sage.
  Wie niemand besser dazu gemacht, mit einem einzigen Menschen zu leben - "ein Einsamer mit einem Einsamen, sich verbünden, einander Deutlichkeit verleihen vor der Welt. Sich stellen" -, hat sie sich doch in ihren Beziehungen verstrickt, unfähig, die Balance zwischen Distanz und Intimität zu halten. Daher ein Leben immer auf Rückzug, immer auf Widerruf. Daraus sind dann ihre Geschichten entstanden, nicht aber ihre Geschichte.
  Brüche, nicht zur Kenntnis genommen, lassen sie immer wieder an derselben Stelle abstürzen in Sprachlosigkeit oder untergehen in Sprachfluten.

II.

"die erste vollkommene Vergeudung, ekstatisch + unfähig, einen vernünftigen Gebrauch von der Welt zu machen."
  Sie kokettiert mit einem Bild von sich, und schon fällt es ihr auf den Kopf. Im Handumdrehen hat sie ihre Unfähigkeit liebgewonnen und zur Weltferne stilisiert, ja die Unfähigkeit, die Unbestimmtheit wird ihr zur Lebensform. Dahinter ein maßloser, nie eingestandener Ehrgeiz - von Depressionen gezügelt. Sie will nicht formen, sondern formulieren - um ihrer selbst willen. Um die direkte Rede ihrer Muttersprache zu meiden, lernt sie die indirekte in vielen anderen Sprachen. Mit lauter Worten verstellt sie sich die Sinne, baut Schanzen gegen die Wirklichkeit.

Frauen wie sie sagen immer: Was denn? Was soll ich denn? Ich kann dir sagen - worauf sie schweigen. Frauen wie sie sind über den vielen verbalen Lebensmöglichkeiten verzweifelt, weil sie sich zum Handeln nicht entschließen können und so in wechselnde Verhältnisse geraten.

Frauen wie sie liegen tagelang in halbverdunkelten Wohnungen herum, zünden sich ihre Zigaretten an der Herdplatte an, haben immer irgendwo ein halbvolles Glas Whisky stehen und verbringen ihr Leben damit, sich zu erinnern, was man ihnen angetan hat - "der Friedhof der begrabenen Töchter". Es gelingt ihnen nur kurzzeitig, ihre Sichtweise zu ändern. Sie fallen zurück in die Freudlosigkeit. Mit zunehmender Einsilbigkeit steigen die Telephonrechnungen. Sie führen ein nachsichtiges Leben, ein vorsichtiges Leben, ein aussichtsloses.

Sie nehmen nichts unentstellt zur Kenntnis.

Frauen wie sie ... Immer wieder tappt sie in selbstgestellte Gedankenfallen, trotz ihrer Hellfühligkeit, das macht die Angst vor dem Ja und dem Nein. Schwach im Abstrahieren, nie beschäftigt, unfähig zu wählen, immerfort im Liegen lesend, erfindet sie Probleme und bringt sie dann in Umlauf. Erklärungen treibt sie immer zu weit, ins Unsagbare hinein. Sie denkt an alles mögliche, das heißt, an nichts denkt sie wirklich.

III.

"Orplid, mein Land ..." - zum Beispiel Sehnsucht.

Sehnsüchte haben darf man ja. Man darf sie aussprechen, auch in der Form eines Gedichtes. Man kann sie zelebrieren, ritualisieren. Man kann sie unerfüllbar machen. Dann hängen sie einem ein Leben lang nach. Alle ihre Texte sind Sehnsuchtstexte. So, wie es ist, soll es nicht sein. So, wie es gewesen ist, soll es nicht gewesen sein. Sehnsucht, die nicht frei macht, sondern unfrei.

Sentimentale Sehnsucht.
Romantische Sehnsucht.
Stilisierte Sehnsucht.
Abgenützt, überladen, dekorativ.
Sehn-Sucht.

Während sie ihren Sehnsüchten nachhängt, verfault das Obst in ihrer Wohnung, das Brot wird schimmlig, überall verdorrte Blumensträuße in vermodert riechendem Vasenwasser, alles mit einer Staubschicht Wehmut bedeckt. Während sie ihren Sehnsüchten nachhängt, wird sie von ihren Versäumnissen eingeholt und ins Gestern gestoßen. Eine unaufgeräumte Person ...

IV.

Zentrales Thema - die Liebe und ihre Unmöglichkeit.
"Erklär mir, Liebe."

Die Liebe nur von der Sprache her kennen, aber "nichts Liebes kennen und nichts Liebes tun".

Die Liebe immer an den Untergang hängen, an den Tod. Die Liebe als Vehikel des Todes sehen, nicht den Tod als Vehikel der Liebe.

Scheitern.

Scheitern an den eigenen Ansprüchen. "Die Liebe aber ist unwiderstehlich", das heißt OHNE WIDERSTAND.

Das Drama der gescheiterten Liebe: sich niemals vollkommen überlassen können, immer vorbehaltlich sein, immer Bedenken haben, Einwände.

Wo kein Widerstand ist, ist alles mühelos.

Ihre Botschaften reichen in mich hinein, sie imitieren mich, sie rufen eine Störung in mir hervor, die suche ich zu beschreiben, zu rezipieren.

Dabei spüre ich, sie sendet am falschen Kanal, am ICH oder ICH-Kanal.

Die Wahrheit ist doch, daß wir noch immer nicht zu uns selbst finden, nur manchmal, wenn wir auf einer Brücke stehen, an einem beliebigen Tag, und unser beider Lächeln ins Wasser fällt.

Die Wahrheit ist doch, daß wir noch immer nicht über uns selbst hinaus finden, hinaus ins Freie.

Freiheit - von mir selbst befreit, atme ich auf und gehe unter die Menschen.

Ingeborg Bachmann ist erstickt.

Die Presse, 17./18.7.1982

Römisches Trauma

Von Anonym

"Glückliche Erben" - paßt ein Mann wie Heinz Bachmann unter diesen Buchtitel? Wenn irgendwer nicht, dann er. Kann man überhaupt über ihn schreiben? Noch jetzt würde er es mir am liebsten ausreden - das Bachmann-Kapitel wird eine schwere Geburt.

Irgendwann einmal hatte sie ihn gefragt, Ingeborg Bachmann den 13 Jahre jüngeren Bruder, ob er unter Umständen bereit wäre, sich nach ihrem Ableben um den Nachlaß zu kümmern. Er hatte ja gesagt - und dabei an einen Pensionistenjob gedacht. Doch es kam anders: Heinz Bachmann war 34, als seine Schwester in ihrer Wohnung im Palazzo Sacchetti zu Rom über einer glühenden Zigarette einschlief ...

Das Trauma ihres gräßlichen, gräßlich frühen und durch ungezügelte Gerüchtemacherei noch gräßlicher gemachten Todes sitzt nach wie vor tief in ihm - ein Dezennium danach: "Noch vor einigen Jahren hätte ich darüber nicht sprechen können."

Er kann es eigentlich noch immer nicht. Sagen wir so: Er überwindet sich dazu, jener Auskunftspflicht zu genügen, die nun einmal mit zu den Agenden des Nachlaßverwalters zählt. Doch er tut es unter Qualen - ich bin mehrmals versucht, das Gespräch von mir aus abzubrechen.

Als Treffpunkt schlägt er meine Hotelhalle vor - die Adresse im Norden von Madrid, wo Dr. Heinz Bachmann, Chef-Geophysiker von Shell España, mit seiner Familie wohnt, wäre ihm, dem extrem Introvertierten, wohl zu intim.

An einer Stelle unseres sich dahinschleppenden Gesprächs mache ich einen Rückzieher. Ich muß ihm wohl gerade wieder eine etwas unbequeme Frage gestellt haben, jedenfalls sage ich zu ihm: "Also, lassen wir's, das ist wohl eine zu heikle Angelegenheit."

"Heikel?" fragt er zurück. "Heikel ist alles."

Wir kommen auf einen der Herausgeber der Nachlaßbände zu sprechen, er will mir dessen Adresse mitgeben. Aber wieso sucht er in der Aktentasche nach dem Adreßbuch, wo er es doch hier vor sich auf dem Tisch liegen hat? Weil es ein anderes, ein zweites Adreßbuch ist. Die Ingeborg-Bachmann-Agenden hält er streng von allem anderen getrennt.

Solange ich mit ihm über seinen Beruf, über Seismik und Ölgewinnung, über die Tücken des Spanischen oder über die Urlaubsvorzüge der Insel Lanzarote spreche, ist seine Rede flüssig, ja animiert. So wie ich jedoch aufs Thema *Ingeborg Bachmann* umsteige, krampft er sich ein, flüchtet sich in lange Denkpausen, ringt um vorsichtige und übervorsichtige Formulierungen, widerruft und präzisiert bereits Gesagtes oder verweigert sich überhaupt: "Dazu möchte ich nichts sagen." Etwa zu den Namen Henze oder Frisch. Seine Sorge, mißverstanden oder fehlinterpretiert zu werden, ist groß. Schon weil seine Schwester, sagt er, so oft mißverstanden, so oft fehlinterpretiert worden sei. Die Sache mit Hans Weigels schmerzlich-bitterem Schlußsatz aus dem Ingeborg-Bachmann-Kapitel seines Erinnerungsbuches "In memoriam" kommt ihm da gerade recht. Weigel, der unermüdliche Förderer österreichischen Schriftstellernachwuchses, hat - fast möchte man sagen: natürlich - auch die junge Ingeborg Bachmann unter seinen Fittichen gehabt. Später, er verschweigt es nicht, geht es nicht ohne mancherlei Enttäuschungen für ihn ab: Enttäuschungen im menschlichen wie im politischen Bereich. 1968, als die inzwischen zum Star avancierte Kollegin den "Österreichischen Staatspreis" erhält, sieht man einander in Wien wieder. Weigel fragt sie: "Wann erscheint dein nächstes Buch?" Und Ingeborg Bachmann antwortet: "Ich weiß nicht. Das mußt du meinen Anwalt fragen."

Eine Antwort von mondäner Arroganz, die den selbstlosen Wegbereiter von einst verletzen muß. Weigel spricht es selber nicht aus, aber natürlich spürt man es aus jedem seiner Worte.

Heinz Bachmann, dem ich den Vorfall berichte, ergreift fast gierig die Gelegenheit, auf "Mißverständnis" zu plädieren und seine Schwester zu exkulpieren: "Glauben Sie mir, sie hat es wirklich nicht gewußt. Sie war zu jener Zeit durch einen geplanten Verlagswechsel in einer äußerst heiklen Situation, die nur durch ihren Anwalt geklärt werden konnte. Es ging um den Roman "Der Fall Franza". Außerdem hat sie es bestimmt im Spaß gesagt."

Die zweite Gelegenheit, korrigierend einzugreifen, bietet sich Heinz Bachmann, als ich das Gespräch auf Heinrich Bölls Nachruf lenke - er ist zuerst im "Spiegel", später auch in dem Sammelband "Einmischung erwünscht" erschienen. Böll rühmt darin unter anderem Ingeborg Bachmanns Mut, "1958 dem Komitee gegen Atomrüstung beizutreten, sich 1963 der Klage gegen Dufhues anzuschließen und 1965 die Erklärung zum Vietnamkrieg zu unterschreiben", sowie ihr Engagement für die Sache der 68er: "Mancher Versprengte und polizeilich Gesuchte aus der Berliner Studentenbewegung wird sich hoffentlich ihrer Hilfsbereitschaft und Gastfreundschaft erinnern."

Heinz Bachmann läßt nur letzteres, läßt keine anderen als humanitäre Motive für ihr Tun gelten: "Es ist nicht zulässig, davon irgendeine politisch-ideologische Identifizierung abzuleiten."
Auch beim "Dechiffrieren" ihrer Texte besteht er auf äußerster Zurückhaltung. Bei kaum einer Autorin ist ja die Versuchung so groß, autobiografische Hintergründe herauszulesen. Heinz Bachmann mag dies nicht einmal bei Texten wie "Jugend in einer österreichischen Stadt" oder "Drei Wege zum See" zulassen: "Sie hat eher aus der Idee geschrieben als aus der Beobachtung." Bruder und Vater in der Erzählung "Drei Wege zum See" seien höchstens "in vagen Umrissen" er und der Klagenfurter Hauptschullehrer Mathias Bachmann, die "Kindheit in Dunkelhaft", die Ingeborg Bachmann in der Studie "Jugend in einer österreichischen Stadt" beschworen habe, sei in dieser extrem deprimierenden Darstellung absolut nicht die ihre gewesen, und die Fabel des Erzählungsfragments "Gier" sei von ihr zwar ins Österreichische transponiert worden, gehe aber in der Substanz auf eine römische Zeitungsmeldung zurück.
Wenige Tage vor unserem Gespräch habe ich in einem Kellertheater eine Dramatisierung von Ingeborg Bachmanns Monolog "Der Tod wird kommen" gesehen, die Grazer Schauspielerin Brigitte Antonius hat damit in Wien gastiert - ich erzähle Heinz Bachmann davon. Wiederum heftiger Widerstand gegen jeden Versuch der Identifizierung mit der eigenen Familie: "Sie hat sich lediglich auf Namen gestützt, die in der väterlichen Heimat, im Gailtal, gebräuchlich sind. Mehr nicht. Mehr als diesen erkennbaren Wirklichkeitsrahmen gibt's da nicht." Ebenso sei es ein Unfug, Ingeborg Bachmanns Werk, wie das in manchen Nachrufen lustvoll betrieben worden ist, nach Anspielungen auf Feuer und Feuertod durchzuforsten: "Wäre sie auf andere Weise, etwa an einer Krankheit, gestorben, hätte man bestimmt genauso die "passenden" Stellen gefunden."
Ingeborg und Heinz Bachmann standen einander nahe, auch wenn ihre Kontakte nicht gar so häufig waren: "Wir haben einander in Abständen von ein, zwei Jahren gesehen - manchmal daheim in Kärnten, manchmal in Rom. Bei einem seiner Rom-Besuche in den frühen 60er Jahren hat er eine umfangreiche Fotoserie von ihr angefertigt - das Resultat, dem Verlag zur weiteren Verfügung übergeben, nimmt in der Dokumentation ihres Lebens noch heute einen bedeutenden Rang ein. Auch bei meinen eigenen Fotowünschen verweist er mich auf dieses Material - etwas Gemeinsames von ihm und seiner Schwester (mit der er gewisse Gesichtszüge teilt) gebe es nicht. Und ein Foto von ihm allein redet er mir aus: "Ich bin an keinerlei Publicity interessiert."
Das letzte Zusammentreffen der Geschwister fällt mit dem Begräbnis des Vaters zusammen: März 1973, wenige Monate vor Ingeborg Bachmanns eigenem Tod. Ende September ist Heinz Bachmann, seit einiger Zeit in Senegal stationiert, für einen Tag dienstlich in Holland. Durch einen Telefonanruf im Elternhaus in Klagenfurt erfährt er von Ingeborgs Unfall. Isolde, die jüngere Schwester, befindet sich bereits in Rom, mit der ersten Maschine folgt er ihr nach. Die nächsten zwei Tage (länger kann er von seinem Posten in Afrika nicht wegbleiben) sind die Hölle: das Bangen ums Überleben der Verunglückten, das Besuchsverbot der in

einer Spezialstation Isolierten, die Belagerung durch Presse, Freunde und Behörden, dazu Sprachschwierigkeiten. Unverantwortliche Spekulationen, unter denen - von Rauschgift bis Erpressung, von Selbstmord bis Mord - keine mögliche Variante fehlt, heizen den "Fall" weiter an - eine "Polarisierung der Positionen", die bis heute andauert und Familie und Freunde voneinander fernhält. Zusätzliche tragische Verstrickung: Der Schwager in Kärnten wird Opfer eines Verkehrsunfalls und erliegt acht Tage später dessen Folgen.

Drei Wochen nach der Katastrophe - beim Einschlafen mit glühender Zigarette hatte das Nylongewand Feuer gefangen und ihrem Körper schwerste Verbrennungen zugefügt - stirbt Ingeborg Bachmann. Ihr Körper, durch eine dem Unfall vorangegangene Magenverstimmung zusätzlich geschwächt, hat, was nicht zu verkraften war, nicht verkraftet.

Hinzu kam ihre seit Jahren manifeste Medikamentensucht - Folge einer schon längere Zeit zurückliegenden ärztlichen Fehlbehandlung. Ich erinnere mich, wie mir anläßlich einer eigenen Lesung bei "Inter Nationes" in Bonn die Panik geschildert worden war, mit der die Veranstalter eines Ingeborg-Bachmann-Abends in der deutschen Bundeshauptstadt, mit der Autorin von Apotheke zu Apotheke hetzend, das Nötigste aufzutreiben versucht hatten, um ihren Auftritt zu retten und das schon unruhig werdende Auditorium im überfüllten Vortragssaal nicht heimschicken zu müssen.

Vollends verheerend war Ingeborg Bachmanns physische Verfassung in ihren letzten Lebensmonaten. Alfred G., einer ihrer engsten Freunde (und einer der ganz wenigen, mit denen auch Heinz Bachmann ungetrübten Kontakt unterhält), erinnert sich an die letzte Begegnung mit ihr - Malta, August 1973: "Ich war zutiefst erschrocken über das Ausmaß ihrer Tablettensucht. Es müssen an die 100 Stück pro Tag gewesen sein, der Mülleimer ging über von leeren Schachteln. Sie hat schlecht ausgesehen, war wachsbleich. Und am ganzen Körper voller Flecken. Ich rätselte, was es sein konnte. Dann, als ich sah, wie ihr die Gauloise, die sie rauchte, aus der Hand glitt und auf dem Arm ausbrannte, wußte ich's: Brandwunden, verursacht von herabgefallenen Zigaretten. Die vielen Tabletten hatten ihren Körper schmerzunempfindlich gemacht. Zum erstenmal hatte ich den Mut, mit ihr darüber zu sprechen, und sie ging auch darauf ein: Die Ärzte hatten ihr gesagt, man könne eine Entziehungskur versuchen - zwei Jahre Dauer, fünf Prozent Erfolgschance. "Wozu also dann überhaupt?" Trotzdem sei nichts von Lebensmüdigkeit an ihr zu beobachten gewesen: "Ich habe ein Herz wie ein Pferd." Ihr nächster Plan sei eine Reise nach Bad Gastein gewesen, die Fahrkarte war schon gelöst.

Auch ihr Bruder berichtet von mannigfachen konkreten Plänen aus allerletzter Zeit: Plänen zum Schreiben, Plänen zur Rückkehr nach Österreich. "Sie war sogar schon in Wien auf Wohnungssuche gewesen." Für ihre Familie war es daher überhaupt keine Frage, daß man sie nach ihrem Tod - entgegen dem Wunsch ihrer römischen Freunde - aus Italien in die Heimat zurückholen und in heimatlicher Erde bestatten würde: in einem Einzelgrab auf dem Klagenfurter Zentralfriedhof Annabichl.

Heinz Bachmann teilt sich mit seiner Schwester Isolde, die im Kärntner Kötschach-Mauthen eine Buchhandlung führt, die Pflege des Nachlasses. Die erste Zeit lastete die Arbeit auf ihr allein, später konnte der Bruder, zunächst noch beruflich in Afrika festgehalten, bei seiner Firma eine Versetzung nach Wien erwirken.

Der Nachlaß war in großer Unordnung, auch hatte Ingeborg Bachmann keinerlei Richtlinien hinterlassen, wie mit ihm umzugehen sei. Es galt also, im Verein mit den Herausgebern die Manuskripte zu sichten, ein eigenes Ordnungssystem zu entwickeln, mehrere 10000 Fotokopien anzufertigen, für die 2500 Seiten der Werkausgabe Korrekturen zu lesen - und das mehrmals. Heute ist es vor allem die Überprüfung von Übersetzungen, deren sich Heinz Bachmann, der Sprachgewandte, annimmt.

Ob man mit ihm auch übers Finanzielle sprechen kann? Durchaus. Bis die Erbschaftsmodalitäten abgewickelt waren, kam die Familie selber für die Herausgeberhonorare auf, und so ist es bis heute geblieben: Die Tantiemen fließen - die anfallenden Unkosten ausgenommen - allesamt wieder in die Betreuung des Nachlasses zurück, und die Manuskripte - von einer einmaligen Aufwandsentschädigung abgesehen - haben die Erben der Österreichischen Nationalbibliothek zum Geschenk gemacht. Ob "Malina" oder "Simultan", "Das dreißigste Jahr" oder "Die gestundete Zeit", "Anrufung des Großen Bären" oder "Der gute Gott von Manhattan" - hier werden sie, der Allgemeinheit zugänglich, im Original verwahrt. Nur Briefe und Notizen sind jeglichem Einblick von außen streng entzogen. Vorsorglich für 50 Jahre haben die Erben diesen Teil des Nachlasses notariell versiegeln lassen, und nur sie - und auch sie bloß in gemeinsamer Entscheidung - haben zu dem geheimen Dossier Zutritt. Die Ingeborg-Bachmann-Legendenbildung darf weiterwuchern.

Börsenblatt des deutschen Buchhandels, Jg. 39, Nr. 70, 2.9.1983

"Der ich unter Menschen nicht leben kann"

Von Peter Hamm

"Haltet Abstand von mir oder ich sterbe, oder ich morde, oder ich morde mich selber. Abstand - um Gottes Willen"

Ist Ingeborg Bachmanns Tod jetzt schon Abstand genug, dieser rätselhafte, frühe Tod? *Wen die Götter lieben* ... Nein, so nicht. Tatsache ist aber, daß ich mir eine sechzigjährige Ingeborg Bachmann nur schwer vorstellen kann. So *schwer* wie eine sechzigjährige Katherine Mansfield oder eine sechzigjährige Sylvia Plath, so schwer auch wie eine sechzigjährige Simone Weil oder eine sechzigjährige Maria Callas. Und so schwer auch - warum denn nicht - wie eine sechzigjährige Marilyn Monroe.

"Ich denke an die siebenundvierzigjährige Frau wie an ein Mädchen", schrieb Heinrich Böll 1973 in seinem Nachruf auf Ingeborg Bachmann. Ich denke an Ingeborg Bachmann wie ich an Katherine Mansfield und Sylvia Plath, an Simone Weil und Maria Callas denke, sie alle Frauen, die auf des Messers Schneide zu existieren gezwungen waren, Frauen, die brannten und sich verbrannten -, und ich bin mir bewußt, welchen Doppelsinn dieses Bild im Falle Ingeborg Bachmanns bekommt.

> Erklär mir nichts. Ich seh den Salamander
> durch jedes Feuer gehen.
> Kein Schauer jagt ihn, und es schmerzt ihn nichts.

So endet Ingeborg Bachmans großes Gedicht "Erklär mir Liebe". Ingeborg Bachmann wußte, daß die Feuer, durch die sie mußte, sie verbrennen würden - und sie, schmerzsüchtig, erklärte sie sich einverstanden damit?

"Es ist schade, daß alles nur Worte sind, ich wünschte mir einen richtigen Scheiterhaufen, auf dem man mich verbrennen würde." Diesen Satz - er könnte von Ingeborg Bachmann stammen - schrieb die große russische Poetin Marina Zwetajewa, die sich achtundvierzigjährig erhängte.

Soviel ist sicher: Hier und heute wäre Ingeborg Bachmanns Stunde nicht und nicht ihr Ort. Aber wann und wo waren ihre Stunde und ihr Ort? Ich weiß keine Antwort, ich weiß nur, daß ich froh darüber bin, daß sie es hinter sich hat, daß sie uns hinter sich hat. "Unter Mördern und Irren", so hat sie sich unter uns gefühlt, so hat sie den literarischen Betrieb empfunden, und so hat sie eine Erzählung über ihn betitelt.

Simone Weil hat einmal bekannt, daß jedesmal, wenn ein Mensch mit ihr ohne Brutalität spreche, sie sich des Eindrucks nicht erwehren könne, hier müsse ein Mißverständnis vorliegen. Es war diese Art der Verletzlichkeit, die auch Ingeborg Bachmann auszeichnete. Vielleicht hätten wir ja Glück gehabt, und sie hätte das, was wir hier und anderswo in ihrem Namen treiben, nur als Mißverständnis betrachtet. Brutal sind wir doch wirklich nicht. Wenigstens nicht Auge in Auge. Nur ein wenig hinterhältig, ein wenig respektlos.

> Aus den Wäldern trugen wir Reisig und Stämme.
> Berauscht vom Papier,
> erkenn ich die Zweige nicht wieder.
> Aber ins Holz,
> solang es noch grün ist, und mit der Galle,
> solang sie noch bitter ist, bin ich
> zu schreiben gewillt.

Tönt das nicht nach Ingeborg Bachmann? Ja, auf diese sieben Zeilen hat Bertolt Brecht das dreißigzeilige Bachmann-Gedicht "Holz und Späne" in seinem Exemplar des Gedichtbands "Die gestundete Zeit" verkürzt. Mit ein paar Federstrichen. Bei Brecht heißt das Gedicht auch nicht mehr "Holz und Späne", sondern nur noch "Holz". Wo gehobelt wird, fallen Späne. Brecht, heißt es, habe Ingeborg Bachmann geschätzt.

In Wahrheit verrät seine Respektlosigkeit diesem und anderen Bachmann-

Gedichten gegenüber, daß er vor allem sich selber schätzte. In dieser Form hätte "Holz" durchaus unter den "Buckower Elegien" mitlaufen können. Freilich, ähnlich respektlos wie Brecht geht jeder Leser vor. Jeder liest nur *sein* Gedicht, liest nur *seinen* Roman. Jeder liest nur, was er gerade braucht. Darum liest jeder dasselbe Gedicht anders als jeder andere, denselben Roman anders als jeder andere. Darum ist es so komisch, wenn Literaturwissenschaftler uns auf *eine* Lesart eines Textes einschwören möchten. In ihrem Radio-Essay über Marcel Proust hat Ingeborg Bachmann zustimmend dessen Feststellung zitiert: "In Wirklichkeit ist jeder Leser, wenn er liest, nur ein Leser seiner selbst."

Was las der Sechzehnjährige im oberschwäbischen Weingarten, der ich einmal war, als er sich für die Unsumme von 3,60 Mark Ingeborg Bachmanns schwarzlackierten, soeben in der Frankfurter Verlagsanstalt erschienenen Gedichtband "Die gestundete Zeit" kaufte und darin, wenn auch nicht - wie Brecht - wegstrich, aber dafür wild unterstrich - und mit roter Tinte? Was brauchte ich 1953 von Ingeborg Bachmann? Unwillkürlich habe ich hier geschrieben: Was brauchte ich von Ingeborg Bachmann? Und nicht etwa: Was brauchte ich von ihren Gedichten? In dieser Formulierung ist ja schon ein Bekenntnis enthalten. Es lautet, daß ich bei jedem Gedicht oder Buch, das ich bisher gelesen habe, mir immer den Autor vergegenwärtigt habe, daß jedes Gedicht, jedes Buch für mich bis zum heutigen Tage stets identisch mit einer Person ist. Kaum jemand ist mir so unbegreiflich wie einer, der behauptet, er interessiere sich *nur* für das Werk. Ich jedenfalls kann kein Werk, wenn es mir notwendig erscheint, von seinem Urheber trennen. Von jedem solchen Werk will ich sofort wissen, welche und wessen Not da ins Kunstwerk gewendet wurde.

Es trifft sich gut für mich, daß Ingeborg Bachmann selbst ähnlich dachte. Schreiben empfand sie als "einen Zwang, eine Obsession, eine Verdammnis, eine Strafe" (wie sie es in ihrer Wildgans-Rede formulierte). Und wenn sie über Geschriebenes nachdachte, dachte sie über jene nach, die dieser Verdammnis anheimgefallen waren, identifizierte sie sich mit denen. In ihrem Aufsatz über Sylvia Plath heißt es: "Ich glaube nicht, daß Sylvia Plath etwas Neues ist, sie hat weder die englische Sprache zertrümmert noch zum Auferstehen gebracht, noch etwas geleistet, was ihre Kritiker zu besonders hochtrabenden Einfällen veranlassen könnte; aber wie die Schriftsteller, die in der Hölle waren, wird sie unter den ersten sein, weil sie unter den letzten war". In solchen sehr christlichen Kategorien von Leiden und Leidenslohn dachte sie.

In ihrer ersten Frankfurter Poetik-Vorlesung polemisierte sie gegen die Fixierung so vieler Kritiker auf das, was sie *Qualität* oder auch *gut geschrieben* nennen und was meist nicht mehr ist als die Geschicklichkeit, vertraute Muster zu variieren. Ihr waren jene Könner und Alleskönner, die bereitwillig diese Qualität des up to date liefern, aufs äußerste zuwider. Für Ingeborg Bachmann zählten nur die "Geschleuderten", die Verdammten, die Gezeichneten, die Märtyrer. Bezeichnend, was sie nach Erscheinen des "Wunschlosen Unglücks" von Peter Handke, ein Buch, das sie tief beeindruckte, äußerte: "Ich lese zwar manchmal eine deutsche Zeitung, aber ich war froh darüber, daß ich keine Kritik zum 'Wunschlosen Un-

glück' gesehen habe, weil ich glaube, daß man darüber keine zu schreiben hat."
Auch hinter dieser Äußerung verbirgt sich wieder die Vorstellung vom Künstler als Märtyrer, der nicht kritisierbar ist außerhalb des Leidensgesetzes, das über ihn verhängt wurde. Märtyrer brauchte sie zu Verbündeten.

Was brauchte ich damals, 1953, von Ingeborg Bachmann? Die Antwort ist so anmaßend wie wahr. *Ich brauchte ihr Unglück.* Ihr Unglück und ihren Glanz, den sie aus diesem Unglück bezog, - ähnlich wie die Heiligen ihren Glanz aus ihren Martern gewinnen. Ein Unglück kommt selten allein. Mir kam ihres bekannt vor. Aber ihr Glanz war mir sehr fremdartig, anziehend fremdartig, dem konnte man nur erliegen, in der verzweifelten Hoffnung, es falle auf einen selbst im Erliegen so etwas wie ein Abglanz davon.

> Und ich gehör dir nicht zu.
> Beide klagen wir nun.
> Aber wie Orpheus weiß ich
> auf der Seite des Todes das Leben,
> und mir blaut
> dein für immer geschlossenes Aug.

Diese Frequenz brauchte ich. Den Hochmut der Verzweiflung brauchte ich. Den Dichter-Hochmut. Den Heiligen-Hochmut.

Sicher, auch ihren Mut bewunderte ich, den Mut, mit dem sie mit "unserer Gottheit, der Geschichte", abrechnete:

> Sieben Jahre später
> fällt es dir wieder ein,
> am Brunnen vor dem Tore,
> blick nicht zu tief hinein,
> die Augen gehen dir über.
>
> Sieben Jahre später,
> in einem Totenhaus
> trinken die Henker von gestern
> den goldenen Becher aus.
> Die Augen täten dir sinken.

Es war ja nicht nur der Wahnsinn der Wiederbewaffnung, es waren nicht nur die Namen Globke oder Oberländer, die unsereinem damals zu diesen Versen einfielen. In Adenauers halbem Deutschland regierte die Restauration, und vom *Totenhaus* sprachen gerade noch jene wenigen, die ihm entronnen waren; die es betrieben hatten oder auch nur von diesem Betrieb profitierten, füllten längst den goldenen Becher des Wirtschaftswunders bis zum Rand. Der neue Krieg - *kalt* nannte man ihn - brauchte die Henker von gestern, brauchte die Helden von gestern - und sei's auch nur als Maulhelden.

"Der Krieg wird nicht mehr erklärt,/ sondern fortgesetzt", so begann Ingeborg Bachmann damals ein Gedicht, das sie lapidar und genau "Alle Tage" überschrieb. Aber was heißt da "ein Gedicht"! So begann sie *das* Gedicht jener Zeit, das für alle, die bereits wieder in die Defensive gedrängt waren, zur Devise wurde (es ist bis heute das vollkommenste Gedicht Ingeborg Bachmanns in ihrem ersten Gedichtband geblieben):

> Der Krieg wird nicht mehr erklärt,
> sondern fortgesetzt. Das Unerhörte
> ist alltäglich geworden. Der Held
> bleibt den Kämpfen fern. Der Schwache
> ist in die Feuerzonen gerückt.
> Die Uniform des Tages ist die Geduld,
> die Auszeichnung der armselige Stern
> der Hoffnung über dem Herzen.
>
> Er wird verliehen,
> wenn nichts mehr geschieht,
> wenn das Trommelfeuer verstummt,
> wenn der Feind unsichtbar geworden ist
> und der Schatten ewiger Rüstung
> den Himmel bedeckt.
>
> Er wird verliehen
> für die Flucht von den Fahnen,
> für die Tapferkeit vor dem Freund,
> für den Verrat unwürdiger Geheimnisse
> und die Nichtachtung
> jeglichen Befehls.

Also: dieser Ton war damals weiß Gott durchdringend für einen wie mich. Aber mehr als Ingeborg Bachmanns Mut, mit dem sie gegen jene *Wende* anschrieb, die ja nicht erst in unseren Tagen, sondern in Wahrheit schon damals eingeläutet wurde, brauchte ich doch ihre Verzweiflung, ihren Mut der Verzweiflung.

"Wer die Schönheit angeschaut mit Augen,/ Ist dem Tode schon anheimgegeben,/ Wird für keinen Dienst der Erde taugen,/ Und doch wird er vor dem Tode beben": diesen verzückten Platen-Ton, den Ingeborg Bachmann aufgenommen und ausgebaut hat, brauchte ich. "... Mit der Kette/ am Säulenfuß und dem vergänglichsten Augenblick/ geneigt und der Schönheit verfallen, sag ich mich los/ von der Zeit, ein Geist unter Geistern, die kommen": so hat sie sich in ihrem Gedicht "Große Landschaft bei Wien" selbst porträtiert. Aber lossagen konnte sie sich doch nur auf Papier, nur im Gedicht gab es Heil, das Leben blieb unheilbar, eine Abfolge von *Todesarten* (so sollte ihr Romanzyklus überschrieben sein), blieb eine permanente Kränkung, blieb die *Krankheit zum Tode*. "Erlöse mich! Ich kann nicht länger sterben": so fleht sie in ihren "Liedern auf der Flucht". Es gab keine Erlösung.

"Unheilbar - ein ehrenvolles Eigenschaftswort, das nur einer einzigen Krankheit, der furchtbarsten von allen, gegönnt werden sollte: Der Begierde". Das schrieb Cioran.

Reinen Fleischs wird sterben,
wer es nicht mehr liebt,
über Rausch und Trauer
nur mehr Nachricht gibt.

In ihrem Gedicht "Heimweg" findet sich diese Antwort an Cioran, dieser Entwurf eines Entsagungs-Programms. Aber dieser Heimweg war weit und er war überaus steinig. "Von vielen, vielen Steinen sind unsere Füße so wund./ Einer heilt ...", schrieb sie mir im Februar 1958 in mein Exemplar der "Anrufung des Großen Bären" - und so ist es nachzulesen in ihrem großen Gedicht "Das Spiel ist aus". Aber das Spiel war für sie da noch lange nicht aus, der steinige Weg noch lange kein Heimweg.

Nach einer ihrer Lesungen in der Gruppe 47 rügte Theo Pirker sie harsch: jetzt verfalle auch sie bereits in den Fehler der meisten jungen Autoren, über etwas zu schreiben, wovon sie offensichtlich nichts verstünden, in ihrem Fall über Afrika. Pirker verstand sich als Afrika-Experte und hatte Ingeborg Bachmanns Gedichttitel entsprechend mißverstanden: *Lieber dunkler Erdteil*. Ingeborg Bachmann sprach aber, wovon sie viel und doch nie genug verstand, von der Liebe. "Liebe: dunkler Erdteil", so war ihr Gedicht überschrieben. Und eben auf diesem dunklen Kontinent, der auf keiner Landkarte verzeichnet ist, wußte sie sich ausgesetzt, dort verlief ihr steiniger Weg. Das Dunkel war ihre Domäne, zählte sie doch zur eindrucksvollen Schar jener gepeinigten Schlaflosen von Kierkegaard, Nietzsche und Dostojewski bis zu Fernando Pessoa, Kafka, Robert Walser, Katherine Mansfield, Simone Weil, Marina Zwetajewa, Cioran und Paul Celan, denen noch jede Nacht zum Abbild der *ewigen Nacht der Seele* wurde. "Wenn wir wahr sind, dann sind wir es in der Nacht, sobald wir ganz allein sind", hat sie einmal einem Interviewer bekannt. Und nicht zufällig hat sie einen Nachtvogel zum Gefährten gewählt, wie wir aus dem Gedicht "Mein Vogel" wissen, die Eule. "Le Hibou" wurde sie bereits von ihren Mitschülerinnen am Klagenfurter Gymnasium gerufen. Aber nur jemand, der unter Byrons "Sonne der Schlummerlosen" zu existieren gezwungen war, konnte wohl so verzückt die Sonne preisen wie sie es getan hat.

"Nichts, was existiert, ist unbedingt liebenswürdig; also muß man das lieben, was nicht existiert": diesen Satz Simone Weils hat sich die junge Ingeborg Bachmann abgeschrieben, ihn hat sie zitiert in ihrem Radio-Essay über diese beängstigend hellsichtige moderne Mystikerin, von der T. S. Eliot einmal gesagt hat, sie sei sicher unausstehlich gewesen - unausstehlich wie alle Heiligen. Wie war Ingeborg Bachmann? War sie liebenswürdig?

Als im März 1956 in der *Schwäbischen Zeitung* für den nächsten Tag eine öffentliche Lesung Ingeborg Bachmanns in München angekündigt war, stand für mich die Reise dorthin sofort fest. Nur: wie sie bezahlen? Ich nannte ja wirklich nicht mehr mein eigen als eine Art verbohrter Begeisterung. Ruth Dittus, eine Ravensburger Buchhändlerin, die meine Verzweiflung bemerkte, lieh mir nahezu unaufgefordert die damals unerhört hohe Summe von 100 Mark, und am nächsten Tag war ich tatsächlich in München.

Gleich neben dem Bahnhof, im "Württemberger Hof", wo angeblich Martin Walser gern abstieg, bekam ich ein erschwingliches Zimmer; hier wohnte, was ich nicht wissen konnte, gelegentlich auch Ingeborg Bachmann (Herr Wiedenhofer, der beeindruckende Portier, der sie, nachdem sie erst einmal dort genächtigt hatte, Monate später am Telephon mit Frau Bachmann ansprach, bevor sie noch ihren Namen nennen konnte, hatte sie für den "Württemberger Hof" heftig eingenommen).

Von ihrer Lesung im rettungslos überfüllten "Studio Fink" habe ich nicht viel mehr behalten als ihren *sound*, ihren Ton, diese fast flüsternde Stimme, die dennoch überall durchdrang, diese Stimme aus seidenem Faden, von der Martin Walser später (in meinem Film über Ingeborg Bachmann) sagte, sie habe ihn immer an die Stimmen der Frauenseite in der Wasserburger Kirche bei den Rosenkranzandachten seiner Jugend erinnert. Auch wenn es offensichtlich war, daß sie, die doch gerade erst ein ziemlich schmales Bändchen Gedichte publiziert hatte, hier bereits hofhielt, um Huldigungen entgegenzunehmen, wirkte sie verschüchtert bis zur Verwirrtheit. Aber - und das war das Merkwürdige - diese Schüchternheit wirkte ihrerseits wieder entsetzlich einschüchternd. Jedenfalls auf mich.

Ich weiß bis heute nicht, welche skrupellose Unschuld mich nach der Lesung bis in ihre Nähe brachte. Jedenfalls kam es dazu, daß ich mit ihr sprach und sie um eine weitere Audienz bat. Am nächsten Abend hätte sie Zeit, wir könnten uns ja - ob ich den kenne - im "Württemberger Hof" treffen. Wann? Um 7 oder 8 Uhr? Nein, nein, abends! Dann vielleicht um 9 Uhr? Nein, nein, abends! Also erst um 10 Uhr? Nein, nein, abends! Wir trafen uns dann um Mitternacht in einem Nebenzimmer, wo wir - paßt das nun schon ins Bild? - prompt von der Bedienung vergessen wurden (was sich auch insofern gut traf, als ich inzwischen bereits zimmerlos war). Wir saßen da, bis der Nachtportier seine erste Morgenrunde machte und sich über die frühen Gäste wunderte.

"Während der Kuckuck ruft und niemand sich um die letzten Gäste kümmert - Ingeborg Bachmann, München, nachts und im März", schrieb sie mir damals in mein Exemplar ihres Gedichtbandes "Die gestundete Zeit". Es gab im "Württemberger Hof" nämlich eine Kuckucksuhr.

War Ingeborg Bachmann liebenswürdig? Ich glaube nicht, daß ich im "Württemberger Hof" Ingeborg Bachmann getroffen habe, ich saß da eine Nacht lang mit meiner Idee von Ingeborg Bachmann zusammen und redete an die hin. Über was? Vermutlich über mich, Liebeskummer, Liebesverlust, das Übliche halt, komisch für andere, vernichtend für einen selbst. Die Idee hatte ein Ohr dafür. Wenn auch, nachweislich, keinen Trost.

Später, im Februar 1958, wo sie mich nach Tübingen bestellte und ich sie im Keller des Hauses Walter Jens hatte treffen dürfen, kam ein Brief von ihr zum Thema Trost: " ... Ich bin nicht zum erstenmal in diese Lage geraten, aber in Tübingen mit Ihnen war es so ganz diese Lage und ich fühlte mich sehr elend, weil es klar wurde, daß auch mit dieser Stunde im Keller und auch mit keiner weiteren etwas getan war. Ich weiß nicht, ob Sie mich verstehen - und ich bin schon wieder versucht zu sagen: Sie werden es später verstehen, wenn Sie den Zuspruch nicht mehr von außen erwarten. Ich sehe ein, daß ich selbst nicht 'älter' und 'weise' war und über mein Problem nicht hätte reden sollen, da es auch Ihres war - und ich bitte Sie deswegen um Verzeihung. Bitte!"

War Ingeborg Bachmann liebenswürdig? Ihre Hilflosigkeit war liebenswürdig. Ihre Hilflosigkeit war hilfreich. Ihre Hilflosigkeit machte sie überlegen - in dem Sinne, in dem ihre "Lieder auf der Flucht" es sagen:

> Die Liebe hat einen Triumph und der Tod hat einen,
> die Zeit und die Zeit danach.
> Wir haben keinen.
>
> Nur Sinken um uns von Gestirnen, Abglanz und Schweigen.
> Doch das Lied überm Staub danach
> wird uns übersteigen.

Danach - Hoffnung der Dichter. Danach - Hoffnung der Leidenden, der Frommen. Simone Weil sah im Leiden die Überlegenheit des Menschen gegenüber Gott und meinte, es hätte der Inkarnation bedurft, "um diese Überlegenheit nicht skandalös werden zu lassen." Die Schönheit und Überzeitlichkeit des Kunstwerks wiederum galt ihr als Experimentalbeweis dafür, daß die Inkarnation möglich ist. Aus eigener Kraft kann sich das Leiden aber nicht ins Gedicht retten, siehe Goethe: "Und wenn der Mensch in seiner Qual verstummt,/ gab mir ein Gott zu sagen, was ich leide."

Ich weiß, Göttliches ist momentan nicht gefragt, auch wenn es von Goethe kommt. Oder von Ingeborg Bachmann. Bleib auf dem Boden - womöglich noch dem der sog. *Tatsachen* - und nähre dich redlich. Nach dieser Maxime scheint das Gros der Schreibenden zu verfahren, und die Kritik spendet ihren Segen dazu. Aber Poesie, die nicht die Tatsachen in die Schranken weist, verdient den Namen nicht. Die Domäne der Poesie ist nicht das Mögliche, sondern das Unmögliche, das Darüberhinaus. *Kein Ort, Nirgends.* Max Horkheimer hat einmal geäußert, es existiere keine Philosophie, die nicht ein theologisches Moment in sich trage, insofern nämlich alle Philosophie die Welt, in der wir leben, als Relatives interpretiere. Um wieviel mehr gilt das für die Poesie, die - selbst wenn sie nicht ausdrücklich den johanneischen Anruf enthält: *Ändert euren Sinn!* "Du mußt dein Leben ändern!" - doch stets davon ausgeht, daß wir in dieser Welt keine Heimat haben, *keine bleibende Statt,* daß wir in dieser Welt Exilierte sind.

"Der ich unter Menschen nicht leben kann", so klagt eines der bewegendsten Gedichte Ingeborg Bachmanns, das sie programmatisch "Exil" überschrieben hat und in dem sie sich als lebendige Tote, als Exilierte auf dieser Erde beschreibt, als Unbehauste, deren einziges Haus die deutsche Sprache ist. "In hellere Zonen trägt dann sie den Toten hinauf": auf dem Boden der Tatsachen ist diese Hoffnung (mit der das Gedicht endet) sicher nicht gewachsen. Aber auf welchem dann?

In den "Liedern von einer Insel" werden die angerufen, die gelitten haben, die Heiligen:

> Einmal muß das Fest ja kommen!
> Heiliger Antonius, der du gelitten hast,

> Heiliger Rochus, der du gelitten hast,
> o der du gelitten hast, heiliger Franz.

Da tönt sie wieder, die Frauenseite nicht nur der Wasserburger Kirche, die Leidens-Litanei. Daß allein das Leiden uns auszeichne, uns heilige, diese Botschaft, diese Hiobs-Botschaft, die Ingeborg Bachmann unaufhörlich verkündet, als *weltlich* vermag ich sie nicht zu empfinden. In den beliebten literarischen Supermärkten, wo die Welt versorgt wird mit Geschichteln und Gedichteln, Meinungen und Behauptungen, Engagement und Aufklärung zu stark verbilligten Preisen, da jedenfalls ist sie nicht zu haben.

Wenn man, wie ich, seit der frühesten Kindheit unter Heiligen aufgewachsen ist, die freilich alle entweder aus Holz und Gips waren oder nur auf frommem Papier vorkamen, dann ist einem entweder alle Lust an Heiligen gründlich vergangen oder aber man versucht, ihnen einmal leibhaftig zu begegnen, sie zum Leben zu erwecken. Ich gebe zu, mein Bedürfnis nach Heiligen ist immer noch nicht erloschen, also mein Bedürfnis nach jenen, die das Verlangen nach dem 'ganz anderen Zustand' umtreibt, nach dem Außersichsein, nach Martern aller Art, nach jenen, die nicht abgebrüht sind, sondern sich verbrühen, die nicht Meinungen zu Markte tragen, sondern ihre Haut, nach jenen, die nicht nach immer noch mehr Sicherheit streben, nach jenen, die nicht trostlos sind, sondern untröstlich, nach jenen, die - um es in einem Bild Ingeborg Bachmanns zu sagen - den Hunger nicht stillen, sondern erst erwecken, den Unersättlichen, den Untröstlichen.

Bisher haben eigentlich nur Künstler mein Bedürfnis nach Heiligen manchmal befriedigt. Einer, der von beiden - Künstlern wie Heiligen - etwas verstand, Kierkegaard, schreibt: "Eines Dichters Leben beginnt in dem Streit mit dem ganzen Dasein." Simpler und sorgfältiger kann man nicht sagen, was Dichter und Heilige miteinander verbindet.

Es verbindet sie aber noch eines, das Wissen nämlich oder doch die Ahnung davon, lediglich Übersetzer und nicht Schöpfer zu sein. Jeder Text, den wir schreiben, ist in Wahrheit ja nur die Übersetzung jenes unsichtbaren Textes, der einem jeden von uns in der Schöpfung vorgegeben ist, vorgeschrieben ist. Wer darum weiß, wird sich auch über den fremden und rätselhaften Ton nicht wundern, den er hervorbringt. Und wer erkannt hat, daß alles Dichten, das diesen Namen verdient, wie ein Singen in der Löwengrube oder ein Singen im Feuerofen ist, also gleichermaßen Todesfurcht wie Zuflucht und Hoffnung auf Erlösung, der wird kaum mehr - wie es heute en vogue ist - gegen Pathos polemisieren oder gegen einen feierlichen Ton.

Zum *Künstler als Märtyrer*, wie ihn Ingeborg Bachmann verstand, gehört jedenfalls der hohe Ton, der feierliche Ton. Die beiden Dichter der Nachkriegszeit, deren Werk Bestand haben wird, Paul Celan und Ingeborg Bachmann, waren selbstverständlich pathetisch, waren feierlich ohne jede Rücksichtnahme auf die diversen Kahlschlag-Parolen der Literatur-Überwacher.

> Ich will nichts mehr für mich. Ich will zugrunde gehn ...
> Zugrund gerichtet, wach ich ruhig auf.
> Von Grund auf weiß ich jetzt, und ich bin unverloren.

Zum *Künstler als Märtyrer* gehört zuletzt auch diese Heilsgewißheit des 'Ich-bin-unverloren', gehört diese Art der Entsagung, gehört, worauf nur die Anspruchsvollsten aus sind, der Verzicht auf jeglichen Ich-Anspruch, gehört das Verstummen. "Mein Teil, es soll verlorengehen!", so verkündet es eines ihrer letzten Gedichte. "Sprachlosigkeit und Stummheit" hat Ingeborg Bachmann "unsere reinsten Zustände" genannt, und den großen Verstummten der Weltliteratur hat sie ihre erste Frankfurter Poetik-Vorlesung gewidmet.

Für mich, ich gestehe es, war bereits ihr Versuch mit der Prosa, ihre Abbiegung zur Prosa eine Art Verstummen, ein noch unfreiwilliges. Ein Schriftsteller, der an den Leser denkt, ist ein schlechter Schriftsteller: das wußte sie wohl. Aber der Prosaist ist immer mehr als der Poet versucht, an den Leser zu denken, etwas *erfinden* zu wollen statt jenen geheimen Text nachzuschreiben, der uns vorgeschrieben ist, etwas beweisen zu wollen und sich dessen schuldig zu machen, was Ingeborg Bachmann verächtlich nannte "sich eine Gesinnung anziehen". Selbst sie konnte in ihrer Prosa dieser Versuchung nicht immer widerstehen; und einer vornehmlich feministisch orientierten Literaturbetrachtung benützt denn auch Ingeborg Bachmanns Prosa vor allem als plattes Beweismittel.

Als ich sie zuletzt traf, nach Begegnungen in Ravensburg, Tübingen, Ulm und Zürich (wo Max Frisch mich am Telephon zu ihr durchstellte mit dem einigermaßen rätselhaften Satz: "Jawohl, direkt durch zum Chef"), in Meersburg (wo Nelly Sachs den Droste-Preis erhielt) und Salzburg (wo sie, flankiert von vier göttergleichen römischen Jünglingen, ganz in Weiß und Gold der Uraufführung von Hans Werner Henzes "Bassariden" eine Spur fast morbiden Glanzes verlieh), als ich sie zuletzt traf, 1970, und sie in Chiavenna vom Bus abholte, um sie nach St. Moritz zu bringen, wo damals nicht nur Ernst Bloch ihrer harrte, sondern auch irgendein gräßlich reicher Herr, der sich gerne zu ihrem Mäzen aufschwingen wollte, da fragte ich sie, ob sie sich wohl an einem Fernsehfilm über Ingeborg Bachmann beteiligen würde. Offenbar rechnete ich mit ihrem strikten Nein zu so etwas Profanem wie einem Fernsehfilm. Ich rechnete mit der vollkommenen Heiligen. Ihr sofortiges Ja zu einem solchen Film-Vorhaben überraschte, ja enttäuschte mich maßlos. Die Folge ihres Ja-Worts war, daß ich den Filmplan sofort verwarf.

Viel später gab es dann doch noch einen Ingeborg-Bachmann-Film, meinen Ingeborg Bachmann-Film. Es wurde ein Film über eine Tote, genaugenommen aber ein Film über verschiedene Leute, die Ingeborg Bachmann mehr oder weniger gut gekannt hatten oder gekannt zu haben glaubten, und dann doch mehr oder weniger - siehe Brecht - von sich selbst sprachen. "Haltet Abstand von mir, oder ich sterbe, oder ich morde, oder ich morde mich selber!" Nein, der Abstand, den Simone Weil einmal als "die Seele des Schönen" bezeichnet hat, dieser Abstand ist noch lange nicht groß genug. Noch immer kann Ingeborg Bachmann an uns sterben.

Süddeutsche Zeitung, 28./29.6.1986; hier in der erweiterten Form aus Peter Hamms Buch "Der Wille zur Ohnmacht", München 1992, S. 159-172 wiedergegeben.

Ihr Menschen! Ihr Ungeheuer!

Von Reinhard Baumgart

"Sehr geehrter Herr Präsident!", so schreibt die Erzählerin in einem ihrer Briefentwürfe in "Malina": "Sehr geehrter Herr Präsident! Ihr Brief überbringt mir, in Ihrem Namen und im Namen aller, Glückwünsche zu meinem Geburtstag. Verzeihen Sie mein Befremden. Dieser Tag scheint mir nämlich, meiner Eltern wegen, in die Intimität zweier Menschen zu gehören, die Sie und die anderen nicht kennen. Ich selbst habe nie die Kühnheit aufgebracht, mir meine Zeugung und meine Geburt vorzustellen. Schon die Nennung des Geburtsdatums, das nicht für mich, aber für meine Eltern eine Bedeutung gehabt haben muß, ist mir immer vorgekommen wie die unstatthafte Nennung eines Tabus und die Preisgabe fremder Schmerzen oder fremder Freuden, die ein fühlender und denkender Mensch beinahe als strafbar empfindet."

Das ist deutlich genug. Die Gefeierte, Ingeborg Bachmann, hätte sich diese heutige Feier bei Lebzeiten also sicherlich verbeten, als "strafbare" Erinnerung an ihren Geburtstag, dazu an einen sechzigsten Geburtstag und zwar einer Frau, und schließlich, am allerstrafbarsten, an den sechzigsten Geburtstag eines Menschen, der nicht einmal fünfzig Jahre alt geworden ist.

Wer sie kannte, der weiß, wie sie auf solche "befremdenden" und "strafbaren" Ansinnen reagierte: eine unsichtbare, aber eiserne Jalousie senkte sich dann vor ihr Gesicht, ihr mächtiges Kinn wirkte noch ungeheurer, die schmalen, verschatteten Augen schickten noch einen letzten, entsetzten Blick hinaus in diese empfindungslose Welt, um sich dann hinter gesenkten Lidern zu verschließen wie für immer. Uralt und ganz kindlich sah sie dann aus in diesem vermummten, verstummten Zustand, weggetreten aus den Belästigungen und Zumutungen dieser Welt. Als könnte sie jeden Augenblick zu schluchzen anfangen oder aber ausbrechen in die Drohung: "Abstand, oder ich morde! Haltet Abstand von mir!" Genau das ruft der Erzähler in "Das dreißigste Jahr".

Wie so viele, die zur Not mit rücksichtsloser Kühnheit leben und schreiben, erwartete sie selbst von ihrer Mitwelt - Diskretion, Abstand, Schonung, Höflichkeit. Sonst drohte, jäh und manchmal unaufhebbar, diese vollkommene Verdüsterung ihres Gesichts, ihres Wesens. Wer sich an sie erinnert, sieht zunächst immer wieder diese beiden intensiven Ausdrücke vor sich: Ein Strahlen und explosives Leuchten, das so viele Photos überliefert haben, und eben dieses weltabweisende, dunkle, stumme, ja stumpfe Insichversunkensein. *Noli me tangere.* Vorsicht, oder ich morde! Aber auch: "Nichts Schönres unter der Sonne als unter der Sonne zu sein ..." Zu irgendeiner Eindeutigkeit, zum Denkmal läßt sie sich immer noch nicht vereinfachen. Doppeldeutig klang ja auch ihre Stimme, wenn sie ihre Gedichte vortrug: Klage als Anklage, Anklage als Klage, dunkel von "Beschwerde" im doppelten Sinn des Wortes. Aber nicht von ihren Gedichten möchte ich hier reden, nicht von dem Endgültigen und Gesicherten ihrer Hinterlassenschaft, sondern lieber vom Offenen, Lebendigen, von den uneingelösten Versprechen ihres Lebens und damit auch: vom Leben ihrer Prosa.

Irgendwann in ihrem dreißigsten oder schon einunddreißigsten Jahr muß ich sie im damaligen Piper-Verlag zum erstenmal gesehen haben, doch ich erinnere keinen ersten, "unvergeßlichen" Anblick. Ich erinnere nur ein Vorüberhuschen, Vorüberlächeln und -leuchten im damals noch dämmrigen Flur des Verlags, und schon klappte zweimal die dunkle Doppeltür zum Zimmer Klaus Pipers: So zieht ein Komet durchs Fernrohr. Denn sie wurde von früh an bewundert, umworben. Immer, bis zuletzt, war eine Aura, ein Glanz um sie, aber auch immer wieder: Müdigkeit, die Zeichen der Anstrengung und Überanstrengung. Ihre Energie arbeitete ja auch als Bezauberungsenergie und -strategie. Sie kannte nicht nur die Strahlkraft ihrer Texte, sondern setzte auch die ihrer Person ein, und sie wirkte noch, wenn sie so düster, weggetaucht aus der Welt auf der Welt saß. Zauber, auch im Spiel um die Macht.

Sie wollte ans Licht, das sie doch scheute. Sie bewies verblüffende Kraft, Disziplin, List, wenn sie etwas durchsetzen wollte, und schien doch immer wieder hilflos und verloren in der Welt der Praxis, der Mittel und Zwecke. Unendlich sind die Anekdoten über ihre verlorenen Fahr- oder Theaterkarten, über die wirre Trostlosigkeit, mit der sie ihre Handtasche durchwühlen konnte nach Geldscheinen oder dem Autoschlüssel, und hatte sie das Gesuchte endlich gefunden, fiel es ihr unweigerlich wieder aus der Hand, zu Boden, auf den sich die zunächst stehenden zwei oder drei Herren hinunterbückten, wobei ihre bezauberten Köpfe öfters zusammenstießen. Und niemand glaubt sich heute noch an eine Ingeborg-Bachmann-Lesung zu erinnern, bei der nicht irgendeine Seite sieben des Manuskriptes vermißt oder die Reihenfolge aller Seiten verkehrt wurde oder die Stimme der Dichterin zu brechen schien wie unter Tränen - um dann wieder einzusetzen, klar, fast hart, selbstbewußt, das heißt: textbewußt.

Die Scheue, die Hilfsbedürftige kannte nach zwei Hörspielen und zwei Gedichtbänden mit blendender, ja fast verblendeter Klarheit ihren Weg, auch wenn sie ihn so klar nicht immer gehen konnte. Als sie 1959 zum erstenmal vor Kameras, zu den Medien urbi et *orbi* reden darf, als sie sich für den Hörspielpreis der Kriegsblinden bedankt, formuliert sie sofort die Parole ihres Lebens und Schreibens, die seitdem bis in den letzten Schulaufsatz wieder und wieder wiederholt worden ist: "Denn bei allem, was wir tun, denken und fühlen, möchten wir manchmal bis zum Äußersten gehen. Der Wunsch wird in uns wach, die Grenzen zu überschreiten, die uns gesetzt sind ... Innerhalb der Grenzen (aber) haben wir den Blick gerichtet auf das Vollkommene, das Unmögliche, Unerreichbare, sei es der Liebe, der Freiheit oder jeder reinen Größe." Auf dieses "Äußerste", das "Vollkommene" und "Unerreichbare", auf ein Ende aller Bescheidenheit zielt alles, was sie geschrieben hat. Doch in der Literatur ist das Äußerste immer auch: das Unsägliche.

Ich erinnere mich also nicht deutlich an unsere erste Begegnung, doch mein erstes klares Erinnerungsbild von Ingeborg Bachmann ist sogar datierbar: September 1957, Niederpöcking am Starnberger See. Dort stand sie auf der zehnten Jahrestagung der Gruppe 47 im weißen Türstock und ihr gegenüber als blonder Jüngling Joachim Kaiser, im Türstock beide für Beobachter von zwei Seiten sichtbar, wie auf einer schmalen Bühne, sie lächelnd, lässig, die Arme verschränkt, Kaiser parlierend und dabei mit einer Nagelschere spielend, ein Mann und eine Frau, ernst miteinander oder gegeneinander kokettierend, beide leicht und hell, zwei tändelnde Engel, Undine und Ariel, ein Wasser- und ein Sphärenengel - dreißig Jahre ist dieses Bild alt, und es wird sich in dieser Zeit in meinem Kopf gehörig verklärt haben.

Doch mir fällt auf, daß alle meine ersten Bachmann-Bilder diese eine Konstellation zeigen: ein Mann und eine Frau. Auch dieses zweite, das sie mir selbst erzählt hat: Ingeborg Bachmann in ihrem dreißigsten Jahr, in einem Ruderboot draußen auf dem Mittelmeer bei Cap Circeo und ihr gegenüber auf der Ruderbank ihr Verleger Klaus Piper, der auch - wie wir alle damals - glänzen wollte in ihrem Glanz, also redete und redete er, so hat sie es erzählt, während sie selbst immer düsterer schwieg, denn hinter seinem rudernden Rücken sah sie blauschwarz ein Unwetter heraufziehen, in der Ferne schon erste Schaumköpfe, und wütend und ergeben dachte sie: wir werden also untergehen, mein Verleger und ich, vor der Veröffentlichung meines zweiten Gedichtbandes. "Ihr Menschen! Ihr Ungeheuer! Ihr Ungeheuer mit Namen Hans!" Oder Klaus. Ihr Männer mit eurem Reden und eurer Achtlosigkeit, ihr bringt mich, Undine, und mich Kassandra, um.

Sie sind damals nicht untergegangen, der Verleger und seine Autorin, sonst gäbe es in meinem Kopf nicht dieses dritte Erinnerungsbild, in dem zum erstenmal ich selbst vorkomme. Wieder ein Mann und eine Frau, diesmal in einer schwülen Mainacht 1958 in Münchens Franz-Joseph-Straße. Wir sitzen über den Druckfahnen zum "Guten Gott von Manhattan", und mir glühen die Ohren, denn zum erstenmal in meinem Leben höre ich von einer immer wieder aufgelegten Platte die Callas singen: "Lucia di Lammermoor", die Wahnsinnsarie, irrlichternd, ein Diamant, doch ich ahnte damals noch nicht, daß diese Platte, diese Stimme, diese *primadonna assoluta* für mich ein Signal setzen sollte, das tönende Beispiel von jemandem, der auch "zum Äußersten" geht. Scheitern, ja, aber nie klein, kleinlich, ohne Risiko schreiben - mit diesem Programm sollte ich es zu tun bekommen, als Lektor ihres ersten Erzählungsbandes.

Für ihre Gedichte hatte sie keinerlei Rat, Hilfe, Mitarbeit nötig, die gingen, reichsunmittelbar, vorbei am Lektorat auf den Schreibtisch des Verlegers und in Druck. Ernst wurde unsere Zusammenarbeit erst, als sich die Geschichten für "Das dreißigste Jahr" aus dem Nebel der ersten Entwürfe lösten. Über zwei Jahre hin zog sich dieser Prozeß der Korrekturen, der Korrektur der Korrekturen, des Ablagerns und Wiederaufnehmens. Das "zum Äußersten" Gehen, die Entgrenzung des Erzählens bis zum Gesang, erwies sich als ein mühsames, zähes Geschäft, als Kampf um Details.

Meine Rolle bei der Durcharbeitung dieser Prosa war auch - prosaisch. Der Lektor war zuständig für die Ausnüchterung aller Himmelfahrtstendenzen der Texte. Worte, Zeilen, Szenen, Figuren, die sich zu hoch verstiegen hatten, mußten wieder zurückgeholt werden ins Irdische und Konkrete, sollten wieder haftbar werden. Ich höre immer noch ihre Fragen: "Geht das wirklich?" - "Ist das unmöglich?" - "Darf man das so sagen?" - eher vorsichtige als kühne Fragen. Schön

Gedachtes, aber falsch Geschriebenes konnte sie diskutieren mit vollkommener Sachlichkeit, ohne jede eitle Bindung ans eigene Hervorgebrachte. Diese konzentrierte, allem Narzißmus entwachsene Person, mit der ich zusammenarbeitete, das war nicht mehr die Dame, das Weltwaisenkind, dem jedes Taschentuch, jede Flugkarte entgleiten konnte - das war, wie ich damals noch nicht wußte, Malina, der in Ingeborg Bachmann verborgene und nüchtern waltende, entschlossen handelnde Mann.

Was wieder - wie alles, was ich hier behaupte -, nicht vollkommen wahr ist, also einen Widerspruch enthält und herausfordert. Denn unsere Arbeit am Text, dieses Duo war auch ein Spiel, und das betrieb sie durchaus weiblich. Während wir im Haus am Langenbaum am Züricher See Nachmittage und Abende lang in ihre Wortgebilde versunken waren, gingen nämlich draußen in der Welt, ungeduldig, höflich gereizt und eifersüchtig, die Männer, die Ungeheuer, auf und ab, Ungeheuer diesmal mit Namen Max und Siegfried: "Mein Name sei Malina" hieß das Spiel, in dem ich eingesetzt war, ohne es zu durchschauen. Aber damals schien es noch, wenn auch mit Risiko, ein Spiel.

Der Augenzeuge ist ja fast immer verblendet: gerade Nähe macht keineswegs sehend. Ich zum Beispiel habe damals trotz des Abgesangs "Undine geht", trotz der noch deutlicheren, zwischen Überdeutlichkeit und Vagheit taumelnden Geschichte "Ein Schritt nach Gomorrha", trotz so kassandrischer Sätze wie "Die Zeit hängt in Fetzen an mir. Ich bin niemals Frau. Ich bin noch nicht einmal." -, ich habe damals nicht erkannt, also erkennen wollen, welche gegen Männer- und Frauenrollen, gegen das ganze Geschlechterwesen und -unwesen wütende Triebkraft in diesem Erzählungsband arbeitet. "Feministisch" wäre ein falsches, ein schräges und modisches Wort dafür. Denn der Bachmann, dieser Personalunion von Malina und Undine, ging es um konkret weniger und unermeßlich mehr als um bloß Emanzipation. Ihr Erzählen "sinnt" tatsächlich auf eine andere Verfassung der Menschheit, auf einen "neuen Status", in dem auch die Geschlechter aufgehoben sind, auf ein neues Paradies als Abschaffung des alten. Die Utopie, das Unerzählbare also, das schlechthin Unsägliche ist die unberührbare Zentralsonne dieses Prosasystems.

Mir ist jetzt erst, beim Wiederlesen, ins Auge gefallen, wie ausgebleicht, ausgeglüht die sogenannte Realität in diesen Geschichten ist, in denen alles nur dient als Exempel einer Realitätsüberschreitung. Ein Richter will endgültig die Wahrheit ergreifen, ein Vater möchte mit seinem Sohn die Welt erlösen, eine Frau meint mit einem nächtlich zugelaufenen Mädchen die Geschlechterordnung aus den Angeln zu heben. Hans oder Fipps oder Wanda heißen Figuren, die schon dadurch zu verstehen geben, daß sie wie Kafkas K., nicht als empirische Wesen, sondern als Projekte auftreten. "Keine neue Welt ohne neue Sprache", lautet die Parole. Wie aber soll, im Schatten dieses Verdikts, von einer immer noch alten Welt erzählt werden? In der Bachmannschen Prosa heißt der Ausweg immer wieder: Worüber man nicht reden kann, darüber muß man - singen. Wenn das gelingt, dieser Prosagesang am Rande des Unsäglichen, dann gelingen auch in diesen Geschichten Augenblicke, in denen sich wie in den Gedichten der unverkennbar Bachmannsche Sprachton oder *sound* entfaltet, in dem Schmelz und Erz, Klage und Anklage, dunkle "Beschwerde" und ein wunderbarer "Leichtsinn" ineinandergreifen, dann gilt auch hier, was ein Gedicht leichter behaupten kann als jede Erzählung: "Böhmen liegt am Meer".

Liest man heute diese Geschichten historisch, also vor dem Hintergrund der fünfziger Jahre, so imponiert vor allem, wie die Bachmann noch am Ende dieses Jahrzehnts dem Pathos der ersten Nachkriegszeit die Treue hält, der Wut wie der Trauer, der unsinnigen Hoffnung auf eine Ekstasis im Wortsinn, einen Sprung aus dem Zwangsverlauf der bisherigen Geschichte. Während Grass, Walser, Johnson und auch Böll in eben diesen Jahren epische Realpolitik treiben, die erzählerische Erforschung der vorhandenen Gesellschaft, mit den Mitteln der Satire, der bebenden Diskretion, der ausschweifenden Kameratotale -, wendet Undine/ Kassandra diesem Männer-, diesem Ungeheuergeschäft zart fluchend den Rücken zu. Die Erzählerin Ingeborg Bachmann hatte, um 1960, keine Heimat in der deutschen Literaturgeschichte. Zwischen "Hiroshima mon amour" der Duras und "La Chute" von Camus hätten ihre Texte eher Nachbarschaft gefunden. Sie sind tatsächlich, auch in diesem ernsten Sinn "mondän".

Was der Zeitgeist schon damals geschlagen hatte, das allerdings wissen auch diese Erzählungen. Immer wieder taucht an ihrem Ende die Drohung auf, nun werde auch der Erzähler, die Erzählerin sich einrichten in der vorhandenen Welt, in der Affirmation, werde nicht mehr "zum Äußersten gehen", sondern das Nächstbeste, also Nächstschlechteste wählen: "wie die Zeit es erfordert, halb für die wölfische Praxis und halb auf die Idee der Sittlichkeit hin" -, so steht es am Ende von "Alles" und eine knappere Formel für das, was inzwischen als "geistig-moralische Wende" firmiert, ist seitdem nicht gefunden worden.

"Undine geht" - ohne Sinn für Realismus und Realpolitik, zieht sich zurück ins Wasser, dieses ungenaueste und lockendste Element, und meisterhaft bis an die Grenzen des Erlaubten (ja, sicher, auch einen entscheidenden halben Schritt darüber hinaus) hat die Bachmann diesen Liebestod und die letzte Lockung an das Ungeheuer Hans intoniert: "Beinahe verstummt,/ beinahe noch/ den Ruf hörend./ Komm. Nur einmal./ Komm."

Sie konnte auch lachen über das Gekonnte oder allzu Gekonnte solchen Sprachwohllauts. Ich sehe sie sitzen auf unserem grünbezogenen Sofa Anfang der sechziger Jahre, während einer Erschöpfungspause auf einer wochenlangen Lesereise, es war acht Uhr abends, und lachend sagte sie, nun würde sie am liebsten, wie seit Wochen jeden Abend um diese Zeit, zu rezitieren anfangen: "Ihr Menschen! Ihr Ungeheuer! Ihr Ungeheuer mit Namen Hans!" Noch schien alles nur Kunst, also Ernst und Spiel, radikaler Gesang. Zwei Jahre später, schon in Berlin, erlebte ich sie dann in den erbärmlichen Zuständen, die das "Franza-Fragment" zu beschreiben versucht: "Öfters verriß es sie, sie versuchte es ihm zu erklären, es geht ein Strom durch meinen Kopf, tausend Volt stark ... Dann reißt es mich, der Blitz schlägt bis zu den Füßen durch." Es waren ihr, wie es in dem gleichen Fragment heißt, "meine Güter genommen. Mein Lachen, meine Zärtlichkeit, mein Freuenkönnen, mein Mitleiden, Helfenkönnen, meine Animalität, mein Strahlen ..."

Undine und Kassandra lagen jämmerlich darnieder in einer Rolle, für die sie nicht geschaffen war: als Lazarus.

Aber auch das ist, wieder, nicht vollkommen wahr. Denn immer, wenn ich sie wiedersah im Lauf der sechziger Jahre, erkannte ich an ihr auch ihr "Strahlen" wieder, diese "Animalität", das Leuchten ihres Selbstbewußtseins und ihres Selbstbehauptungswillens, in Berlin neben Henze, in Rom bei Ungaretti, in Wien zwischen Augstein und Thomas Bernhard. Und auf meinem letzten Bild von ihr sitzt sie wieder bei uns im Garten, lachend und erschöpft und ratlos, wie üblich, nennt ein unglaubwürdig niedriges Honorar, das sie für eine Rundfunksendung erhalten haben will: "Ist denn das üblich? Was soll ich tun?"

Wir waren wieder, ein Mann und eine Frau, in unser altes Ritual geraten, die Hilfsbedürftige und ihr weltlicher Ratgeber, ich zuständig fürs Irdische, Praktische, Vernünftige, sie privilegiert und geschlagen durch ihre Herkunft von einem anderen Stern. Ich hatte damals kein Verständnis, keine Geduld mehr für dieses Rollenspiel. Ihre Existenz in Rom, fürchtete ich, könnte das Damenkind in ihr zu sehr versuchen und verwöhnen.

Wie sie weiter gelebt und geschrieben hat, das habe auch ich danach nur noch gelesen. In "Malina" stand sie wieder mit dem Rücken zu allem, was damals, 1971, literarisch aktuell schien, schrieb Herzensgeschichte als Weltgeschichte, wie im "Werther", wie bei Tschechow, Proust oder Musil, radikal altbürgerlich. "Ich bin heimgekehrt in mein Land, das auch abwesend ist, mein Großherzland, in das ich mich betten kann." "Großherzland" - durfte man das schreiben, 1971? Sie hat also nicht gefragt. Aber sie hat, scheinbar, geantwortet: am Ende des Romans wird die Erzählerin zurückweichen in die Wand (wie Undine ins Wasser) und nur Malina zurücklassen, dieses Denkmal auch ihrer Besonnenheit. Wieder also: ein Mann und (eben noch) eine Frau. Das Spiel ist aus. Kein "Komm. Nur einmal. Komm." wird diesmal locken: "Es wird nur die trockene heitere gute Stimme von Malina geben, aber kein schönes Wort mehr von mir, in großer Erregung gesagt."

Das Spiel war aber, wie wir aus der Prosa des Nachlasses wissen, keineswegs aufgegeben. Es hatte sich nur, das lese ich aus diesen Fragmenten, neben dem ersten und selbstgewählten Schreibhindernis, der Unsäglichkeit utopischer Hoffnungen, nun noch ein zweites aufgetürmt: eine Schmerz-, Verlust-, ja Vernichtungserfahrung, die in "Malina", in "Franza", im "Fanny-Goldmann-Fragment" als etwas unaufklärbar Dunkles eher umschrieben wird als zur Sprache kommt, eine Erfahrung also, die sich wie die Hoffnung als letztlich unsäglich erweist. Und doch hat die Bachmann in dieser schriftstellerisch scheinbar aussichtslosen Lage nicht aufgegeben. Sie hat sich sogar zu helfen gewußt.

Ihre Prosa im letzten Jahrzehnt ist ja nicht mehr, wie die in "Das dreißigste Jahr" Weltflüchtigkeitsgesang, rücksichtslos rein. Sie arbeitet nun mit einem Reichtum an irdischen Details, verblüfft immer wieder durch Leichtigkeit, ja Parlando und wagt sogar etwas bei dieser Autorin Unerwartetes und Unerhörtes: Humor. Der allerdings ist so ungemütlich wie in aller k. u. k. Untergangsliteratur üblich. In dieses Erzählreich der Hofmannsthal, Musil, Kraus, Roth und Genossen beginnt sie sich zurückzuschreiben.

Aber da fehlte es an Zeit und Geduld, es fehlte vor allem, fürchte ich, an Alter. Ich kann mir nämlich, leider, eine sechzigjährige Ingeborg Bachmann durchaus vorstellen. So gut wie etwa einen sechzigjährigen Heinrich von Kleist. Denn diesen Wesen, denen scheinbar "auf Erden nicht zu helfen" war, fehlte vor allem wohl Hilfe bei der Überwindung jener Lebensstrecke zwischen Jugend und Alter, die nur im normalen, bürgerlichen Leben so selbstverständlich gelingt, die aber auch anderen Sterblichen mühsam und schwer wird. Älterwerden ist offenbar schwieriger - und im empfindlichsten Fall: tödlicher - als Altsein.
Die Zeit, 4.7.1986

Freischöpferische Eingriffe

Von Elke E. Atzler

Am 17. Oktober 1973 starb in Rom eine der bemerkenswertesten Dichterinnen des 20. Jahrhunderts - Ingeborg Bachmann. Inzwischen hat man sich in einer Reihe von Publikationen der Schriftstellerin bemächtigt, wobei häufig die legendäre Gestalt im Mittelpunkt des Interesses stand. Blüht nun ihrem literarischen Nachlaß ein neuerlicher Zugriff?

Als Ingeborg Bachmann den Folgen eines mysteriösen Unfalls, der sich in ihrer römischen Wohnung in der Via Giulia ereignet hatte, erlag, sah sich die Familie Bachmann plötzlich mit dem Nachlaß einer Autorin konfrontiert, die nicht mit ihrem Tod gerechnet hatte und der Nachwelt kein penibel geordnetes Konvolut an Papieren hinterließ. Ein Blick in die nachgelassenen Blätter erbrachte sofort die Gewißheit des chaotischen Zustands der Manuskripte und der Notwendigkeit einer kritischen Ordnung, wollte man die Idee einer Werkausgabe verwirklichen. Diese sollte nun die bereits publizierten Texte sowie die wesentlichen Texte aus dem unveröffentlichten Nachlaß umfassen. Nun hatte die Familie von Anfang an den Wunsch, den Nachlaß, der sich an drei verschiedenen Orten befand - der Teil aus den letzten zehn Jahren in Rom, der hauptsächlich das Frühwerk betreffende Teil im Elternhaus in der Henselstraße in Klagenfurt und der ganz frühe Manuskripte und Entwürfe aus der Studienzeit betreffende Teil im Haus der Großeltern in Hermagor - nicht fremden Händen anzuvertrauen. Die Vorstellung ging dahin, diese Aufgabe Personen zu übertragen, die Ingeborg Bachmann gegenüber eine loyale Haltung einnahmen und gleichzeitig in literarischer Hinsicht kompetent waren. Die Journalistin Toni Kienlechner, die mit Bachmann befreundet gewesen war, schlug sowohl den Erben als auch dem Piper-Verlag die Lyrikerin Christine Koschel und die Germanistin Inge von Weidenbaum als diejenigen vor, die genau den gewünschten Kriterien entsprachen. Koschel und Weidenbaum waren nicht nur enge Freundinnen Bachmanns und mit deren Biographie bestens vertraut, sondern auch für Piper, der die Optionsrechte auf das Werk Bachmanns hatte, keine Unbekannten. Beide hatten bereits für sein Haus gearbeitet, Koschel war zudem seit 1966 selbst Piper-Autorin. Aus den genannten Gründen war es naheliegend, die beiden mit der Ordnung des Nachlasses und der Erarbeitung einer Werkausgabe zu betrauen.

Zunächst ging man daran, die verstreuten Teile des Nachlasses zusammenzutragen. Nach einer ersten Sichtung und Vorordnung der Blätter wurde das bereits publizierte Werk von den unveröffentlichten Manuskriptteilen getrennt. Während die schon veröffentlichten Texte nach der Ausgabe letzter Hand gedruckt wurden, setzte die eigentliche textphilologische Leistung bei der Edierung der unveröffentlichten Werkteile ein. Diese betrafen nicht nur Gedichte, Erzählungen und vermischte Schriften, sondern vor allem die Texte aus dem sogenannten "Todesarten"-Komplex, der nach Bachmanns eigenen Aussagen ein Buch werden sollte, "das aus mehreren Büchern besteht". Die Eigentümlichkeit vieler Blätter verlangte eine Transkription, da sowohl handschriftliche Texte wie auch die Typoskripte, vornehmlich aus den letzten zehn Jahren, nur unter äußersten Schwierigkeiten zu entziffern waren, wie Koschel und Weidenbaum erklären. Die Entscheidung, dem Leser eine Auswahl aus dem "Todesarten"-Fragment zu präsentieren, wurde eingedenk der besonderen Eigenheiten dieser Blätter getroffen und in der Gewißheit, daß auch Bachmann selbst noch zu keiner Klärung bezüglich der Anordnung der einzelnen Textteile, geschweige denn zu einer zufriedenstellenden Formulierung ihrer Gedanken gelangt war. Auswahlkriterium war dabei das jeweilige Stadium der Ausarbeitung unter Berücksichtigung der Entstehungsstufen. Abgesichert wurden alle editorischen Entscheidungen durch die Einsichtnahme in die gesamte Verlagskorrespondenz, die den Herausgeberinnen von der Familie zur Verfügung gestellt worden war und die ansonsten mit allen übrigen Briefen zum gesperrten Teil des Nachlasses gehört. Auf diese Weise entstand eine Werkausgabe mit kritischem Apparat, die uns seit 1978 vorliegt. Nun sieht ein vom österreichischen Wissenschaftsfonds und der Deutschen Forschungsgemeinschaft gemeinsam gefördertes Projekt die "Erarbeitung eines druckfertigen Manuskripts für eine historisch-kritische Ausgabe von Ingeborg Bachmanns Todesartenzyklus" vor. Dieses Projekt stützt sich auf den Vorwurf "inhaltlicher und logischer Unstimmigkeiten im dritten Band" der vorliegenden Ausgabe, die den Roman *Malina*, das Romanfragment *Der Fall Franza*, eine Auswahl aus den Entwürfen zum Roman *Requiem für Fanny Goldmann* und zur Figur Malina enthält. Diese Unstimmigkeiten seien auf eine falsche Ordnung des Nachlaßmaterials zurückzuführen und von "der subjektiven Zielvorstellung einer leichten Lesbarkeit" geleitet. Zusätzlich ist die Rede von "gelegentlich freischöpferischen Eingriffen der Herausgeberinnen" und von "philologischem Dilettantismus". Das geplante Unternehmen will eine Revision, Korrektur und Erweiterung des dritten Bandes der bestehenden Werkausgabe vornehmen. Neben einer "Neuordnung des Nachlaßmaterials" zum "Todesartenzyklus" soll auch eine Neufassung des betreffenden Teils der seinerzeit von Koschel und Weidenbaum erarbeiteten Registratur des gesamten literarischen Nachlasses erstellt werden. Die methodischen Grundlagen, auf denen die Korrektur basiert, erläutert Robert Pichl, der als Projektleiter verantwortlich zeichnet, in einem persönlichen Gespräch. In einem ersten Schritt wird eine sogenannte "kodikologische Analyse" am Nachlaßoriginal durchgeführt.

Die Neuordnung der Texte soll von der Zusammengehörigkeit des Materials her nach diversen Papiersorten und -farben, Wasserzeichen und Schreibmaschinentypen vorgenommen werden, um daraus neue Gruppierungsmöglichkeiten abzuleiten. Diesem Verfahren wird ein interpretatorischer Ansatz zur Seite gestellt, der sich auf die These einer der Mitarbeiterinnen Pichls gründet. Durch den Textvergleich des "Todesartenzyklus" mit Werken Max Frischs, vor allem mit seinem Roman *Mein Name sei Gantenbein*, ließen sich kompositorische Ähnlichkeiten, Querverbindungen und Analogien in der Figurengestaltung nachweisen. Durch von dieser These geleitete Untersuchungen des Nachlaßmaterials ließe sich zeigen, daß der "Todesartenzyklus" nicht - wie bisher angenommen - als mehrbändiges Romanwerk konzipiert sei, sondern als "großer zweiteiliger Roman". Gepaart mit der kodikologischen Analyse führe dieser interpretatorische Gesichtspunkt zu einer "veränderten Anordnung der Texte" und könne so das "falschvermittelte Bild vom Spätwerk korrigieren".

Pichl, der als Koordinator der wissenschaftlichen Arbeiten am Bachmannschen Nachlaß fungiert, hat seinerseits eine kleine Bachmann-Edition vorgelegt. Diese basiert auf einer völligen Fehleinschätzung. Das von ihm herausgegebene Fragment *Gier*, ein zwanzig Seiten umfassender Erzählentwurf, wird in der Edition als Fassung "vorletzter Hand" bezeichnet, der nur noch die "mechanisch korrigierte Reinschrift" fehle. Bachmann hingegen hatte dem Verleger eine Erzählung bis 150 Seiten für die Bibliothek Suhrkamp angekündigt. Nur ein akademischer Ausrutscher oder mangelndes Stilgefühl für die Besonderheiten der Bachmannschen Prosa?

Nun hat die Wissenschaft viele Methoden, mit denen sie einem literarischem Werk beizukommen sucht, und jede Methode zeigt ein anderes Bild. Was an diesem neuen Unterfangen jedoch überrascht, ist nicht die Beliebigkeit unverifizierter Thesen oder die Zweifelhaftigkeit einer Methode, sondern die Ignoranz jeglichen Voraussetzungen gegenüber, die die Zielsetzung rechtfertigen würden. Zur Erstellung einer historisch-kritischen Ausgabe ist es unerläßlich, *alle* Textzeugen einzusehen und zu verwenden. Im vorliegenden Fall ist jedoch ein Teil dieses Nachlasses mit einer Sperrfrist von 50 Jahren belegt. Dieser enthält neben Briefen und privaten Aufzeichnungen Bachmanns auch einen Bestandteil des literarischen Nachlasses. Laut Auskunft von Koschel und Weidenbaum, die an der Auswahl der zur Sperrung vorgesehenen Texte beteiligt waren, enthält dieser zuletzt genannte Teil Prosa und sogar Gedichte zum "Todesartenzyklus", die in die Realisierung des beabsichtigten Unternehmens miteinbezogen werden müßten. Die Tatsache, daß diese Texte nicht greifbar sind, führt allein die Idee einer historisch-kritischen Ausgabe ad absurdum. Über diesen Sachverhalt hinaus wird von den Herausgeberinnen eine weitere Problematik angeführt: "die besondere Beschaffenheit, der eigentliche Zustand gewisser Blätter".

Damit ist ein brisantes Thema berührt. Bekannt ist, daß Ingeborg Bachmann in den letzten Jahren ihres Lebens suchtkrank war. Öffentlich bekannt ist mittlerweile auch der Umstand, daß sich ihr Unfall am 26. September 1973 im Zuge schwerer Entzugserscheinungen ereignet haben dürfte. Nicht bekannt waren bislang die Konsequenzen, die die medikamentöse Abhängigkeit der Autorin für ihre Arbeit zeitigte. Aufgrund der durch Psychopharmaka alterierten Zustände weisen die Typoskripte aus den letzten zehn Jahren häufig schwerwiegende und zum Teil unentzifferbare Verschreibungen auf. Daß dazu nicht notwendigerweise die authentische Aussage der Herausgeberinnen herangezogen werden muß, weiß der Leser des offenen Nachlaßteiles. Nach dem Grad der Verschreibung wurde ein Teil der betreffenden Blätter in den gesperrten Teil des Nachlasses übernommen. Um diesen Werkteilen etwas an Sinn abgewinnen zu können, sei es nach Koschel und Weidenbaum unabdingbar, den biographischen Hintergrund der jeweiligen Texte und deren grundlegende Zusammenhänge zu kennen, ohne die es unvermeidbar wäre, daß eine Reihe von Fehlzuordnungen und Fehlinterpretationen zustande kämen.

Nun wirft sich natürlich die Frage auf, nach welchen Kriterien diese Zeugnisse, die Aufschluß über den psychischen Zustand ihrer Verfasserin geben, in einem gesperrten Teil abgelegt wurden, nach welchen Kriterien überhaupt ein gesperrter Nachlaßteil eingerichtet wurde. Geht man davon aus, daß der Grad der Unverhülltheit des Biographischen, der Qual- und Leidenszustände, die da zu Papier gebracht wurden und die Bachmann versuchte, schöpferisch in Literatur zu verwandeln, vom Blick der Öffentlichkeit abgeschirmt werden sollte, warum dann nur für 50 Jahre? Unterliegt der Schutz des Privatlebens einer zeitlichen Grenze, oder geht es gar nicht um den Schutz der Toten, sondern um den Schutz und die Scham der Lebenden? Das Verhalten der Familie Bachmann legt diesen Schluß nahe. Und wenn es stimmt, daß eine Anzahl von Texten nur von Zeitgenossen aufgeschlüsselt werden können, was haben jene Blätter dann in einem gesperrten Nachlaß zu suchen, den im Jahre 2031 neue Seminargenerationen heimsuchen werden, dann allerdings ohne das Korrektiv verläßlicher Auskunftspersonen. Ob damit der Legendenbildung, der man vorgibt, entgegenwirken zu wollen, Einhalt geboten wird, bleibt zu bezweifeln. Die Tote selbst wird nicht mehr getroffen. Das, was mit ihrem nachgelassenen Werk geschieht, verantworten die Hinterbliebenen - von kodikologischen Analysen bis zur Verhinderung einer ernstzunehmenden Biographie. "Hier braucht sich kein Mensch auszukennen", sagt das weibliche Ich in Ingeborg Bachmanns Roman *Malina*. Daraus kann jeder seine eigenen Schlüsse ziehen.

taz, 6.4.1990

ZU INGEBORG BACHMANNS ÜBERSETZUNGEN

Rot-Weiß-Rot bringt Wolfe-Drama
Von Anonym

Im Sender Rot-Weiß-Rot wird am 4. März um 20.15 Uhr eine der interessantesten literarischen Veranstaltungen des Jahres stattfinden, die vom "Wiener Kurier" bereits angekündigte Uraufführung des Dramas "Mannerhouse", des einzigen Bühnenwerkes des amerikanischen Dichters Thomas Wolfe.

Das Drama, das in der deutschen Übersetzung den Titel "Das Herrschaftshaus" erhielt, führt in die zweite Hälfte des vergangenen Jahrhunderts, in die Zeit des amerikanischen Bürgerkrieges. Eines der Herrschaftshäuser im damals so feudalen Südstaat Virginia mit seiner ritterlich-romantischen, von Kultur gesättigten Vergangenheit ist der Ort der Handlung. Um den verzweifelten Kampf der Aristokratie gegen die "Krämer" aus den Nordstaaten schreibt Wolfe mit leidenschaftlichem Pathos den Abgesang einer alten Kultur.

Die Regie der Rot-Weiß-Rot-Aufführung führt Ernst Häusserman, für die Hauptrollen wurden prominente Schauspieler verpflichtet: Ewald Balser, Helene Thimig, Aglaja Schmid, Erik Frey, Oskar Werner, Hermann Ehrhard, Heinz Moog und Veit Relin. Die Übersetzung aus dem Englischen stammt von Ingeborg Bachmann.
[...]
Wiener Kurier, 22.1.1952

Ursendung eines Dramas
Von Eberhard P. Michalek

Zur Ankündigung der österreichischen Sendergruppe Rot-Weiß-Rot, daß sie Thomas Wolfes Schauspiel "*Manor-House*" [sic!] uraufführen wolle, wurde geschrieben: Es ist das einzige Bühnenstück des Dichters, Max Reinhardt hat ihn dazu angeregt. Beide Behauptungen sind falsch. Durch die Briefe, die Wolfe in den zwanziger Jahren an seine Mutter richtete, zieht sich wie ein Glaubensbekenntnis die Rede von seinen Stücken. Er studierte Theaterwissenschaft, der Epiker begann mit "ungeteilter dramatischer Arbeit", und eins oder zwei seiner Schauspiele wurden erfolgreich von Universitätsbühnen aufgeführt. Schon 1921 (als er Reinhardt noch gar nicht kannte) steht in einem Brief: "Jetzt schreibe ich ein umfangreiches Stück, das mich an Herz und Seele gepackt hat ... Ich halte es für ein großes Thema." Und im gleichen Jahr: "Ich glaube, daß es einmal das Rampenlicht sehen wird." Dieses Stück eben ist "Das Herrschaftshaus". Das große Thema: der Untergang der südstaatlichen Lebensart. Aber die Hoffnung Thomas Wolfes erfüllte sich nicht, oder doch nur so weit, als jetzt, drei Jahrzehnte später, die "Ursendung" eine Theaterpremiere ersetzen konnte.

Das Herrschaftshaus symbolisiert also den Süden der USA. Sein Besitzer, General Ramsey, sagt: "Ich glaube an Gott, die Hölle, an mein Haus und an die Ungleichheit aller Menschen." Mit diesem Glauben geht er in den Krieg, auf den "Spaziergang nach Washington" und kehrt unterlegen, doch ungeschlagen zurück; er hat seinen Haufen noch, als er sein Haus, das nur mehr das Holz wert ist, verkaufen muß und stirbt. Für seinen Sohn Eugen, den Idealisten, den Träumer, ist Gott vor dem Haus, bei dem lärmenden Pöbel der Sklaven. Alle dramatische Bewegung entspringt nur dem unüberbrückbaren Gegensatz zwischen Vater und Sohn; der Konflikt wird aber nie wirklich ausgetragen. Eugen verachtet diesen Krieg, verhöhnt die Waffen und nimmt sie doch auf, um dem General zu folgen. Er schreit hinaus, daß das Haus kein Herrenhaus mehr ist, und möchte doch dem Vater den Verkauf ersparen. In großen Dialogen tritt er für die Jugend "gegen die verlogenen, geizigen alten Männer in aller Welt" auf, aber er steht es nicht durch. Wenn zum Schluß das Haus unter dröhnenden Axtschlägen abgebrochen wird, scheint auch Eugen gebrochen.

Eine Geschichte vom begrabenen Leben, auf das Motiv aus "Schau heimwärts, Engel" gestimmt: "Verloren, o verloren!" In der ursprünglichen Anlage des Stükkes, die sich in Wolfes Briefen an die Mutter mehrfach findet, kam klar heraus, daß Eugen am Ende dem Anspruch der neuen Zeit gerecht wird. Dort bestimmte die Entwicklung seines Charakters auch den dramatischen Fortgang. Die endgültige Fassung gibt ihm fast nur eine zweite Rolle neben dem Vater. Das große epische Thema, der Niedergang des Südens, hat den Dramatiker in Wolfe überwältigt. In der Sendung, deren Regie Ernst Haessermann hatte, wirkte das Ganze wie eine dramatisierte Erzählung, oder besser gesagt: wie ein Drama, das unter den Händen eines Epikers zur Erzählung wurde.

Die Zeit, 13.3.1952

Guiseppe Ungaretti: Gedichte

Von H(ans) J(ürgen) Heise

Ungaretti, Montale, Quasimodo - das sind die drei bedeutendsten italienischen Lyriker unseres Jahrhunderts. Quasimodo ist, seit er den Nobelpreis erhalten hat, von den dreien zweifellos der bekannteste, ebenso wie Montale der narzistisch-unzulänglichste ist; der originellste aber ist der älteste: Ungaretti. 1888 in Ägypten geboren, kam er erst zum Studium nach Italien. Sein erster Gedichtband, der ihn sofort berühmt und verhaßt machte, erschien 1916. Er wurde genau wie August Stramms "Tropfblut" im Schützengraben geschrieben, und die kurzen, ungereimten Gebilde, die er enthielt, wirkten, auf den Schwulst d'Annunzios folgend, revolutionierend. Ein Gedicht, "Teppich", besteht nur aus drei allegorisch ineinanderfließender Reihen: "Jede Farbe breitet sich aus und gibt sich auf/ in den anderen Farben/ Um einsamer zu sein, wenn du hinsiehst." Das konnte, das mußte verwirren. Ein Teppich und seine Farben, die für Psychologisches standen! Der Versuch, in wenigen Worten das ganze Leben darzustellen, es zu verhöhnen! Welche Anmaßung! Ein anderes Kurzgedicht, "Soldaten", verursachte Empörung

wegen seiner unpatriotischen, den Krieg verunglimpfenden Einstellung: "So/ wie im Herbst/ am Baum/ Blatt und Blatt." Diese haikuhafte Spontanität, diese geniale Direktheit - weder seine vielen Nachahmer, noch Ungaretti selbst haben sie später wieder erreicht.
Konkret, Jg. 7, Nr. 18, 1961, S. 12

Heiterkeit der Schiffbrüche

Von Werner Ross

Zu der Zeit, als man die "Modernen" noch ungestraft lächerlich machen konnte, wurde ein Gedicht von Ungaretti als Beispiel zitiert. Es kann getrost ganz hierhergesetzt werden: "M'illumino d'immenso" heißt es. Drei Worte, sagten die Spötter, sollen da schon ein Gedicht machen. Wo man doch an Wortkaskaden gewöhnt war, wo die Dichter Architekten für Wortgebäude waren. Heute füllen, nein, erhellen diese drei Worte eine ganze weiße Seite in dem Bändchen.

Der einen weißen Seite gegenüber stehen auf der anderen fünf deutsche Worte: "Ich erleuchte mich/ durch Unermeßliches." Die Überschrift dieses Gedichtes heißt "Morgen". Was dem fühlenden Menschen an jedem Morgen passiert, der diesen Namen verdient, ist hier beschrieben: Die metaphysische Minute, das Weiten der Brust, das Hellwerden des Auges.

Inzwischen hat man auch zur Kenntnis genommen, daß die Japaner eine Gedichtgattung pflegen, die nicht mehr als siebzehn Silben haben darf. Das Wortspiel, daß der Dichter ein Verdichter sei, ist geläufig geworden. Niemand findet mehr etwas daran, daß auch die Dichter sich der Abkürzung bedienen. Ungaretti, der Nestor der Moderne in Italien, ist ein solcher Chiffrendichter. Er fing in demselben Krieg damit an, in dem der Dichterfürst der Epoche, D'Annunzio, bombastische Kriegsreden hielt, hochrhetorische Flugblätter abwerfend über Wien kreiste und schließlich als pathetischer Condottiere in Fiume einzog. Der Soldat Ungaretti hingegen fand nur die kalten oder glühenden Steine des Karst, zersplitterte Baumstümpfe, Granattrichter. Ein Gedicht "Soldaten" lautet: "So/ wie im Herbst/ am Baum/ Blatt und Blatt." Der Vergleich ist uralt, homerisch, aber hier steht er, gelöst aus allen rhetorischen Zusammenhängen, aus aller Dichterhandwerkstradition - abgerissen. Das Gedicht ist schon fast ein Verstummen.

Aber selbstverständlich ist Ungaretti nicht auf Kürze verpflichtet, und das blutige Grau des Krieges ist nur eine von den Farben auf seiner Palette. Überhaupt wäre es ein betrüblicher Irrtum, wenn man die Moderne auf die Neigung zum Tristen festlegen wollte, während die Älteren fröhliche Weisen pfiffen. Wo bleibt das Positive, Herr Ungaretti? Und schon gibt der Dichter Antwort, auf vielerlei Weise. Er hat sich, ein Wrack, durch die Kriegseinöde geschleppt, "dem Schlamm ausgesetzt wie eine Schuhsohle oder wie ein Weißdornsame". Aber dann faßt er sich, rafft er sich, redet sich ironisch an: "Ungaretti/ Dulder/ dir genügt eine Illusion/ um dir Mut zu machen." Was ist geschehen? "Ein Scheinwerfer/ legt von drüben/ ein Meer in den Nebel." Ach, man bleibe uns mit dem zeitgenössischen Pessimismus vom Leibe.

Zum Scheitern verdammt sind wir, sagen die Existentialisten; aber der Dichter ist dazu da, eine Gedichtsammlung unter das Motto "Allegria di naufragi" zu stellen, "Heiterkeit der Schiffbrüche". "Und plötzlich nimmst du/ die Fahrt wieder auf/ wie/ nach dem Schiffbruch/ ein überlebender/ Seebär." Eine höhere Lebensheiterkeit, eine gesteigerte Lebensgewißheit destilliert sich aus den Katastrophen. Wer wollte sonst singen? Nur um Gottes willen nicht das Lamento der Kulturklageweiber. Lieber sterben.

> Sterben wie die durstigen Lerchen
> an der Luftspiegelung
> Oder wie die Wachtel
> nach dem Flug übers Meer
> im ersten Gesträuch
> weil sie zu fliegen
> keine Lust mehr hat
> Aber nicht vom Gezeter leben
> wie ein geblendeter Stieglitz.

Aber könnte nicht auch diese lakonische Entschlossenheit Pose sein? Vielleicht, wenn wir wirklich urteilen wollen, lassen wir die deutsche Lieblingskategorie der "Echtheit" überhaupt beiseite und versuchen es mit der italienischen "Umanità". Auch der Dichter ist ein geselliges Wesen (Benn zum Trotz), hat Anteil an allem; in ihm schwingt die Welt, das heißt, der Soldat neben ihm, die Frau, die er geheiratet hat, das Kind, das bei ihm aufwächst. Seine Gabe ist es, uns mitschwingen zu machen. Da stirbt dem Vater Ungaretti das Kind. Und Tag für Tag schreibt er Notizen, nicht mehr Kindertotenlieder wie Rückert, sondern Gestammel: "Jetzt werde ich nur im Traum/ die vertrauensvollen Hände küssen können ... Und ich streite mich herum, arbeite,/ bin kaum verändert, fürchte, rauche ... Wie ist's möglich, daß ich gegen soviel Nacht ankomme? ..."

Hingekritzelter Schmerz, auch Schmerz über die Schmerzlosigkeit im Alltäglichen, Tagebuch im Telegrammstil. Und doch Gedicht. Die Übersetzung verkleidet den letzten Satz: "Come si può ch'io regga a tanta notte?" Das ist der klassische italienische Vers, ein wohlgebauter, volltönender Elfsilber. Aus dem Schmerz wird das Lied. Ingeborg Bachmann hat in ihrem schönen Nachwort von der Tradition gesprochen, die Ungaretti mit Leopardi, ja mit Petrarca verbindet. Dichtung ist ja genau dies: Unmittelbares Schöpfen aus der Quelle, ein spontaner Akt, und Einströmen dieser Melodie in den Weltgesang, die allgemeine Stimme.

Auch *Umanità* kann ein Pathos-, ein Paradewort sein. Aber wer lang genug in Italien gelebt hat, kennt seinen süßen Kern. Wer Ungaretti kennt, den alten, grauhaarigen, listig blinzelnden und gütig schmunzelnden alten Mann, kann bei ihm Studien in Humanität machen. Was heißt das genau? Eine große Bereitschaft, aufzunehmen und auf sich zu nehmen. Im "Notizbuch des Alten", der letzten Gedichtsammlung, sind die Sputniks vermerkt, aber nicht als letzte Neuheit, sondern als Erinnerung an die Ungeheuerlichkeit der kosmischen Welten, wo die Sterne ihr "unvordenkliches Leben" verbringen, "wahnsinnig von der Last ihrer Einsamkeit". Mitleid mit Sternen haben, soweit reicht das Gefühl. Mystische Zwiesprache mit der gestorbenen Frau, Einsamkeit, Hoffnung, Liebe, Tod, das ist der engste Kreis, den es bewohnt.

Ingeborg Bachmann hat die Probe darauf gemacht, ob Ungarettis Gedichte übersetzbar sind. Das Talent, das sie dazu mitbrachte, braucht nicht erst gerühmt zu werden. Das eigentümlich Sperrige, das der konzentrierte Ausdruck fordert, dieses Großschreiben gewissermaßen jedes Wortes, hat sie ohne Scheu vor Ecken und Kanten in ein schönes, klares, großflächiges Deutsch gebracht. Die Grenze liegt da, wo kein Hinüber und Herüber möglich ist. Hinter aller geprägten Kürze der romanischen Sprachen steht das Epigramm, die in Stein gemeißelte Inschrift. Wenn man die Augen halb zumacht, sehen die Verse Ungarettis wie Latein aus. Das Deutsche ist von Hause aus nicht darauf eingerichtet. Wir haben keine Inschriftensprache. Ingeborg Bachmann ist unter den deutschen Lyrikern eine der ersten, die den lapidaren Stil gemeistert haben. Ihr Romaufenthalt war eine gute Schule. Auch für die Kantilene, das plötzliche Blühen des Steins, hat sie Gehör: "Auf die Hügel bin ich wieder gegangen, zu den geliebten Pinien/ Und der heimatliche Tonfall im Wohlklang der Luft,/ Den ich nie wieder mit dir hören werde,/ Zerreißt mich bei jedem Atemzug ..." Sie holt aus unserer härteren Sprache auch die zarten Nuancen; dafür, daß es im Deutschen kein Wort so süß wie "dolce" gibt, dafür kann sie schließlich nichts.
Die Zeit, 20.10.1961

Ein dunkler Dichter wird populär

Von Ingeborg Brandt

Als sich der Pionier und Senior der lyrischen Moderne Italiens, Giuseppe Ungaretti, vor zwei Jahren auf bürgermeisterliche Einladung in eine denkbar entlegene Provinzhauptstadt, nämlich ins kalabresische Crotone begab, erlebte er so etwas wie ein Wunder. Nicht nur war das Theater, wo er aus seinen Gedichten lesen sollte, brechend voll - das Publikum, meist Arbeiter und kleine Angestellte aus Latifundien und Fabriken, bereitete ihm, aufspringend, klatschend, jubelnd, einen Empfang, wie er ihn nie erwartet hätte. Fast fünfzig Jahre nach seinem einsamen Aufbruch ins Niemandsland einer neuen Poesie war Ungaretti, der "Schwierige", der "Dunkle", populär geworden.

Als in jenem gleichen Herbst nicht ihm, sondern dem Sizilianer Quasimodo der Nobelpreis zugesprochen wurde, kannte die italienische Entrüstung keine Grenzen, nicht einmal die der Höflichkeit. Und auch international hat die Stimme Ungarettis im Terzett der sogenannten "Hermetiker" - vor Quasimodo und selbst vor Montale - nach wie vor den stärksten Widerhall.

So registrierte man mit Genugtuung, daß zumindest eine Probe seines Œuvres nun auch bei uns erhältlich ist. Schade allerdings, daß die Herausgeberin Ingeborg Bachmann den Schwerpunkt der zweisprachigen Auswahl so entschlossen auf das Frühwerk legte. Ungarettis letzte Verlautbarung "La Terra promessa" ("Das Gelobte Land", 1950) und "Il Taccuino del Vecchio" ("Das Notizbuch des Alten", 1960) sind nur mit drei (von insgesamt 55) Gedichten berücksichtigt.

Die Begründung, die Ingeborg Bachmann im Nachwort gibt, daß nämlich "in den frühen Gedichten alle die neuen Töne und Gesten" da seien, "die wir zuerst kennenlernen sollten", hat einen leisen Beigeschmack von seminaristischem Eifer und wird dem unbefangenen Leser kaum verständlich sein. Vielleicht aber ist diese Begründung nur - unbewußte - Tarnung.

Vielleicht fühlte sich die Lyrikerin Ingeborg Bachmann von den schwer übertragbaren Verskonzentraten des Avantgardisten Ungaretti stärker fasziniert als von den wunderbar einfachen, jedermann zugänglichen Altersgedichten, in denen Ungaretti mit der klassischen Tradition italienischer Lyrik souverän seinen Frieden macht und in den "spazio bianco", den weißen Raum des "Ineffabile", des Unsagbaren, den er einst so konsequent kultivierte, gelassen die vertraute Melodie von Fünf-, Sieben- und Elfsilbern einströmen läßt.

Daß die Übersetzerin Ingeborg Bachmann auch und gerade diese Melodie beherrscht, zeigt etwa ihre Übertragung des liedhaften, bildmächtigen "Finale" aus "La Terra promessa". Sie ist bis in die feinste Alliteration hinein geglückt. Von ein oder zwei Nuancen abgesehen, über die sich streiten ließe: "Morto è anche, vedi, il mare, il mare", heißt es bei Ungaretti am Schluß. Bei Bachmann: "Gestorben ist auch, sieh nur, das Meer, das Meer." Hier schleicht sich im "sieh nur" eine leise Verniedlichung ein, und für unser Gefühl ist auch das Perfekt nicht am Platz, müßte es im Sinne des "Finale", im Sinne eines kaum vorstellbaren "Vorbei" eher heißen: "Tot ist auch, siehst du, das Meer, das Meer."

Doch soll hier nicht beckmesserisch an einer sprachlichen Leistung herumgezupft werden, die etwa die Übertragung der Montale-Auswahl "Glorie des Mittags" durch Herbert Frenzel weit in den Schatten stellt. Die Übersetzerin selbst sagt mit Recht, daß Worte oft schwerer zu transportieren sind als der empfindlichste Wein. Einen schöneren Vergleich konnte sie gar nicht finden und selbst mit mehr Behutsamkeit gar nicht vorgehen.

Wirklich "umgeschlagen" ist nicht ein Vers in diesem Band. Nehmen wir nur das berühmte Gedicht "Soldaten" (1918):

Si sta come
d'autunno
sugli alberi
le foglie

Daraus macht Ingeborg Bachmann:

So
wie im Herbst
am Baum
Blatt und Blatt -

und übertrifft fast noch das Original in der Handhabung der Ellipse, in der Kunst, das große "Warum" ins Medusenhafte zu steigern, indem es nicht einmal mehr fixiert und ausgesprochen wird.

In seinem Verzagen und seinem Verstummen ist das Gedicht "Soldaten" ein beredtes Beispiel für jenen frühen Ungaretti der "neuen Töne und Gesten", den Ingeborg Bachmann mit vierzig Gedichten aus dem Sammelband "Allegria" (Gedichte von 1916 bis 1939, zusammengestellt 1942) dominieren läßt. Jener frühe Ungaretti der lyrischen Stenogramme, der mit der Wünschelrute über das Stoppelfeld der Sprache ging, um den Goldkern der "parola", des scheinbar hoffnungslos verbrauchten Alltagswortes, zu ertasten und in seiner Würde wiedereinzusetzen, dieser Ungaretti des Jahres 1916 war eine Offenbarung und eine Provokation sondergleichen.

Aus dem Schützengraben kam der unerhörte Anruf der ersten Gedichte, die er unter dem Titel "Il porto sepolto" - ("Der begrabene Hafen") veröffentlichte. Sie waren unerhört, besonders für Italien, wo d'Annunzios Prachtgebärden allenfalls vom intimen Sing-Sang der Crepuscolari, der Dämmerungspoeten, Konkurrenz gemacht wurde und die Liebe zur tönenden Phrase und Paraphrase - de Sica hat sie mehr als einmal großartig parodiert - bis heute unverkümmert ist, weil die vokalreiche, üppige Sprache eben immer wieder zum "Tönen" verführt.

Die Meinung wog lange vor, daß Ungarettis Gedichte keine Gedichte, sondern die pure Wort-Willkür seien. Diese Meinung klingt noch nach in einem Gesellschaftsscherz, der bis heute in Italien kultiviert wird und in der spielerischen Produktion von Zwei-, Drei-, Fünf- oder Sechs-Zeilern à la Ungaretti besteht. Wer sich ernstlich darin versucht, wird freilich bald dahinterkommen, daß sich diese Gedichte nicht imitieren lassen.

So wie sie heute im Suhrkamp-Bändchen stehen, sind sie das Endprodukt eines oft jahrzehntelangen Verbrennungs- und Läuterungsprozesses. Von dem Gedicht "Giugno" existieren beispielsweise fünf Versionen. Erst mit der letzten gab Ungaretti sich zufrieden, als er den Cellostrich dieser fünf Worte gefunden hatte: " ... l'oro velino della tua pelle." (Sinngemäß zu deutsch: " ... das seidige Gold deiner Haut.")

Die Fülle der Varianten, auf deren Wiedergabe Ingeborg Bachmann mit Recht verzichtete, sind der eigentliche Schlüssel zu Ungarettis Dichtung. Die Inhalte dieser Dichtung nämlich sind einfach. Sie belegen Ungarettis Bekenntnis, daß er nichts anderes hinterlassen wolle als "eine schöne Biographie". Ein Seufzer, ein Atemzug am "Morgen" sind ihm Anstoß genug. Doch dann beginnen die alchimistischen Mühen, in denen das spontane und - vage Gefühl eines Augenblicks unendlich langsam zur poetischen Chiffre eingeschmolzen wird.

Schaut man genau hin, entdeckt man auch in den frühen Gedichten Ungarettis, auf die die Vokabeln Dunkelheit und Hermetismus zur Not noch zutreffen, den Erlebniskern.

Ingeborg Bachmann gebührt das Verdienst, daß sie diesen Kern nicht kaschiert, sondern ins Licht setzt. Und so hat sie, bei aller Vorliebe für den jungen Ungaretti, viel dazu beigetragen, uns auch den alten Ungaretti näherzubringen, der im Lande Petrarcas und Leopardis heute nicht nur geehrt und gefeiert, sondern verstanden und geliebt wird.
Die Welt, 30.11.1961

BESPRECHUNGEN DER RUNDFUNK-UND FERNSEHSENDUNGEN, THEATER- UND OPERNAUFFÜHRUNGEN, VERFILMUNGEN, SPRECHPLATTEN etc.

Rondo von der Verlorenheit

Von Anonym

Was der NWDR Hamburg seinen Hörspiel-Hörern am letzten Freitagabend vorsetzte, war Paradoxie im Quadrat: ein Hörspiel aus Gedichten in Prosa. "Die 'Zikaden' der Ingeborg Bachmann haben mit der Gattung Hörspiel so viel zu tun, wie Hölderlins Hyperion mit der Gattung Roman", sagte deshalb der Leiter der Hamburger Hörspielabteilung des NWDR, Dr. Schwitzke, vorbeugend schon nach der Probevorführung seiner neuesten Produktion.

Allerdings hat die 29jährige Lyrikerin Bachmann ihre lyrisch-musikalischen Mittel dramaturgisch geschickt eingesetzt: Am Abend der Originalsendung registrierten die Meßgeräte der NWDR-Hörerforschung nicht weniger angeschaltete Rundfunkgeräte als bei einem "normalen" dramatischen Hörspiel.

Das Grundthema der "Zikaden" ist die Hoffnungslosigkeit einer Handvoll verstörter Menschen, die auf einer vulkanischen Insel im Mittelmeer Zuflucht vor dem Leben gesucht haben, an dem sie gescheitert sind. Alle erwarten sie in einer merkwürdigen Mischung von Hoffnung und Resignation, jeder auf seine Art, eine wunderbare Erlösung.

Für ihre Sehnsucht und Verlorenheit steht symbolisch der Gesang der Zikaden in der Glut des südlichen Mittags. Die Zikaden waren nach der Legende einmal Menschen. Aber sie aßen und tranken und liebten nicht mehr, um nur noch ihre Sehnsucht zu singen.

Ein einziges dramatisches Motiv taucht in dem Reigen der ganz lose gefügten Einzelschicksale auf. Es gibt die Handlungsklammer her, die alle Schicksalszeichnungen der "Zikaden" zusammenheftet.

Bei einem modernen Robinson, der sich aus der Gesellschaft der Menschen geflüchtet und in gewollter Klausur auf der äußersten Inselspitze einsam haust, sucht ein entsprungener Gefangener Obdach für wenige Stunden. Er ist von der nahen Zuchthausinsel stundenlang durch das Meer herübergeschwommen. Die beiden Männer, Robinson und der Gefangene, müssen am Ende in jene Umwelt zurück, der sie für immer entkommen wollten. Den Gefangenen verfrachten die Karabinieri wieder auf die Strafinsel, den Robinson holt seine Frau in die große Gesellschaft zurück.

Den anderen Einzelgängern auf der Vulkaninsel werden ihre Wunschträume nicht handgreiflich zerstört. Der schöne Jüngling Antonio, ein Inselfaktotum, das den Fremden mit kleinen Diensten zur Hand geht, ist allen Ohr, vor dem sie ihre Illusionen ungescheut ausbreiten. Geduldig hört er zu und leistet mit jeweils anders artikuliertem "Ja" dem hemmungslos anschwellenden Monolog der Glücksrauschsüchtigen Vorschub. Jeweils am Ende dieser Einzelszenen, wenn sich Antonios seltsame Beichtkinder auf einen äußersten Punkt ihrer Illusion vorgewagt haben, läßt er sie gnadenlos, wie ein die Absolution versagender Beichtiger, mit einem "Nein" abstürzen.

Da ist die wasserskilaufende Mrs. Helen Brown, " ... blond und heldenhaft, ein Heldenmädchen mit einer silbernen Badekappe, fünfmal geschieden, fünfmal vernichtet von den Gewohnheiten ihrer Männer ..." Sie will fischen gehen mit Antonio und dann tanzen im Dorf und fragt ihn beschwörend, ob sie wohl dann das Glück zurückerhalte, das man ihr mit ihrem Kinde genommen hat: "Und werde ich singen können? Ja, ich werde wieder singen können und sprechen mit meiner alten Stimme, Antonio!" Aber Antonio antwortet: "Nein, Mrs. Brown, nein, Mrs. Brown!"

Alle diese Flüchtlinge vor sich selbst und ihrem Geschick erhalten dieses "Nein" zur Antwort, auch der skandinavische Maler Salvatore, der immer wieder dieselben Bilder ausstellt, die er vor Jahren malte, und der einmal als Retter, als "Salvatore", auf die Insel kam. Er brachte ein paar junge Leute mit, die ihn so nannten, "denn er wollte sie aus irgendwelchen Konventionen lösen, den Konventionen einer Klasse, eines Landes, einer Akademie. Die Jungen gingen bald wieder zurück ...", und Salvatore trinkt sich Vergessen an.

"Nein", antwortet Antonio auch dem sechsten Mann der Mrs. Brown, der von der Rückkehr seines verlorenen Sohnes, dem Prinzen, der von Macht, der alternden Kosmetikerin, die von Schönheit, dem jugendlichen Ausreißer, der von Indianer-Romantik träumt.

Es ist kein Zufall, daß Ingeborg Bachmann bei diesem Aufbau ihres Hörspiels der musikalischen Rondo-Form mit ihrer periodischen Wiederkehr eines Grundthemas nahekommt.

Die Bachmann hat ursprünglich nicht schreiben, sondern komponieren wollen. Ihre Musikalität ist in der Sprache und im Aufbau der "Zikaden" so stark spürbar, daß die Einleitungs- und Zwischenmusiken des auf Ischia lebenden jungen Neutöners Hans Werner Henze wegen ihrer nahezu naturalistisch wirkenden Klangmalerei fast als überflüssig empfunden werden.

Statt Musik zu treiben, studierte Ingeborg Bachmann in Graz, Innsbruck und Wien Philosophie und promovierte mit einer Doktorarbeit über Heideggers Existentialphilosophie. Ihr erster Gedichtband enthält noch vielfach kaum in Bild und Stimmung umgesetzte existentialistische Abstrakta.

In ihrem freiwilligen römischen Exil, wo sie seit 1953 von Honoraren für Rundfunkarbeiten und Zeitschriften-Beiträge lebt, wurde diese Sprache immer bildhafter und gelöster. Den Weg zu den "Zikaden" deuteten schon die "Lieder von einer Insel" genannten Gedichte der Bachmann an. Die Aussage in musikalisch gelösten Bildfolgen erreichte in diesem Hörspiel ihren vorläufigen Höhepunkt.

Regisseur Gert Westphal aus der ersten Garnitur der deutschen Hörspielregisseure brachte die Wortmusik dieser Funkdichtung denn auch wie eine Partitur zum Klingen - wie eines jener nach Schönbergs "Methode des Komponierens mit

zwölf Tönen" organisierten Klangwerke, deren Struktur dieses Hörspiel der Ingeborg Bachmann fast schon zu auffallend ähnelt. Die Wortpartitur der "Zikaden" ist aus zwölf Hauptrollen komponiert.
Der Spiegel, 30.3.1955

Ein Prozeß um Liebe und Mord

Von Wilhelm Jacobs

Hörspielautoren sind dünn gesät. Immer noch. Das Hörspiel hat sich zwar seit geraumer Zeit mit seinen gelungensten Werken als literarische Gattung legitimiert, die besten Hörspiele werden in Jahrbüchern gesammelt, eine Reihe Einzelveröffentlichungen von Spielen liegt bereits vor, aber die Sichtung ergibt immer noch eine relativ knappe Auslese im Vergleich zu dem, was jährlich an Novitäten über die Sender geht. Die Autorennamen von Rang lassen sich (einschließlich Schweiz und Österreich) an den Fingern zweier Hände herzählen.

Kein Wunder, daß man jedem neuen Stück eines noch Unbekannten mit Interesse entgegensieht, ob er sich wohl in die Reihe der bereits "bewährten" Autoren einfügt. Noch gespannter aber ist man auf jedes neu angekündigte Werk eben dieser "Bewährten". Zu diesen gehört Ingeborg Bachmann.

1955 brachte der NDR Ingeborg Bachmanns "Zikaden" heraus. Dieses Hörspiel lenkte bereits den Blick einer breiteren Öffentlichkeit auf sie. Vorhergegangen waren die Hörspiele "Ein Geschäft mit Träumen" und "Die Straße der vier Winde". Sie scheinen mehr oder weniger in Vergessenheit geraten. Von einer Funkbearbeitung von Thomas Wolfes "Herrenhaus" für den Sender Salzburg wäre noch zu reden. Ingeborg Bachmann ist Österreicherin (1926 in Klagenfurt geboren) und war dort als Dramaturgin tätig. Ihre beiden Gedichtbände "Die gestundete Zeit" (1953) und die "Anrufung des Großen Bären" (1956) begründeten ihre Bedeutung als moderne Lyrikerin.

"Modern" ist zu betonen, weil sie innerhalb der neueren Lyrik deutscher Sprache einen besonderen Platz einnimmt, zu den Vertretern der Richtung zählt, die von Valéry, Eluard, Salt-John Perse, Eliot usw. herkommen. Dies muß angemerkt werden, weil zwischen ihrem lyrischen Schaffen und ihrer Hörspielarbeit strukturell kein Unterschied besteht, das heißt sich die besonderen Merkmale ihrer Lyrik auch in ihren Hörspielen wiederfinden.

Dies gilt auch vom "Guten Gott von Manhattan". Zwei Dinge sind es, die dort wie hier die besondere Eigenart der Dichtung ausmachen. Erstens: Die starke Suggestivkraft von Sprache und Wort. Zweitens: Fragestellungen ohne Antworten, Aussagen, die in sich selbst das Ausgesagte schon wieder verbergen.

Man darf auch im "Guten Gott von Manhattan" Inhalt und Handlung wiederum nicht primär sehen, wenngleich Handlung da ist und die Vorgänge handfest und beinahe kriminell beginnen. Es beginnt mit einem Verhör, dessen Personen Richter und Angeklagter sind. Der Angeklagte ist der "gute Gott von Manhattan". Die Vokabeln "gut" und "Gott" aber erweisen sich schon sehr bald als doppeldeutig. Der Vorgang, über den zu Gericht gesessen wird? Die Kernfabel? Eine Liebesgeschichte. Liebe zwischen Jan und Jennifer. Aber dies wäre sehr oberflächlich gesagt. Liebe in unserer Zeit? Auch das wäre zu vereinfacht. Liebe zwischen Stahl und Beton, Liebe in der fiebrig-brütenden Atmosphäre einer Weltstadt, Liebe im 7., 30., 57. Stock eines Wolkenkratzerhotels in Manhattan? Wir kämen damit dem Eigentlichen schon näher. Liebe als Mysterium, als noch mögliches Mysterium in unserer Zeit, wenngleich überwältigend, erschreckend, verzehrend? Ja, so etwas. Es ist nicht eindeutig bestimmbar, darf auch nicht eindeutig bestimmt werden. Es nähme dem Spiel seinen im Grunde unnennbaren Gehalt.

Und der "gute Gott"? Er ist der Würger der Liebe und der Mörder des Mysteriums um der Ordnung willen, um der Ordnung der Welt willen und ihres kleinen Alltags. Über sein Treiben soll entschieden werden. Soll er sein Wesen (oder Unwesen) fortsetzen? Der Richter vermag ihn weder zu verurteilen noch freizusprechen. Die Anklage bleibt aufrechterhalten. Das Ende ist ein tief beunruhigendes Schweigen.

Beunruhigung, Bedrohung, Angst - irgend etwas Unnennbares, das aus Abgründen heraufsteigt, vor denen der Mensch so gern seine Augen verschließt, obgleich er weiß, daß sie da sind, ist der bleibende Eindruck, wenn die letzten Sätze des Spiels verklungen sind. Die Regie (Fritz Schröder-Jahn in der Münchner Inszenierung) brachte dies zu einem packenden Erlebnis.
Sonntagsblatt, 1.6.1958

Genialische Romanze

Von mn

Will man das im Halbdunkel der Poesie angesiedelte Hörspiel der jungen, begabten Ingeborg Bachmann auf eine simple inhaltliche Formel bringen, wird man sagen müssen, daß es hier um die Darstellung der Liebe als einer gefährlichen, ungewöhnlichen Begebenheit, als des holden Exzesses zweier Seelen und Körper ging. Liebe, gedeutet als höchste, angespannteste Form der Innerlichkeit, bringt sich in tragischen Konflikt mit der Welt und muß, da sie eine latente Bedrohung von Ordnung und Konvention ist, zerstört werden. Nicht von dieser Welt stammend, muß Liebe in dieser Welt zugrunde gehen. - Wie man sieht: ein echt romantisches Thema, Liebe und Tod treten als Geschwister auf. Das Leben mit seiner finsteren Prosa ist der geborene Widersacher jenes "anderen Zustandes", jener mystischen Poesie, in der die Liebesfeier gipfelt.

Die dichterische Vision der Bachmann wäre an jedem beliebigen Szenarium zu exemplifizieren gewesen. Aber die Verfasserin hatte sich auf das Manhattan New Yorks als Kulisse ihres modernen Tristan-und-Isolde-Melodrams kapriziert. Der "gute Gott" Manhattans ist ein "böser" Gott, der, unterstützt von "Eichhörnchen", widerlich-boshaften Bediensteten aus dem dämonischen Zwischenreich, dafür Sorge trägt, daß das Individuum sich an die prosaischen Spielregeln der Welt hält. Notfalls verhindert er den Triumph der Empfindsamkeit durch Bombenattentate. Wegen seines eifersüchtigen Ordnungsterrorismus zur Rede gestellt, zögert der gute Gott von Manhattan nicht, sein Tun mit Argumenten zu verteidigen. Mit dem Verhör des unliebenswürdigen Tyrannen, der aus einem Angeklagten nach und nach zum Richter wird, beginnt das Hörspiel. Die Liebesgeschichte, nach dem anfänglichen konventionellen Spiel der Sinnlichkeit unaufhaltsam dem pathetischen Untergang zustrebend, wird von Ingeborg Bachmann in das richterliche Verhör eingeblendet.

Der Gesamteindruck des Hörspiels, das neue Wege dichterischer Aussage zu beschreiten versuchte, war zwiespältig. Immer, wo sich Gelegenheit zu dichterischen Ausbrüchen und halb-lyrischen Litaneien, zu zornigem oder schwermütigem "Gesang" in Prosa ergab, war die Bachmann, von einigen zu gekonnten Surrealismen à la Mode abgesehen, großartig. Immer wo sie zu bauen und zu gestalten versuchte, wurde sie unglaubwürdig und bizarr, auch in jenen vagen zeitkritischen Anspielungen, die - akustisch attraktiv gebracht - im Ansatz steckenblieben. Manchmal bewegte sich das Hörspiel an den Grenzen des guten Geschmacks. Die zu breit geratene Marionettentheater-Einlage, die das Thema kontrapunktisch variieren sollte, war ein unglücklicher, an den Haaren herbeigezogener Einfall, ein zweitklassiger symbolistischer Aufguß. Die "Eichhörnchen" mit ihren Rumpelstilzchen-Teufeleien waren - man verzeihe mir - von penetranter Lächerlichkeit. Auch die zentrale Gestalt des guten Gottes selbst, von den inneren Widersprüchen der Figur ganz zu schweigen, war ein ungenießbares Produkt, ein zwischen Realität und Poesie hängender Homunculus, Ablageplatz einer subjektivistischen Weltbetrachtung und das Gegenteil eines gültigen dichterischen Symbols. Ingeborg Bachmann hat gegen ein Grundgesetz der Poetik verstoßen, als sie ihre Allegorien, die man als stumme dichterische Größe eventuell ertragen kann, zum Leben erweckte und ins Mikrofon sprechen ließ.

Das auf verwegene Weise mißlungene Hörspiel, für das sich in schönem Eifer gleich drei Rundfunkanstalten (NDR, SWF, München) engagiert hatten, litt im Grunde nicht an einem Übermaß, sondern einem Mangel poetischer Kühnheit. Es hätte gewonnen, wenn an Stelle des unleidlichen "erklärenden" Rahmens, dieser Konzession an den hörspielüblichen Storyismus, das unverstellte Wort des Dichters, die "Sache selbst", getreten wäre.

Im übrigen: ein Kompliment für die trefflich romantisierende musikalische Untermalung (Peter Zwetkoff) und die durchgefeilte Inszenierung (F. Schröder Jahn) dieser genialischen Romanze.

Frankfurter Allgemeine Zeitung, 2.6.1958

Ein vorbildliches Hörspiel

Von Günter Blöcker

Ingeborg Bachmann ist eines der erstaunlichsten literarischen Phänomene der Nachkriegszeit. Mit einem einzigen Gedichtband, *Die gestundete Zeit* (1953), hat diese Österreicherin sich an die Spitze der jungen deutschen Lyrik gestellt; ein zweiter Band, *Anrufung des Großen Bären*, folgte drei Jahre später. Inmitten der Geschmäckler und Anempfinder, der lyrischen Wanderprediger, der Bildungspoeten und Gräserbewisperer, der Rilke-, Benn-, Eliot-, Paul Eluard- und sonstigen Epigonen ist es ihr gelungen, einen unverwechselbaren Eigenton zu entwickeln. Wie niemand sonst unter denen, die heute in deutscher Sprache Gedichte machen, hat sie die Fahrt auf die "ungangbaren Wasser" gewagt und ist mit Versen zurückgekehrt, die in ihrer rauhen Musikalität, ihrer kühnen Metaphorik und ihrer hämmernden Eindringlichkeit ganz ihr Eigentum sind.

Das Verwunderlichste an diesen Gedichten ist, daß sie bei aller prononcierten Intellektualität keineswegs esoterisch wirken. Ihre Geistigkeit ist anschaulich gemacht, ist in die Sinnlichkeit einer unmittelbar überzeugenden Bildersprache übersetzt worden - Verse nicht nur eines eminenten lyrischen Kunstverstandes, sondern auch einer Natur. Nur so erklärt sich die starke Resonanz, die sie auch bei einem breiteren, lyrischen Experimenten nicht unbedingt zugeneigten Publikum gefunden haben.

Noch auf einem anderen Wege hat Ingeborg Bachmann das Publikum erreicht - durch ihre Hörspiele. Ihre neueste Arbeit auf diesem Gebiet liegt jetzt gedruckt vor. Der interessierte Hörer hat also Gelegenheit, sein Hörerlebnis (*Der gute Gott von Manhattan* wurde im Mai dieses Jahres gleichzeitig von München, Hamburg und Baden-Baden gesendet) lesend zu wiederholen und zu überprüfen.

Es hat gewiß seinen Grund, daß gerade Lyriker sich mit Glück im Hörspiel versucht haben, dieser ja noch verhältnismäßig unerforschten literarischen Form. In der Tat steht das echte Hörspiel - wir sprechen nicht von verfunkten Romanen oder für das Radio eingerichteten Bühnenstücken - dem Gedicht nahe. Es ist eine aus Stimmen, Worten und Klängen gefügte Partitur, die - im Idealfall - weder reale Menschen noch reale Situationen vorzutäuschen sucht. Sobald das Hörspiel das tut, gibt es zu erkennen, daß es sich selbst nicht verstanden hat. Denn wo Menschen auftreten und in konkreten Situationen agieren, wollen wir sie auch sehen. Das landläufige Hörspiel gibt damit seine Schwäche preis: es verweist auf das, was es gerade *nicht* leisten kann.

Ingeborg Bachmann arbeitet in dieser Hinsicht konsequent, sie gibt Hörtexte, akustische Kompositionen. Gegenstand ihres neuen Hörspiels ist denn auch nicht eigentlich eine "Geschichte", die dreidimensionale Menschen voraussetzt, sondern eine Frage, die sich im schwebenden Wechselspiel der Stimmen abhandeln läßt - abhandeln freilich nicht im Sinne eines trockenen Argumentierens, sondern einer poetischen Wahrheitsfindung. Die Frage lautet, ob die Liebe in ihrer äußersten, selbst- und weltvergessenen Form tatsächlich etwas Wünschenswertes sei. Gestellt wird die Ketzerfrage anläßlich einer Serie betrüblicher Anschläge auf diese Ur-Einrichtung der Menschheit. Ein Bombenleger geht durch New York, und seine Opfer sind ausschließlich Liebespaare.

Der letzte Anschlag, dessentwegen der geheimnisvolle Übel- oder Wohltäter (das eben ist die Frage!) vor Gericht steht, gelang nur zur Hälfte. Das junge Mädchen wurde von der Bombe getötet, der junge Mann kam davon. Entgegen der Berechnung des Attentäters hielt er sich nicht in dem gemeinsamen Hotelzimmer auf, sondern in einer benachbarten Bar, wo er sich bei einem doppelten Whisky für einen Augenblick vom Liebesrausch beurlaubte. Er hatte, wie es dann in der Gerichtsverhandlung heißt, das Bedürfnis verspürt, "allein zu sein, eine halbe Stunde lang ruhig zu sitzen und zu denken, wie er früher gedacht hatte, und zu reden, wie er früher geredet hatte ..." Dieser Rückfall in die Nüchternheit und Normalität rettet ihm das Leben, ja er macht ihn - der Bombenleger läßt daran keinen Zweifel - überhaupt erst des Weiterlebens würdig.

Die junge Frau dagegen läßt den Tod ins Zimmer. Ahnungsvoll und beinahe feierlich nimmt sie das mörderische Paket entgegen. Sie dankt dem Attentäter, ihr Dialog mit ihm hat den geheimen Ton der Todeszärtlichkeit. Sie ist eine Wissende, die sich willig zerreißen läßt - vom Glück und von der Bombe.

Damit ist die Ordnung in einer paradoxen Welt wiederhergestellt. Gegen die Sprengkraft des übermächtigen Gefühls setzt man die Sprengkraft des Dynamits, die rechtschaffene Gefühlsarmut aber wird belohnt. Die Liebe, so versichert uns der um den ordnungsgemäßen Weltenlauf besorgte Bombenleger, kann nicht geduldet werden, es sei denn in der gezähmten Form eines "Heilmittelunternehmens gegen die Einsamkeit, einer Kameradschaft oder wirtschaftlichen Interessengemeinschaft". Die sogenannte große Liebe aber sei das Chaos, das es zu verhüten gelte. Gefühl ist Untergang, die Liebenden stellen die Welt in Frage, sie müssen gehetzt werden: "Ich glaube, daß die Liebenden gerechterweise in die Luft fliegen und immer geflogen sind." Wobei das Wort "fliegen" einen pikanten Doppelsinn hat: fliegen durch die Kraft des erdüberwindenden Gefühls, aber auch durch die des tödlichen Sprengstoffs.

Unter solch lebensfreundlichem Aspekt - dem der lebenerhaltenden Vernichtung des Lebens - verringert sich die Distanz zwischen Richter und Angeklagtem im Laufe des Prozesses immer mehr, sie finden sich in der gemeinsamen Sache, ja scheinen schließlich zu einer Person zusammenzuwachsen. Wie in einer Art Wechselgesang nimmt einer dem andern das Wort ab. Zwar bleibt die Anklage bestehen - auch das gehört zur Ordnung - aber ein Urteil wird nicht gesprochen. Der Anspruch des Liebesattentäters, der "gute Gott von Manhattan" zu sein, wird stillschweigend bestätigt.

Das ist mit einer sonderbar verhangenen melancholischen Intelligenz gefügt, mit der gleichen Sinnfälligkeit und Suggestivität, die auch die Lyrik Ingeborg Bachmanns auszeichnen. Die Zwiegespräche der Liebenden erklingen noch einmal in eigener Zeugenschaft vor Gericht. Wir erleben das Wachsen der Leidenschaft von der spröden ersten Begegnung der Stimmen bis zu ihrer Verschlingung in höchstem Entzücken: "Und zurückbleiben wird ein Bett, an dessen einem Ende die Eisberge sich stoßen und an dessen unterem Rand jemand Feuer legt."

Wie diese Steigerung rein aus der Sprache erreicht wird, verdient Bewunderung. Der kleine "Gag", daß das Liebespaar sich auch räumlich immer mehr himmelwärts bewegt - von einem Absteigequartier zu ebener Erde bis in das 57. Stockwerk eines Luxushotels - erscheint demgegenüber unbeträchtlich. Niemals hat man den kunstwidrigen Eindruck des eingeschmuggelten Mikrofons und der bloßen Lauscherschaft. Wo immer die Situation allzu konkret zu werden droht, schießt die Autorin Stimmen dazwischen und bricht so die Realität auf: ein geschlechts- und wesenloser Chorus begleitet den Liebesflug mit einer abgeschmackten Litanei aus Schlagzeilen, Reklamesprüchen, verballhornten Sprichwörtern und Verkehrsregeln; und das koboldhafte Duo der als Handlanger und Auskundschafter im Dienst des "guten Gottes" stehenden Elementargeister tut ein übriges zur Entwirklichung des Vorgangs.

Das Ganze ist mehr als ein Hörspiel - es ist Funkdichtung und damit Dichtung überhaupt. Was vollkommen aus den Gegebenheiten eines bestimmten Instruments entwickelt ist, kann am Ende auch ohne dieses Instrument bestehen. Die herkömmlichen literarischen Formen zeigen Ermüdungserscheinungen. Seien wir also dankbar, wenn uns das Dichterische einmal auf unüblichem Wege erreicht, und sei es in Form eines gedruckten Hörspiels.
Die Zeit, 17.10.1958

Das dreißigste Jahr

Von hod

Wenn ein Sender just an dem Abend, der dem "Hörspiel der Woche" reserviert ist, eine Monologerzählung von nahezu eineinhalb Stunden Dauer ausstrahlt, muß er sich seiner Sache schon sicher sein.

Radio Bremen konnte, noch bevor "Das dreißigste Jahr" ins Land ging, mit Recht darauf hinweisen, daß die hochbegabte österreichische Autorin Ingeborg Bachmann mit dem "Guten Gott von Manhattan" und den "Zikaden" bereits beachtenswerte Beiträge zur Hörspielliteratur geleistet hat.

Ihr neues Werk, das im Herbst als Buch herauskommen soll, gehört ohne Zweifel zu den schönsten Zeugnissen epischer Literatur, die in letzter Zeit im deutschen Sprachraum entstanden sind. Es akustisch zu interpretieren, war ein nicht geringes Wagnis. Doch die Aufnahme (Radio Bremen/ Süddeutscher Rundfunk) war eine Überraschung.

Anteilnehmend, dabei stets auf eine gewisse "verfremdende" Distanz achtend, las der hervorragende Gert Westphal die facettenreiche Geschichte eines jungen Mannes, der beim Eintritt in sein dreißigstes Lebensjahr unsicher wird, "ihm ist, als stände es ihm nicht mehr zu, sich für jung auszugeben". Er fühlt sich erschöpft, einsam, betrogen, weiß nicht mehr, wohin in einer Welt der Bedingtheiten und Gemeinheiten. Er will Abstand halten von den Menschen; ruhelos und ziellos wandert er umher.

Nur mit Mühe und Not übersteht er dieses turbulente dreißigste Jahr. Der entscheidende Wendepunkt: ein Autounfall in Oberitalien. Als er im Krankenhaus das Bewußtsein wiedererlangt, ist er ein neuer Mensch.

Erstaunlich, mit welcher Einfühlungsgabe, Sensibilität und sprachlichen Kraft die Dichterin den Werdegang schildert, wie sie zwischen Vergangenheit und Zukunft, zwischen Erinnerung und Vision ihren jungen "Helden" Gestalt gewinnen

läßt. Diese Prosa ist ein feines, dichtes Gewebe aus Erfahrung und Phantasie aus Psychologie und Poesie.
Die Zeit, 26.5.1961

Das Hörspiel "Das dreißigste Jahr"
Von hmb

Ingeborg Bachmann ist keine Geschichtenerzählerin im herkömmlichen Sinne. Sie will nicht die Fabel. Sie will den Faden, der uns aus dem Labyrinth des Lebens, des Menschseins herausfinden lassen könnte. Es ist keinesfalls schwer, diesem Faden zu folgen, aber er ist so fein, ist fast unsichtbar, daß er sich nicht durch die Sprache der Information beschreiben läßt. Er bleibt immer erkennbar - doch nicht durch den Verstand, sondern durch die Intuition. Es ist ein Faden, der nicht etwa zu einem Ausgang des Irrgartens, aber zu einem Weg führt, an dessen Ende der Ausgang geahnt wird. Geahnt; nicht mehr als das.

"Das dreißigste Jahr", die Titelerzählung von Ingeborg Bachmanns erstem Prosaband (StZ v. 8. Juli 1961), vorm Mikrofon für eine möglichst große Hörerschar sprechen zu lassen, war ein Wagnis. Aber es gelang. Das Verdienst gebührt Gerhart Westphal und Oswald Döpke, der zugleich die Regie führte (Radio Bremen und Süddeutscher Rundfunk). Beide verzichteten völlig auf irgendeine individuelle Färbung des Textes, beide erreichten es, daß sie wie Medien wirkten, durch die Ingeborg Bachmanns fiktive Gestalt sprach. Allen Respekt vor dieser Leistung!

"Das dreißigste Jahr" ist ein essayartiges Selbstgespräch eines Mannes, der diesen Zeitpunkt als Abschnitt seines Lebens, als Stufe zu neuen Erkenntnissen begreift und aus der Summe seiner Vergangenheit Einsichten gewinnt, die ihm vielleicht den Weg in die Zukunft erleichtern könnten, und der aus seinen Erfahrungen vor allem das eine gelernt hat: Wieder und wieder muß der Versuch gewagt werden, daß endlich nicht mehr gelten soll, was ihn die Umwelt angehalten hat zu denken und was ihm die Umwelt erlaubt hat zu leben; daß er sich endlich frei machen sollte von den gemieteten Ansichten und gepachteten Bildern unserer Welt; endlich sein "Ich" überwinden sollte, das kein Ich ist, sondern ein Bündel aus Reflexen und einem gut erzogenen Willen - ein vermeintliches Ich, das sich vom Abfall aus Geschichte, Abfällen aus Trieb und Instinkt ernährt.

Ein Stück Prosa, das hohe Ansprüche an die Sprecher stellt. Daß sie diesen Ansprüchen gewachsen waren, schon das allein zeichnet sie aus.
Stuttgarter Zeitung, 5./6.1.1962

Eine belanglose Love-Story

Von Thomas Thieringer

Das Hörspiel "Der gute Gott von Manhattan" wurde 1958 mit dem Preis der Kriegsblinden ausgezeichnet. In der Begründung der Jury hieß es: "Mit dem Versuch, die Problematik und Dialektik der Liebe in der Großstadtwelt unserer Gegenwart zu erfassen, ist hier ein unverwechselbares Liebesgedicht gelungen, entgegen den aus Film und Illustrierten gewohnten Klischees." Die mehrfach ausgezeichnete Ingeborg Bachmann, als Lyrikerin geschätzt und mit dem Roman "Malina" im letzten Jahr populär geworden, rollt in diesem Hörspiel, mit einer Gerichtsverhandlung als Rahmenbericht, eine zum Scheitern verurteilte Liebesgeschichte auf. Jennifer und Jan treffen sich in New York, schließen sich mit ihrer Liebe in einem Hotelzimmer ein, vergessen die Welt um sie herum und gehen zugrunde. Eine moderne Paraphrase auf die "Romeo-und-Julia"-Tragödien; der Versuch, eine absolute Liebe als eine gefährliche, ungewöhnliche Begebenheit, als Exzeß zweier Seelen und Körper darzustellen; Liebe als Bedrohung von Ordnung und Konvention.

Doch Jennifer und Jan haben sich als Fluchtmöglichkeit aus ihrer ausweglosen Liebe spielerisch ein Wahnbild zurechtgelegt, die Eichhörnchen. Diese Tiere sind zugleich die Boten der Macht, des "guten Gottes von Manhattan", der ihre Liebe zerstören will und muß, damit Konventionen und Ordnungen nicht zerfallen, notfalls mit der Gewalt von Bomben.

Das Hörspiel "Der gute Gott von Manhattan", über das die Kritiker nach der Ursendung urteilten, daß es zwar mit Erfolg neue Wege dichterischer Aussage zu beschreiten versuche, daß es der Bachmann aber nicht gelinge, die Absolutheit ihrer Liebenden glaubhaft zu gestalten, habe sich bisher allen szenischen Bearbeitungen entzogen, heißt es im Pressetext des ZDF. "Klaus Kirschner, der Regisseur dieses Fernsehfilms, wagte den Versuch, dieses poetische Meisterwerk in eine filmische Sprache umzuformen, mit der die Intensität seelischer Strömungen spürbar und sichtbar werden kann." Doch das einzige, was Kirschner, der schon Luvik Askenazys Hörspiel "Bisquit" verfilmte, bescheinigt werden kann, ist, daß dieser Versuch gescheitert ist. Als Bearbeiter beschränkte er sich darauf, den Text Ingeborg Bachmanns rigoros zu kürzen. Das mag beim Wechsel des Mediums, von der Sprache zum Bild, unumgänglich sein. Schlimmer ist, daß er keine entsprechende filmische Sprache entwickelte. Mag es noch reizvoll sein, den guten Gott in der Gestalt eines kleinen Mädchens verkörpert zu sehen (Nina Palmers), aus Kindermund die poetischen, rechtenden Sätze der Bachmann zu vernehmen, so ist es schlechterdings unmöglich, die Eichhörnchen wie eine anonyme Ordnungspolizei ins Bild zu setzen. Bei Kirschner rennen diese Tiere aufgescheucht durch Hotelflure, über Grabsteine, ohne daß klar wird, welche Rolle sie in diesem kleinen Fernsehspiel zu übernehmen hätten.

Zum anderen vermag es auch Kirschner nicht, die Liebe zwischen Jennifer und Jan sinnlich spürbar zu machen. So wie er Verena Buss - von auffallender, sicher wohl berechnet eingesetzter Ähnlichkeit mit Ingeborg Bachmann - und den als Törless bekannt gewordenen Mathieu Carriere als Jennifer und Jan ins Bild setzt, stirbt dieses Paar nicht an seiner absoluten, ausschließlichen Liebe, sondern an Langeweile. Die beiden reden von Liebe und ihrer Bedrohung und sind dabei schön anzuschauen, mehr nicht. Da Kirschner offensichtlich nicht den Mut hatte, diese Liebesbeziehung ins Bild zu setzen, da er den Ort der Handlung von Manhattan in ein "Niemandsland" (München) verlegte, der unbarmherzige Rhythmus einer Großstadt nicht spürbar wurde, bleibt unverständlich, welche Bedrohung von diesen beiden jungen Menschen ausgehen soll.

Dieser "gute Gott von Manhattan" ist eine belanglose Love-Story, kunstgewerblich ins Bild gesetzt. Unerfindlich, weshalb man beim ZDF der Ansicht ist, dieses Fernsehspiel wäre für Jugendliche nicht geeignet. Vielleicht deshalb, weil man sich dadurch eine höhere Zuschauerzahl erhofft?
Frankfurter Rundschau, 12.5.1972

Die Verklärung der Ingeborg Bachmann

Von Marcel Reich-Ranicki

Erst kam die Nachricht von ihrem schrecklichen und mysteriösen Unfall, dann allerlei Gerüchte, die nie widerlegt wurden, dann die Meldung von ihrem Tod: Ingeborg Bachmann, eine der bedeutendsten Dichterinnen nach 1945, war in Rom im Alter von siebenundvierzig Jahren gestorben. Wir, denen die deutsche Literatur der Gegenwart nicht gleichgültig ist, waren damals, im Oktober 1973, erschüttert.

Nun offerierte man uns (übrigens erst im Spätprogramm, gegen 22 Uhr 30) ein vom Österreichischen Rundfunk und dem Zweiten Deutschen Fernsehen hergestelltes Ingeborg-Bachmann-Porträt. Das war, zugegeben, eine heikle und schwierige Aufgabe. Doch was wir zu sehen bekamen, überstieg alle Befürchtungen.

Als Titel hatte man einen übrigens recht banalen Satz aus einer Rede Ingeborg Bachmanns gewählt: "Die Wahrheit ist dem Menschen zumutbar." Es stellte sich aber heraus, daß nach Ansicht derer, die diesen Film gemacht haben (Buch und Regie: Gerda Heller), die Wahrheit über Ingeborg Bachmann den Zeitgenossen nicht zumutbar ist. Ihr Bild wurde konsequent stilisiert, verherrlicht und verklärt, man zeigte die Poetin im Licht einer Aureole. Und Aureolen sind bekanntlich sehr schlechte Beleuchtungskörper: Sie tragen weit mehr zur Verdunklung als zur Erhellung bei.

Natürlich wurde eine Anzahl ihrer Gedichte und Prosastücke geboten, meist von ihr selber gelesen. Nur hatte man nicht diejenigen Texte ausgewählt, die ihr Werk am deutlichsten charakterisieren, sondern offensichtlich die, die sich am leichtesten illustrieren lassen. Während man also Lyrik und Prosa von Ingeborg Bachmann hörte, mußte man Aufnahmen aus Rom und Venedig sehen - Kirchen und Brücken, Kanäle und Paläste, Kaffeehäuser und Läden. Zu einem späten und eher peripheren Gedicht wurde eine große, moderne Brücke von allen Seiten und von oben und unten fotografiert. Den lyrischen Monolog "Undine geht" bebilderte man sinnigerweise mit Aufnahmen eines malerischen Sees, der vom Kameramann wahrscheinlich für besonders romantisch gehalten wurde.

Was soll das alles? Jedenfalls wird auf diese Weise dem Publikum der Zugang zu der Dichtung Ingeborg Bachmanns eher erschwert als erleichtert: Diese Bilder lenkten von den Texten nur ab, statt sie verständlicher zu machen.

Aus Ingeborg Bachmanns einst erfolgreichem Hörspiel "Der gute Gott von Manhattan" ließ man von zwei Schauspielern einige Passagen vorlesen, ohne auch nur mit einem einzigen Wort über Inhalt und Eigenart dieser gar nicht einfachen Rundfunk-Dichtung zu informieren.

Zwischendurch gab es einige Äußerungen über Ingeborg Bachmann und ihr Werk - und wieder machte das Fernsehen den schon traditionellen Fehler: Innerhalb eines Films, der alles in allem fünfundvierzig Minuten dauerte, wollte man fünf Prominente zu Worte kommen lassen und hatte natürlich für keinen genug Zeit.

Karl Krolow versuchte, in drei, vier Sätzen die Dichtung der Bachmann zu charakterisieren, und bewies lediglich, daß dies unmöglich ist. Uwe Johnson widersetzte sich den Legenden von der "schüchternen" und der "entrückten" Ingeborg Bachmann. Er meinte es sehr gut. Nur befürchte ich, daß er damit zu einer neuen Legende beigetragen hat, nämlich der von der umsichtigen und angeblich lebenstüchtigen Ingeborg Bachmann. Siegfried Unseld rühmte den peinlichen und gänzlich mißratenen Roman "Malina". Hans Werner Henze sprach vom Verhältnis Ingeborg Bachmanns zur Musik. Hans Mayer konnte immerhin andeuten, daß er Interessantes und Aufschlußreiches zum Fall Bachmann zu sagen hat. Doch auch ihn ließ man nicht ausreden.

An welche Traditionen knüpfte eigentlich die Lyrik der Ingeborg Bachmann an? Welche Rolle spielte sie in der Geschichte der deutschen Literatur nach 1945? Warum konnte das Hörspiel "Der gute Gott von Manhattan" Ende der fünfziger Jahre sehr stark wirken, und warum ist es heute vollkommen verblaßt und streckenweise schon unerträglich? Wie ist es zu erklären, daß Ingeborg Bachmann von 1961 bis 1971 beharrlich geschwiegen hat? Alle diese Fragen blieben unbeantwortet.

Mit keinem Wort wollte man andeuten, daß die Lyrik der Ingeborg Bachmann nicht ganz frei von Innerlichkeit und Sentimentalität ist, was den Erfolg dieser Verse eher gesteigert als beeinträchtigt hat. Verheimlicht wurde, daß die beiden Prosabücher, die Ingeborg Bachmann nach zehnjährigem Schweigen publiziert hatte - der dunkle und wirre Roman "Malina" (1971) und der mondäne und aparte Erzählungsband "Simultan" (1972) -, Bücher des Zusammenbruchs und der Kapitulation waren. Sie zeugten vom Abstieg und Verfall einer großen Lyrikerin.

Wieder einmal muß mit allem Nachdruck gesagt werden: Man ehrt nicht Dichter, indem man sie besingt und beweihräuchert, sondern indem man sie ernst nimmt, also ihr Werk kritisch prüft. Was man hier zu sehen bekam, gehört eher in den Bereich der Hagiographie. Wann wird man endlich begreifen, daß die Produktion von Aureolen zur Kompetenz der Geistlichen gehört und daß die Literaturbetrachtung eines ganz anderen Lichts bedarf?

Wie auch immer: Man halte sich an Ingeborg Bachmanns Gedichte. Es sind darunter herrliche Verse.
Frankfurter Allgemeine Zeitung, 28.9.1974

Träume kosten Zeit

Von Thomas Zenke

Ein Hörspiel aus dem Nachlaß der vor zwei Jahren in Rom gestorbenen Ingeborg Bachmann - das ist wohl nicht nur für die Freunde des Hörspiels ein Ereignis. Das Manuskript von "Ein Geschäft mit Träumen" gibt Rätsel auf. Wahrscheinlich Anfang der fünfziger Jahre geschrieben, demnach vor "Zikaden" und dem "Guten Gott von Manhatten", ist das Hörspiel jedoch in keinem Register, in keiner Bibliographie aufgeführt. Und aller Wahrscheinlichkeit nach wurde es in der österreichischen Sendergruppe Rot-Weiß-Rot in den fünfziger Jahren produziert und gesendet; aber es gibt weder eine Produktionsunterlage noch eine Bandaufzeichnung. Gründe genug, ein wenig - wie Jürgen Becker in seiner Einführung - an der Bachmann-Legende zu weben: " ... wer von den Kollegen Ingeborg Bachmann kannte, kannte auch das Geheimnishafte, mit dem ihre Arbeit stets umgeben war."
Drei Traum-Sequenzen, die Kernstücke des Spiels, werden umrahmt von einem alltäglichen Wirklichkeitsausschnitt. Die Rahmenhandlung führt uns in ein Büro, in dem der kleine Angestellte Laurenz arbeitet. Er ist unauffällig und kontaktarm, ist immer da, immer pünktlich und beflissen. Ohne sich seiner Abhängigkeit und seiner fortwährenden Anpassung so recht bewußt zu sein, lebt er sein dumpfes, beschädigtes Leben. Und doch ist eine Sehnsucht in ihm, einmal die diktatorische Zeit aufheben zu können. Er gerät an einen Verkäufer von Träumen und wird in eine irreale Welt hineingezogen, die ihm das ermöglicht, was ihm die Realität versagt.
Noch einmal erleidet er seine Entfremdung und das drohende Über-Ich des Chefs in einem Angsttraum. Dann jedoch träumt er sich an die Spitze eines allgewaltigen Unternehmens und rächt sich an seinen Unterdrückern, indem er die Erde mit Krieg überzieht. Und in einer weiteren Steigerung erfüllt er sich jene absolute Liebe zu Anna, deren Zuneigung er ersehnte. Aber die drei Träume kosten Zeit. Laurenz kommt zum ersten Mal zu spät ins Büro. Er, der nicht in der Lage ist, seine Situation zu verändern, muß am Ende der Wirklichkeit seinen Tribut entrichten.
Der Text hat zweifellos Mängel. Die Darstellung der Bürowelt ist voller Klischees, viel zu lang und spannungsarm. Und wäre nicht der sehr nuancenreich sprechende Ernst Jacobi, dann hätte der Laurenz kaum Zwischentöne, kaum Reliefs und würde uns gleichgültig lassen. Die genaue Beobachtung eines Wirklichkeitszusammenhangs war allerdings nie die Stärke der Bachmann. Jedoch auch ihr vornehmlich lyrisches Talent bleibt in diesem Hörspiel eher verdeckt. Gewiß, es gibt Passagen, in denen fast unmerklich Banales in etwas Geheimnisvolles verwandelt wird, ohne daß eine aufdringliche Symbolik gleiche Tiefe vorgaukelt.

Und es gibt wunderbar gleitende Übergänge, die die Welt des Traums allmählich vorbereiten. Aber vor allem kann die Bachmann nicht ihre Sentimentalität disziplinieren. Die irrealen Liebesszenen wirken überzuckert. Und die reine Ausschließlichkeit der selbstvergessenen Liebenden ist nicht mehr als eine leere Geste. Ausgerechnet bei dem Gesang der Sirenen hat der Regisseur Heinz von Cramer dem Text mißtraut. Er bringt dieses Gedicht in bestem Hollywood-Kitsch. Dabei hat er sonst ein sehr feines Gespür für die musikalischen Übergänge. Wie er die künstlich zerdehnte "Pavane" von Fauré, die Erkennungsmusik der Traumwelt, leitmotivisch verwendet, zeigt, daß er sich in die innere Melodie dieses Hörspiels sehr genau eingefühlt hat. Auch wenn manches überinszeniert ist, weil zu viele akustische Möglichkeiten heutiger Hörspielpraxis genutzt werden, ist dennoch eine Produktion entstanden, deren nachhaltiger Wirkung der Hörer sich nicht wird entziehen können.
Frankfurter Allgemeine Zeitung, 20.12.1975

Träume aus dem Nachlaß

Von Ursula Bunte

"Du mußt unbedingt einmal aufräumen bei dir, in diesen ganzen staubigen verbleichten Blättern und Papierfetzen, darin wird sich eines Tages kein Mensch auskennen." Diese Sätze sind in Ingeborg Bachmanns zwei Jahre vor ihrem Tod veröffentlichten Roman "Malina" zu lesen. Als die Lyrikerin 1973 in Rom an den Folgen eines Brandunfalls starb, begann in der Tat die Suche in ihren Papieren, eine Gesamtausgabe wird zur Zeit vorbereitet. Vor etwa einem Jahr fand sich überraschend ein in keinem Register verzeichnetes frühes Hörspiel, das vor kurzem im Deutschlandfunk erstmalig gesendet wurde. Ungewiß ist, wann genau es Anfang der fünfziger Jahre geschrieben wurde und ob es vielleicht im Österreichischen Rundfunk in jener Zeit schon einmal zu hören war.

"Ein Geschäft mit Träumen" heißt die Szenenfolge, Heinz von Cramer hat sie mit so hervorragenden Sprechern wie Ernst Jacobi, Gertrud Kückelmann und Wolfgang Kieling produziert. In dem frühen Text ist die Motivwelt der Ingeborg Bachmann bereits komplett versammelt. Der Widerspruch zwischen der Alltagswirklichkeit und den Träumen, das Motiv der Zeit, die auch im Traum stets nur die gestundete Zeit ist.

Der kleine Angestellte Laurenz, der im Büro immer der Überpünktliche und Übereifrige ist und auch am Feierabend eher spärlich lebt, gerät in einen Laden, der mit Träumen handelt. Da läßt sich einiges nachholen, aber auch für die Träume muß bezahlt werden. Die Preise gehen von einem Monat an aufwärts. "Träume werden mit Zeit bezahlt", erläutert der Händler, "wir haben einen Traum, für den muß man mit seinem Leben bezahlen". Nachdem Laurenz den Erwerb eines Angsttraums abgelehnt hat, träumt er sich als den großen Direktor und schließlich ("kann ich Ihnen den nächsten Traum zeigen?") als großen Lie-

benden. Anna, die ständig kichernde Büroangestellte, ist im Traum selbstvergessen zur großen Vereinigung auf dem Meeresboden bereit. Erfüllung für den um sein Leben betrogenen Angestellten im Unterwasserbereich des Unbewußten, im Traum. Die überdeutliche Symbolik kippt gelegentlich um ins Süßliche und Sentimentale, zumal sich die moderne Inszenierung dieser Sentenzen besonders liebevoll angenommen hat. In Traumszenen brilliert das technische Medium Funk, dem die theatralische Darstellung versagt ist. Der Text wird in diesem Jahr nachzulesen sein in der literarischen Zeitschrift "Akzente". Wahrscheinlich wird er wie auch die Gesamtausgabe bestätigen, daß im Nachlaß von Ingeborg Bachmann keine sensationellen Funde zu machen sind. Zum Schluß des "Malina" heißt es "Testamente, Friedhöfe, letzte Verfügungen haben mir in jedem Fall, seit jeher, das größte Grausen eingejagt, es bedarf wohl keiner Testamente".
Trierischer Volksfreund, 7.1.1976

Hoffnung auf Freiheit

Von Klaus Wienert

Systematische Nachwuchspflege betreibt der Südwestfunk in seinem Dritten Programm, in dem junge Regisseure und Autoren in der Reihe "Wir stellen vor" die Möglichkeit erhalten, unter professionellen Bedingungen (wenn auch mit relativ bescheidenem Etat) ihr Erstlingswerk abzuliefern. Die gelungensten Arbeiten dieser Fernsehspiel-Werkstatt werden in diesem Jahr auch im ARD-Programm ausgestrahlt - zum Auftakt die Ingeborg-Bachmann-Verfilmung "Drei Wege zum See" von Michael Haneke.

Der 35jährige Österreicher, einst Dramaturg bei Dieter Waldmann im SWF und inzwischen ein vielbeschäftigter Theaterregisseur (unter anderem in Baden-Baden, München, Darmstadt und Düsseldorf, wo er zuletzt "Maria Magdalene" von Hebbel inszenierte), ist dem Fernsehpublikum allerdings kein Unbekannter mehr: bei der ARD lief bereits seine Saunders-Adaption "After Liverpool - und was kommt danach?", und das ZDF zeigte sein zeitkritisches Fernsehspiel "Sperrmüll".

Die Erzählung "Drei Wege zum See", die dem 1972 erschienenen Band "Simultan" entnommen wurde, reflektiert wie viele Werke der Klagenfurter Autorin (die am 29. Juni 51 Jahre alt geworden wäre) eine existentielle Konfliktsituation, in der die Protagonistin trotz einer resignativen Grundhaltung wegen der erstarrten, rationalisierten Gesellschaft nicht die Hoffnung auf die Freiheit eines Neubeginns aufgeben will. Im Mittelpunkt der Erzählung (die Michael Haneke zufolge autobiographische Züge trägt), steht eine international renommierte High-Society-Fotografin, die den hektischen Aktivitäten und der zermürbenden Motorik ihres Berufs durch einen Besuch in der Heimat zu entfliehen sucht. Doch der Aufenthalt bei ihrem Vater in Klagenfurt bringt nicht die erhoffte Befreiung, sondern endet in einer Sackgasse - symbolisch verdeutlicht durch den Versuch, die altvertrauten Wege zum Wörthersee zu finden, die indes längst von der Zivilisation eliminiert wurden. Zurück in Paris, beschließt sie, nach der Trennung von ihrem Lebensgefährten, als Vertretung für einen erkrankten Kollegen nach Vietnam zu gehen.

Die Darsteller in Michael Hanekes ausschließlich an Originalschauplätzen in Klagenfurt, Wien, Paris und London realisierter Verfilmung sind unter anderem Guido Wieland, Walter Schmidinger, Bernhard Wicki, Yves Beneyton, Udo Vioff und in der Rolle der Fotografin die aus dem Theater in der Josefstadt bekannte Schauspielerin Ursula Schult.
Der Tagesspiegel, 5.6.1977

Geträumte Worte

Von Irmgard Bernrieder

Der "Schichtwechsel", das Leben, in dem "nicht mehr gilt - Mann und Frau" findet nur in den Wachträumen Charlottes statt. Charlotte ist die Partnerin Maras in der von Holk Freytag für die Bühne bearbeiteten Erzählung "Ein Schritt nach Gomorrha" von Ingeborg Bachmann. Theater-Premiere hatte diese vom Regisseur selbst als "Diskurs für zwei Frauen" bezeichnete Erzählung aus dem Jahre 1966 jetzt im Studio des Schloßtheaters Moers. Freytags erster Versuch in diesem winzigen, ungemütlichen Bühnenraum seit vier Jahren, und ein - wieder einmal - gewagter Versuch dazu. Denn in unverminderter Dichte widersetzt sich die Vorlage der Dramatisierung.

Eike Gercken als Mara und Beate Bauer als Charlotte hatten es schwer, jenes atemberaubende Wechselspiel von innerem Monolog und Dialog wiederzugeben, die Phantasie-Welt grandios leuchtender Wortbilder, diese verletzliche Sensibilität Bachmannscher Beobachtung in den Bühnenrahmen der spärlichen Handlung umzusetzen.

Die Geschichte also, die sich weitgehend im Kopf der erfolgreichen Pianistin Charlotte abspielt, sollte im Spiel von Aktion und Reaktion mit dem Eindringling Mara aus diesen Innenräumen herausgeholt werden. Weil aber die erzählerisch ausgebreitete, atmosphärisch schillernde Vielfalt auf der Bühne ohne vermittelnde Handlung erlischt, waren die Requisiten um so beredter: Symbole diktierten aufdringlich die Interpretation des Regisseurs. Im Bühnenbild von Jörg Dominik wimmelte es von Hinweisen darauf, daß da Anfang und Ende ineinanderfielen. Vom Blick auf die Guckkastenbühne durch eine zerschlagene Fensterscheibe über halb getünchte Tapetenwände, helle Stellen, wo einmal Bilder hingen, ein vermummtes Klavier, geht es bis hin zu Kieshaufen mit Lilienvasen wie ein Grab.

Charlotte, die Gastgeberin einer Party, begrüßt die Zuschauer und verabschiedet ihre Gäste. In schwarzem Abendkleid, Hochfrisur, großer Brille und grellrotem Mund ist sie ganz die überlegene, distanzierte Erfolgsfrau. Ihr stellt sich Mara entgegen, ein klebriger, bunter Paradiesvogel in Kindchenkleid und Ballettschuhen, mit wirren Locken und viel Gefühl. Sie will bei Charlotte bleiben, will von ihr geliebt werden und stürzt die bereits liierte Dame von Welt in Konflikte.

Abscheu und Widerwillen gegen die Störenfriedin werden abgelöst von aufkommendem Interesse und Nachdenken über ihr bewußtloses Leben, das nichts mit ihr zu tun hatte. Die Hinwendung zur anderen Frau gipfelt jedoch darin, daß sie diese vereinnahmt, sich zum Opfer macht, wie sie selbst bislang Opfer war.

Die gewählte Künstlichkeit dieser Inszenierung erzählt offensichtlich nicht nur die literarische Vorlage "gegen den Strich", sie reibt sich auch unweigerlich an der umgebenden Wirklichkeit, die da als Amselflöten und Motorgeräusch von draußen in den Theaterraum hereindringt. Zudem mangelt es Beate Bauer zur - zugegeben schweren - Darstellung dreier Erzähllebenen an differenzierten schauspielerischen Mitteln. Eike Gercken bewältigt ihre ungleich leichtere Aufgabe; sie hat jene Ausstrahlung, die bei Beate Bauer im Bemühen, zu vielen Aufgaben gerecht zu werden, auf der Strecke bleibt.

Eine bemühte Inszenierung ist dies, eine außergewöhnlich schwierige Aufgabe auch, die Holk Freytag sich und den beiden jungen Schauspielerinnen da gestellt hat. Der Applaus honorierte eher letzteres.
Rheinische Post, 11.4.1980

Charlotte auf dem Weg nach Gomorrha
Von Werner Schulze-Reimpell

Wenn die Zuschauer Einlaß erhalten, steht die Darstellerin der Charlotte am Eingang und sagt jedem irritierenderweise "Auf Wiedersehen". Denn das Stück beginnt mit dem Ende einer Party. Alle Gäste sind gegangen bis auf das Mädchen Mara, das offenbar mit Charlotte, der Gastgeberin, reden möchte.

Diese findet nicht die richtige Floskel, um sie höflich hinauszukomplimentieren. "Nur diesen einen höflichen, passenden Satz muß ich finden", heißt es in Ingeborg Bachmanns Erzählung "Ein Schritt nach Gomorrha", "sie damit zum Gehen bringen. Sie muß gehen. Warum geht sie nicht? Ich bin todmüde. Warum gehen Gäste nie? Warum bloß ist sie nicht mit den anderen gegangen? Aber der Augenblick war vertan, sie war zu lange schweigend dagestanden."

Diese Sätze beschreiben die Ausgangssituation in der Erzählung, die 1961 in dem Band "Das dreißigste Jahr" erschien. Im Schloßtheater Moers wurde diese Geschichte jetzt auf die Bühne gebracht. Doch der Transport ist dem sehr sensiblen Text nicht gut bekommen.

Denn die Erzählung schildert ebenso behutsam wie minutiös einen Bewußtseinsprozeß. Die Begegnung mit Mara in dieser Nacht ist möglicherweise ganz ohne Bedeutung und vielleicht folgenlos für Mara, aber sie wird für Charlotte zum Katalysator. Erstmals beginnt sie, sich selbst zu erfahren, nicht nur als Frau, sondern als Mensch. Sie begreift plötzlich, daß Männer und Frauen aus den vorgeprägten Rollen herausspringen, die gewohnten Grenzen überschreiten müssen, um endlich sie selbst zu sein und in eine neue Partnerschaft der Zukunft zu finden.

Man würde den Text zu billig etikettieren, wollte man ihn unter Emanzipationsliteratur oder gar "Women's Lib" abheften. Die Aufführung freilich schielt ein wenig nach diesen Begriffen, aber die Bühne verlangt nun einmal Eindeutiges. Da gewinnt jeder ausgesprochene Satz eine andere Wirklichkeit als ein nur gedachter.

Und zumal hier, wo fast alles nur stummer Dialog mit sich selbst, seelische Schwingung, fragende Empfindung ist, keine Auseinandersetzung stattfindet, nicht einmal mit einem abwesenden Partner.

Nun hat Deutschlands kleinstes Stadttheater in Moers ja gerade mit Abgelegenem und Ungewöhnlichem auf sich aufmerksam gemacht und überregionales Renommee gewinnen können, so daß es dieses Mal sogar zum Berliner Theatertreffen eingeladen wurde. Und weit über provinzielle Bemühungen weist auch hier wieder das Bühnenbild von Jörg Domenik hinaus, das für die inneren Vorgänge in den Personen kühne Bildmetaphern erfindet.

Gescheitert ist diese Uraufführung jedoch hauptsächlich an der gänzlichen Unzulänglichkeit der Hauptdarstellerin, die sich niemals dem Text und schon gar nicht der Situation wirklich stellt. Sie wirkt eher verklemmt und wie eine Dozentin, die etwas referiert, aber nicht bereit oder in der Lage ist, sich psychisch zu exhibitionieren, um einen existentiellen Grenzbereich erfahrbar zu machen. Zutreffender gespielt war da schon die Mara von Eike Gercken. Doch auch manch schöner Regieeinfall des Bearbeiters und Hausherrn Holk Freytag half am Ende nichts.

Kölner-Stadt-Anzeiger, 12./13.4.1980

Tageslicht statt Aureolen

Von Marcel Reich-Ranicki

Nicht gut ist es um die Filme bestellt, die das Fernsehen dem Leben und Werk bedeutender deutscher Dichter widmet. Die sie herstellen - es sind vernünftige und tüchtige Leute, meist verstehen sie viel von der Sache, und sie scheuen auch keine Mühe. Dennoch ist das Ergebnis in der Regel wenn nicht langweilig, so jedenfalls enttäuschend.

Man verdankt einem solchen Film eine Fülle von Informationen, man hat allerlei gescheite Äußerungen gehört und auch aufschlußreiche Bilder gesehen. Aber hinterher ist man in einer sonderbaren Stimmung, gemischt aus Melancholie und Resignation. Warum? Vielleicht deshalb, weil diese bemühten Porträts zwar viel vermitteln, doch uns gerade das verweigern, worauf es ankommt: Es gelingt ihnen nicht, die Besonderheit eines Dichters und die Eigenart seiner Dichtung spürbar und bewußt zu machen.

Natürlich hat das verschiedene Gründe, die sich nur von Fall zu Fall untersuchen lassen. Immerhin fällt ein gemeinsames Kennzeichen auf, das manches erklären kann: Es ist das erstaunlich unkritische, das oft fast weihevolle Verhältnis zum Gegenstand der Betrachtung.

Werden denn diese Poeten von unserem Fernsehen immer nur gerühmt, besungen oder gar beweihräuchert? Nein, gewiß nicht. Doch hält man es offenbar für angebracht, ihre Schwächen und Makel auszusparen, das Dunkle und Fragwürdige zu verschweigen, das Abgründige und auch Anstößige zu verheimlichen. Ihre Biographien werden stilisiert, ihre Porträts retuschiert. Die Standbilder, ängstlich auf Hochglanz poliert, lassen dann alle kalt.

Dichter mögen Sorgenkinder des Lebens sein, aber seine braven Musterschüler sind sie nicht. Es sind irrende und fehlende Individuen, oft egozentrisch und egoistisch bis zum Exzeß, rücksichtslos und monoman bis zur Grausamkeit. Nicht besser, edler oder klüger als andere Menschen sind sie, nur verfügen sie über eine Reizbarkeit, die Fluch und Gnade zugleich ist: Denn beides rührt aus ihr her - ihre Schmerzen und ihre Ausdrucksfähigkeit, ihre Leiden und ihre Poesie. Man mache sich nichts vor: Ein glücklicher Dichter - das ist ein Widerspruch in sich selbst.

Wer die bisweilen bittere Wahrheit über diese begnadeten und geschlagenen, diese schillernden und dubiosen Wesen, "die was nicht deutbar dennoch deuten" und "was nie geschrieben wurde, lesen" - so heißt es bei Hofmannsthal -, dem Publikum vorenthält, der dient weder ihm noch der Literatur. Höchste Zeit ist es, die traditionellen Aureolen der für den Glauben zuständigen Fakultät zu überlassen.

Wir brauchen nicht Andacht, sondern Einsicht, nicht Verklärung, sondern Erhellung. Um es überspitzt zu sagen: nur wer auch die Schwäche eines Dichters zeigt, kann von seiner Kraft überzeugen, nur wer sein Elend bewußt macht, kann zugleich seine Größe ahnen lassen.

Auch die Wahrheit über die 1973 unter mysteriösen und nie ganz aufgeklärten Umständen gestorbene Dichterin Ingeborg Bachmann sollte nicht verborgen bleiben: Sie ist den Zeitgenossen und Nachgeborenen zumutbar. Dies war offensichtlich der Ausgangspunkt für einen Film, der, von den üblichen Fernseh-Porträts weit abweichend, ein außergewöhnliches, ein einzigartiges Dokument darstellt. Und es ist höchst bemerkenswert, daß wir diesen Film eben nicht einem Profi des Fernsehens verdanken, sondern einem Mann der Literatur: Peter Hamm.

Sie war 27 Jahre alt, als 1953 ihr erster Gedichtband ("Die gestundete Zeit") erschien. Als wenig später, 1956, ihr zweiter und letzter Gedichtband ("Anrufung des Großen Bären") folgte, da wurde sie schon als eine Art Klassikerin der neuen deutschen Lyrik gefeiert: Eine ganze Generation erkannte sich in ihren Versen wieder, die unterschiedlichsten Kritiker vermochte sie in der Begeisterung für ihr so gar nicht umfangreiches Werk zu vereinen. War Ingeborg Bachmann diesem frühen und raschen Ruhm gewachsen?

Sicher ist jedenfalls, daß sie sehr bald Schutz suchte in der Verstellung. Ähnlich wie viele Dichter vor ihr, wie Rilke etwa oder Else Lasker-Schüler, hat auch sie immer wieder versucht, ihr Leben möglichst konsequent zu stilisieren und bisweilen auch zu romantisieren. Schon in den sechziger Jahren gab es einen Ingeborg-Bachmann-Mythos, dem sich nicht einmal ihre hartgesottenen Freunde von der "Gruppe 47" ganz entziehen konnten.

Auch Peter Hamm stand dereinst im Banne dieser Poetin, die Pathos durch Understatement zu relativieren und sanfte Innerlichkeit mit intellektueller Skepsis zu verbinden wußte. Aber sein Film trägt nicht zur Verklärung, sondern - und das kann man ihm nicht hoch genug anrechnen - zur Entmythologisierung Ingeborg Bachmanns bei. Denn er wußte wohl: Gegen sentimentale Erinnerungen und weihevolle Betrachtungen hilft nur die bare Sachlichkeit. Wo das klare und nüchterne Tageslicht herrscht, verschwinden die Aureolen von selbst.

So machte sich Hamm auf den Weg, die einzelnen Stationen des unruhigen Lebens der Ingeborg Bachmann geduldig und neugierig zu erkunden - von Klagenfurt über Wien, München und Berlin, New York und Zürich bis nach Rom. Er versuchte, sich selber vor allem als Repräsentanten seiner Generation begreifend, seinen Enthusiasmus für diese Poesie und ihre Autorin zu erklären.

Er befragte die Menschen, die in ihrem Leben, aus welchen Gründen auch immer, eine Rolle gespielt haben. Sie hatte eine merkwürdig hartnäckige Vorliebe für die Prominenz, sie faszinierte, so will es scheinen, jeden Intellektuellen, den sie faszinieren wollte. Max Frisch, Henry Kissinger und Hans Werner Henze, Martin Walser und Uwe Johnson - sie alle sprachen jetzt über sie, der sie jahrelang auf diese oder jene Weise verbunden waren, mit wohltuender Präzision und Klarheit.

Es berichteten auch wenigstens einige, die ihre berufliche Karriere begleitet haben: Hans Weigel, der zu ihren Entdeckern gehörte, Walter Höllerer, der sie früh förderte, Reinhard Baumgart, der ihre Bücher als Verlagslektor betreute. Hamm war klug genug, überdies einige Menschen zu Worte kommen zu lassen, die zwar der Öffentlichkeit unbekannt sind, doch als Zeugen Wichtiges mitzuteilen hatten - von einer Klagenfurter Schulfreundin Ingeborg Bachmanns bis zu jenem italienischen Arzt, der sie in ihren letzten Tagen behandelte.

Keine einzige dieser Äußerungen war überflüssig, jede erwies sich als ein notwendiger Beitrag zu einem schließlich verblüffend anschaulichen Porträt. Sie war eine überaus labile und neurotische, gegen Ende ihres Lebens gewiß psychisch kranke, in hohem Maße von Drogen abhängige Frau. In ihrem späten, übrigens schwachen und wirren Roman "Malina" (1971) meint die Ich-Erzählerin, sie sei "unfähig, einen vernünftigen Gebrauch von der Welt zu machen". Darf man dies auf Ingeborg Bachmann beziehen, darf man also sagen, daß jemand, der herrliche Gedichte geschrieben hat, keinen "vernünftigen Gebrauch" vom Leben machte?

Jedenfalls ist ihre Verszeile "Der ich unter Menschen nicht leben kann", die diesem Film als Titel dient, sehr wohl ein Selbstbekenntnis. Auf die Hilfe, die Herzlichkeit der Freunde angewiesen, war sie doch zum Zusammenleben mit anderen Menschen kaum imstande. Das zeigte am deutlichsten der so aufrichtige wie taktvolle, ergreifend aufschlußreiche Bericht Hans Werner Henzes: Er machte beides glaubhaft - die Faszination, die bis heute nachwirkt, und die Distanz und Fremdheit, die nie überwunden werden konnten.

Aber Ingeborg Bachmann - das war nicht nur ein scheues, weltfremdes Wesen, eine nervöse, verwirrte Frau, die in New York ohne Paß ankam (und gleichwohl in die USA hineingelassen wurde). Es war auch eine sehr ehrgeizige Person und eine große Komödiantin. Baumgart erzählte, wie sehr sie von einem Callas-Auftritt in Mailand beeindruckt war und meinte, die gefeierte Sängerin sei möglicherweise ihr heimliches Vorbild gewesen. Die Bachmann galt als die First Lady der "Gruppe 47". Doch das genügte ihr nicht, sie wollte die Primadonna assoluta der deutschen Gegenwartsdichtung sein: Sie spielte eine Diva, und schließlich war sie eine Diva.

Theatralisch und melodramatisch wie ein großer Teil ihres Lebens war auch - und dies auf wahrlich makabre Weise - ihr Tod. Es ist sicher, daß es Brandwunden waren, denen sie erlag, es ist jedoch nicht ganz klar, wie es zu diesen Wunden gekommen war und warum sie erst so spät ins Krankenhaus eingeliefert wurde. Gegen die noch von ihr selber dem Arzt erteilte Auskunft, ihr Nachthemd sei durch eine Zigarette in Brand geraten, spricht die Tatsache, daß ihr Bett keine Brandschäden aufwies.

Die exakten Aussagen der von Hamm befragten Hausmeisterin machen es schwer, der bisher verbreiteten Version ganz zu trauen. Eine Schweizer Freundin, die Ingeborg Bachmann zumal in ihren letzten Monaten nahestand, ist überzeugt, daß sie ermordet wurde, ihr Tod habe mit ihrer Drogenabhängigkeit zu tun und ihren (damit verbundenen) Beziehungen zur Unterwelt von Rom. Eine andere Freundin widersetzt sich dieser Hypothese, Henze hingegen - und seiner Ansicht darf man viel Bedeutung beimessen - hält sie keineswegs für ausgeschlossen.

Ähnlich wie die Umstände ihres Todes bleibt auch manches in ihrem Leben dunkel. Das ist diesem Film nicht vorzuwerfen: Im Gegenteil, es gehört zu seinen Qualitäten, daß er nicht vorgibt zu wissen, was man nicht weiß und was sich nicht mehr erkunden läßt. Widersprüchliches und Rätselhaftes in der Biographie Ingeborg Bachmanns wird nicht weginterpretiert, der Film stellt auch Fragen, auf die es keine Antworten gibt. Übrigens ist er sehr lang: 120 Minuten. Aber er ist nicht zu lang.

Schließlich und endlich vier Wünsche oder Vorschläge:
1. Der Film "Der ich unter Menschen nicht leben kann", der in der vergangenen Woche im dritten Programm des Südwestfunks zu sehen war und im Dezember vom Norddeutschen und Westdeutschen Rundfunk wiederholt wird, sollten auch alle anderen dritten Programme übernehmen.
2. Die in diesem Film enthaltenen Äußerungen über Ingeborg Bachmann sollten zusammen mit jenen, die aus Zeitgründen weggefallen sind, in einer Buchpublikation zugänglich gemacht werden.
3. Peter Hamm sollte mit einem Fernseh- oder Literaturpreis ausgezeichnet werden. Wozu hätten wir denn die vielen Preise, wenn nicht für solche außergewöhnlichen Leistungen?
4. Auch anderen Dichtern der Nachkriegszeit sollte man derartige ausführliche Filmporträts widmen - vor allem Marie Luise Kaschnitz, Paul Celan und Günter Eich. Nur sollten auch diese Filme mit soviel Sachkenntnis und Engagement und soviel Leidenschaft und Liebe gemacht werden.

Frankfurter Allgemeine Zeitung, 16.9.1980

Ein schusseliger Götterliebling

Von Hellmut Jaesrich

Die österreichische Schriftstellerin Ingeborg Bachmann erlitt in einer Oktobernacht des Jahres 1973 in ihrer Wohnung an der Via Giulia in Rom im Schlaf schwere Brandwunden und wurde leider erst viele Stunden später in eine Klinik eingeliefert, in der sie am 17. Oktober als Siebenundvierzigjährige starb. Ob nun an den Brandverletzungen oder an einer anderen Ursache, ist bis zum heutigen Tage nicht völlig geklärt. Selbst die Theorie, daß sie einem Anschlag auf ihr Leben zum Opfer gefallen sei, ist von ihren Freunden und Freundinnen ventiliert worden. Wahrscheinlicher ist schon, daß sie durch starke Gewöhnung an Medikamente vom Typus der Tranquilizer eine geringere Bereitschaft zur Gesundung nach dem Brandunglück aufgebracht haben könnte. Daraus wiederum und aus der Frage, wer ihr welche Pharmaka auf welche Weise und woher verschafft haben könnte, entfaltete sich eine Polemik, an der sich Presse und Rundfunk fleißig beteiligten.

Die Schriftstellerin Ursula Ziebarth hat einmal zusammengestellt, wieviele Textstellen in Ingeborg Bachmanns Werk auf das Feuer als eine keineswegs verläßlich wohltätige Macht hindeuten. Es ist eine so erstaunlich hohe Zahl, daß sie gerade diesen Unglücksfall und keinen anderen als vorgegeben oder schicksalhaft erscheinen lassen. Daß aber ein fast zwanghaftes Versehen, eine Nachlässigkeit wie etwa das Einschlafen mit einer brennenden Zigarette in letzter Instanz die Todesursache war, hat für jeden, der Ingeborg Bachmann gekannt hat, etwas unmittelbar Einleuchtendes. Denn diese hochbegabte, junge Philosophin, die gleich nach der Promotion in Wien Funkjournalistin wurde und dann bald anfing, Hörspiele, Gedichte, Erzählungen, Romane von überragender Gestaltungskraft zu schreiben, die fesselndste Gestalt aus dem Umkreis der Gruppe 47, sie hatte einen Wesenszug, den man im bürgerlichen Leben als "schusselig" bezeichnet; sie neigte zu dem, was Sigmund Freud Fehlleistungen genannt hatte.

So intensiv wie wenige Schriftstellerinnen unserer Epoche hat Ingeborg Bachmann das Publikum mit ihrem Privatleben beschäftigt. Ihre mehrjährige Beziehung zu Max Frisch war der Gegenstand von vielen Druckerzeugnissen zweiter und dritter Ordnung und von noch mehr Kollegengesprächen. Für beide galt, daß sie die dramatisch akzentuierten Ortsveränderungen liebten. So hat Ingeborg Bachmann nur wenig Zeit in ihrer Geburtsstadt Klagenfurt verbracht, die trotz des dort ausgeschriebenen und schon viermal verteilten Bachmann-Preises wenig mit ihr gemein hat, - sie lebte in Wien, wo sie ihre Dissertation über Heidegger schrieb und im Geiste Wittgensteins und Musils (auch ein Zufalls-Klagenfurter!) heranreifte, dann in New York, Berlin und dann endlich acht Jahre in Rom. Ihr Œuvre umfaßt vier starke Bände. Die Erzählung "Das Gebell", die der Bayerische Rundfunk in einer Fernseh-Dramatisierung heute abend darbietet, nimmt darin nur 21 Seiten ein.

Sie schildert das Verhältnis zwischen der Mutter und der neuesten Ehefrau eines berühmten Arztes. Die Jüngere sorgt rührend für die Ältere und bezahlt aus

ihrer Tasche die Spazierfahrten, die ihr einziges Vergnügen sind. Ein Hund, den die Mutter dem egozentrischen Sohn zuliebe abgeschafft hat, und dann die Hunde aus der Nachbarschaft der alten Dame spielen dabei eine merkwürdige Rolle. Sie bellen unaufhörlich. Oder vielleicht nicht? Ist es nur Einbildung? Und was ist mit Franziska, der jungen Frau? Auf einmal ist sie aus dem Gesichtskreis ihrer Schwiegermutter entschwunden, denn der große Mann hat sich schon wieder eine neue Frau zugelegt. Und nachdem die anderen beiden Frauen gestorben sind, bleibt nichts zurück als eine unbezahlte Rechnung für Taxifahrten, die Franziskas Bruder als der einzige Erbe brav begleicht.
Die Welt, 26.5.1981

Die Ohnmacht der Bilder
Von Hans-Dieter Seidel

Wozu? Die entscheidende Frage stellt sich von Mal zu Mal bei einem Unterfangen, das - verräterisch genug - "verfilmte Literatur" heißt. Worin nur beruht die Notwendigkeit, etwas, das in der einen Kunstform einen hohen Grad von Vollkommenheit erreicht hat, in die andere Kunstform zu überführen und damit wieder unvollkommen zu machen? Wo Bilder und bewußt sparsam eingesetzte Dialoge nicht ausreichen, wo ihnen eine Erzählstimme unterlegt werden muß, damit der Zusammenhang gewahrt wird, sollte der Film sich mit seinem Unvermögen bescheiden und der Literatur das Sagen lassen.

Zum Beispiel diese österreichische Produktion aus dem Jahr 1977. Gewiß blieben Absicht und Ablauf von Ingeborg Bachmanns Erzählung "Das Gebell" erhalten. Gewiß war für Momente eindrucksvoll, was sich auf den Gesichtern von Melanie Horeschovsky und Silvia Manas alles abspielte: Erkennen und Schmerz, Enttäuschung und Hilflosigkeit beim Versuch, sie wie stets zu verdrängen. Und trotzdem, wie entscheidend hatte sich die Tonlage verändert. Aus Ingeborg Bachmanns kunstvollem, jeden Beiklang von Wehleidigkeit vermeidendem Notieren zweier menschlicher Tragödien, das ans Beiseitesprechen auf dem Theater erinnert, wird in Wolfgang Glücks Fernsehfilm ein nachdrückliches Festhalten. Was die Prosa beiläufig in einem Nebensatz versteckt, bekommt so ein verfälschendes Gewicht.

"Simultan" hieß der Band, in dem die Erzählung "Das Gebell" veröffentlicht wurde, und simultan entdeckt Ingeborg Bachmann dem Leser die Tragödie ihrer beiden Figuren: der alten Frau, die sich kaum mehr zu leben traut, um ihren Sohn, einen "berühmt" gewordenen Professor, nicht zu "stören", die sich seine Hartherzigkeit umlügt in Sorge um sie und gelernt hat, daß Sehnsucht heißt, sich diese nicht einzugestehen. Und die Tragödie ihrer jungen Schwiegertochter, die im Bemühen um die alte Frau entdecken muß, wie blind sie war in ihrer vermeintlichen Liebe und wen sie da überhaupt geheiratet hat. Diese Simultaneität, das Gleichzeitige von Eindrücken, Erfahrungen und Empfindungen, das den Rang der Prosa Ingeborg Bachmanns ausmacht, muß der Film nun aufgeben zugunsten

eines umständlich wirkenden Nacheinanders. Er bleibt Illustration, wo es keiner Illustrierung bedurft hätte. Wozu also?
Frankfurter Allgemeine Zeitung, 29.5.1981

Ein Requiem

Von Hedwig Rohde

Der Raum der Orestie bleibt während dieser Spätvorstellung in seinem gefilterten Halbdunkel. Ein Zuhörerkreis lagert sich um das Podest, das ein kleines Orgelpositiv für Renate Wirth und der elektro-akustische Steuerungstisch für Christian Venghaus beherrschen.

Schon bevor Gerd Wameling am linken und Christine Oesterlein am rechten Sprecherpult die abgedeckten Lampen anknipsen, hört man vom Band die wiederholten Worte "ohne sorge sei ohne sorge": es sind die kursiv gesetzten Zeilen des Gedichts "Reklame" von Ingeborg Bachmann, zu denen später Gerd Wameling die Hauptzeilen fügt: "Wohin aber gehen wir/ wenn es dunkel und wenn es kalt wird." Eingeschoben dazu das kurze Gedicht "Schatten Rosen Schatten", das Christine Oesterlein leise vor sich hinsagt.

Ein elektronisch gesteuertes Requiem für die 1973 gestorbene, im Bett verbrannte Klagenfurter Dichterin, deren Nachruhm in der Stille wächst. Aus dem in vier Bänden gesammelten Werk ("unter Verwendung von Musik aus 'Tristan' von Hans Werner Henze") ist eine Inszenierung entstanden, die eigentlich ein Hörspiel ist. Akustische Effekte wie Echo, allmähliche Tonausblendung, Wiederholungsraster und die ständige Überschneidung von Band- und lebendigen Stimmen scheinen wie aus den Bachmann-Hörspiel-Jahren heraufgeholt. Mit den Texten selber entstehen fünf Abschnitte, die sich nicht an Gedichtsgruppen wie "Die gestundete Zeit" halten, sondern im Wechsel von Versen und Prosa eigene Themenmischungen mit Schwergewichten wie "Umkreis" oder "Zeit" aufstellen. Dabei fällt das Gedicht "Die gestundete Zeit" zum Beispiel erst in den Schlußabschnitt fünf.

Die sparsamen Tristan-Paraphrasen, die Renate Wirth auf den drei Orgelregistern verhalten einstreut, bleiben viel dichter an der geistigen Nähe von Henze zu Ingeborg Bachmann und stehen für "die wunderliche Musik", die Untersuchung von "Musik und Dichtung", die den wichtigen dritten Teil des Abends mit der köstlichen Hymne "Ohren" und der eher störenden Callas-Hommage (einem Gelegenheitsentwurf) bilden. Natur und Technik, lebendige Sprache und Elektro-Akustik, obwohl genau abgehört, wollen nicht wirklich eins werden; das gesprochene Wort erscheint manchmal in der Bandverfremdung wahrer.

Der gute Sprecher Wameling gerät aus dem Abstand des Anfangs mehr und mehr in enthusiastische Beteiligung; Christine Oesterlein wird immer leiser. Sie lebt unerwartet auf, befreit sich, als sie mit dem monologischen Prosatext "Undine geht" in die Rolle hineinwachsen darf, die sich die Autorin als ein poetisches Psychogramm der eigenen mittelmeerischen Nixennatur geschrieben hat. Jetzt be-

wegt sich die Sprecherin in der Auseinandersetzung mit den Männern ("Ihr Menschen, ihr Ungeheuer") rings um die Zuschauerreihen aufwärts und gegenüber langsam wieder abwärts, hält inne und redet diese im Halbdunkel sich ihr zuwendenden Hörer an - plötzlich ist da Theater. Ohne musikalische Untermalung, nicht einmal im Vers rhythmisiert. Und doch wird Ingeborg Bachmanns mythische Herkunft von sehr altem Wortzauber jetzt gerade erkennbar wie ein Stück moderner Orestie.
Der Tagesspiegel, 12.12.1981

Ein Geschäft mit Träumen

Von Eva-Maria Lenz

Verzweifelte Glückssucher, die für ihre Träume mit dem Leben bezahlen, gehören zu Ingeborg Bachmanns Lieblingsfiguren, vom Hörspiel "Zikaden" bis zum fragmentarischen Romanzyklus "Todesarten". "Ein Geschäft mit Träumen", das wenig bekannte früheste Hörspiel der Autorin, überrascht mit einer Hauptfigur ganz anderer Art. Der Bürodiener Laurenz verkörpert den Gegentypus zu den todesmutigen Abenteurern: Er hat Unscheinbarkeit als Überlebensstrategie gewählt. Nirgends mehr später hat die Autorin so gelassen Alltag eingefangen wie in diesem Erstling, den der Deutschlandfunk anläßlich ihres zehnten Todestages sendet.

Diese Talentprobe war nach der Premiere im österreichischen Sender "Rotweißrot" (1952) lange verschollen und wurde erst 1975 dank Jürgen Beckers Initiative aus dem Nachlaß der Autorin neu für den Funk entdeckt. Das Stück sollte nicht länger im Schatten der berühmten Hörspiele "Die Zikaden" und "Der gute Gott von Manhattan" stehen. Bestechend und hörenswert ist schon die souveräne Beiläufigkeit, mit der die Autorin die dissonanten akustischen Impressionen einer Großstadt in Traumsequenzen münden läßt. Beim Einkaufsbummel gerät Laurenz (Ernst Jacobi) nämlich in ein Geschäft, dessen Verkäufer routiniert, als handele es sich um bunte Tücher, eine Kollektion verschiedenartiger Träume anbietet. Die Übergänge zwischen realen Momentaufnahmen und surrealen Szenen markiert Heinz von Cramers musikalische Inszenierung mit Leitmotiven aus Faurés "Pavane". Harmonisierenden Moden der fünfziger Jahre fern, nutzt der Regisseur die akustischen Differenzierungsmittel des "Neuen Hörspiels", um die teils subtilen, teils schroffen Kontraste des Stücks herauszuarbeiten.

"Ein Geschäft mit Träumen" bezeugt, wie sich Ingeborg Bachmann zwei große Themen der Wiener Literatur, Philosophie und Psychoanalyse, zu eigen gemacht hat: die Reflexion über die Sprache und die über den Traum. In den Traumszenen erfaßt ihre eigenwillige Sprache vermeintlich Unsagbares. Mit rationalem dramaturgischem Kalkül deckt sie irrationale Impulse auf.

In verschiedener Hinsicht haben Laurenz' Träume kompensatorische Funktion. Der Angsttraum zeigt den sonst kontaktscheuen Mann solidarisch mit den anderen Angestellten im Widerstand gegen den Chef, der die Kollegin Anna in Todesgefahr bringt. Im zweiten Traum schwelgt Laurenz in Omnipotenzvorstellungen.

Er sieht sich an der Spitze internationaler Unternehmen, ja der Regierung, befugt, über Krieg und Frieden der Welt zu entscheiden. Er, der sonst Aggressionen unterdrückt, wählt den Krieg. Auch sein Verhältnis zu Anna erscheint hier sadistisch; paschahaft weidet er sich an ihrer Ergebenheit, um sie dann gleichmütig in den Tod sausen zu lassen. Während diese beiden Träume, gut freudianisch, von ambivalenten Affekten bestimmt sind, variiert der dritte das an der Psychoanalyse orientierte Muster.

Am Ende verweigert sich Laurenz sowohl der Selbsterkenntnis, die die beiden ersten Träume nahelegen, als auch der Selbstentfaltung, die der dritte Traum anbietet. Dienstbeflissen und angepaßt taucht er wieder in seinem Arbeitstag unter. Mit seinen gegensätzlichen Möglichkeiten - als Biedermann, Despot und Märchenprinz - ähnelt Laurenz dem Figurentyp, den die Autorin später als "Ich ohne Gewähr" definiert. Je weniger er sich selbst auf die Schliche kommt, desto monströser wirkt dieser musterhafte Untertan schließlich auf den Hörer.

Frankfurter Allgemeine Zeitung, 21.10.1983

"Der gute Gott von Manhattan"

Von cbg.

Sean O'Caseys Prosa-Autobiographie als kleines Welttheater. Ödön von Horváths gesammelte Motive als Theater-Digest. Und nun - beim Steirischen Herbst von der Berliner Gruppe 84 uraufgeführt - Ingeborg Bachmanns Hörspiel "Der gute Gott von Manhattan" als Bühnenstück. Wir leben offenbar in einer kulturellen Phase, in welcher die literarischen Kategorien nichts mehr bedeuten, in der sie jedenfalls unbekümmert überschritten werden. Versagen also die Original-Theaterautoren, oder probiert man nur aus der baren Lust heraus, gegen den Strich zu wirken? Die Antwort muß fallweise gesucht werden. Denn es gibt sowohl Enttäuschungen bei den neuen Stücken als auch Glücksfälle unter den beschriebenen Adaptionen des Theaters.

Ende der fünfziger Jahre wurde Ingeborg Bachmanns Hörspiel "Der gute Gott von Manhattan" mit dem bundesdeutschen Hörspielpreis der Kriegsblinden bedacht. Diese Auszeichnung honoriert insbesondere die radiogemäße und daher auch nicht in andere Medien übertragbare Qualität eines Sprachwerkes. Zu Lebzeiten der Autorin und auch eine Zeitlang danach wurde dies gerade im Falle dieser - Wirklichkeit und mythenhafte Imagination collagierenden - Hördichtung voll respektiert. Jetzt aber unternahm die genannte Gruppe, die sich aus Schauspielern der staatlichen Berliner Bühnen zusammensetzt, unter ihrer Regisseurin *Roswitha Kämper* den Versuch, das kaum anderthalb Stunden lange Hörwerk auf die Bühne zu übertragen. Bei der Uraufführung im Grazer Haus der Jugend war es auf die doppelte Spieldauer angewachsen.

In der ersten Hälfte konnte man noch mit Genugtuung feststellen, daß dieses von der Liebe über die Sexualität, die Treue bis hin zur bürgerlichen Ordnung und zur Metaphysik hauptsächlich auf innere Vorgänge angelegte Hörspiel durch einige sinnfällige visuelle Allegorien der Vorstellungswelt des Theaters angepaßt werden konnte. Vor allem halfen einige choreographische Einfälle eine Weile lang, die innermenschlichen Emotionen und Reflexionen auch äußerlich darzustellen. Doch Ingeborg Bachmanns zweischichtige Fabel - hier eine Zufallsliebe, die sich zu voller Weltvergessenheit steigert, dort ein Verhör über den Mord jenes "guten Gottes von Manhattan", der mythenhaft die absolute Liebe verficht -, diese Fabel lebt so sehr von Reflexionen, Metaphern, Sentenzen und Assoziationen, daß es vollauf genügt, sie in unserer eigenen Phantasie zu verfolgen und zu verarbeiten. Eine visuelle Darstellung kann auf die Dauer nur ablenken. Vollends, wenn sich die szenischen Bilder nach anfänglicher Plausibilität als Klischees nach immer wieder ähnlichen Modellen entpuppen.

Trotz dem spürbaren Engagement der Gruppe und ihrer Hauptdarsteller, vor allem Christian Vollmers als junger Liebender Jan und Judith Melischeks als seine Geliebte Jennifer, blieb die Hoffnung auf eine gelungene Übertragung von Ingeborg Bachmanns poetischer Vision der Liebe in unserem Säkulum in eine visuelle Kunstform gerade darum unerfüllt, weil Gestus und Mimus am Ende nur unnötige artifizielle Zutaten blieben und nicht das Wort der Dichterin vertiefen konnten.

Neue Zürcher Zeitung, 1.11.1984

Sich selbst den Prozeß machen

Von Christiane Auras

"Wenn wir uns, wie zwei Versteinte, zum Essen setzen ..." - mit diesem schwerlastenden Bild beginnt Ingeborg Bachmann ihren Erzählmonolog "Alles", der 1959 in einer Hörfunkaufnahme des Bayerischen Rundfunks zum ersten Mal gesendet wurde. Darin entfaltet sie das Selbstgespräch eines Mannes, dem an der Geburt und dem kurzen Leben des Sohnes das eigene Lebensscheitern, der Schuldzusammenhang aller Menschen bewußt wird und der über die Verweigerung der Sprache einen Ausweg aus diesem Zusammenhang sucht.

Jürgen Reitz, Mitglied des "Landauer Ensembles", sprach den Monolog als Gast in Renate Böhnischs Echotheater in der Bismarckstraße. Der karge Bühnenraum mit Tisch und Stuhl, Stellwänden aus Stoff vor den Mauern, deutete zugleich Zimmer und Gerichtssaal an. Für die Inszenierung zeichnete Erica Risch verantwortlich. (Beide, Erica Risch und Jürgen Reitz, waren zur fast legendären Zeit von Hans Weverincks "Blauer Maus" Mitwirkende an dessen Saarbrücker Privattheater gewesen). Für die Bühne bearbeitete Leseliteratur hat in unserer, an Theatertexten nicht gerade reichen Zeit, Dauerkonjunktur. Aber auch an Ingeborg Bachmanns Erzählung zeigt sich das immergleiche Dilemma der Umsetzung: Mit dem reflektierenden Erinnern, dem Zurückgehen in die Vergangenheit, soll eine dramatische Situation hergestellt werden.

Den vom Geist des tragischen Existentialismus der fünfziger Jahre getränkte Text spricht Jürgen Reitz anfangs fast referierend sachlich gegen impressionistische Klaviermusik an. Diese Sachlichkeit ist seine Stärke. Er steht vor den Zuschauern als der Ankläger und der Angeklagte, der dem toten Kind und sich selbst "den Prozeß" macht. Behutsam setzt er die Pausen zwischen einzelnen Gedankengängen. Dabei wird der gesprochene Text, je mehr er in ihn eindringt, lebhafter und nuancenreicher: ob er seine Frau beschreibt, ob er das Handeln des Kindes halb widerstrebend, halb bewundernd erinnert, oder ob er die Flucht zu einer Geliebten in sich hineinspricht.

Aber er spricht nicht wie einer, den wütende Verzweiflung und Resignation über die Welt "versteint" haben; beim Erinnern der Situationen scheint er sich wie neu zu erleben. Und das wirkt manchmal, als ob man ein Musikstück auf die reine Melodie reduziert, ohne die Begleitung, Variierung und Verarbeitung mitzuspielen.

Den zwiespältigen, leicht pathetischen Schluß des Monologs läßt Erica Risch wieder von Musik grundieren, diesmal von Chopin, dessen Lebensmelancholie dem trotzigen und paradoxen "Ich denke nicht mehr" und der erträumten Flucht ins naturhafte Dasein entgegengesetzt ist. Eine Anmerkung: Ich hätte mir den konzentrierten Text ebenso gut nur am Tisch gelesen vorstellen können.
Saarbrücker Zeitung, 22.4.1988

Nicht für die Ewigkeit

Von Christa Piotrowski

"Ich möchte ein Ende mit dir, ein Ende ...", sagt der smarte Europäer zum Collegegirl - und spricht mir aus der Seele. Nicht, daß mich das Schicksal der beiden Gestalten auf der Bühne so sehr rührte. Nein - die Aussicht, auf ein baldiges Finale, das diesen unglückseligen Theaterabend beenden wird, bewegt mich.

Schauspieler, die sich ungelenk umarmen und küssen, sich schmachtende Blicke zuwerfen, statt ihren Text überzeugend zu sprechen, können eine richtige Strapaze sein. Versuchen sie überdies in einer mißratenen Inszenierung ihr Bestes, ist der Flop programmiert.

Das von Ingeborg Bachmann 1957 verfaßte Hörspiel "Der gute Gott von Manhattan" hat das Theater im Zimmer auf die Bühne gebracht - und sich dabei arg übernommen. Eine Bühnenfassung war geplant; was daraus wurde, war eine unharmonische Mischung aus aneinandergereihten Spielszenen, Lesungen und ungekonnt abgelesenem Text. Spannung sucht man in der großzügig als "Hör-Spiel" annoncierten Theatermixtur, in der weder Auftritte noch Abgänge stimmen, vergeblich.

Gespielt wird auf drei "Bühnen": in einer kleinen Nische unmittelbar vor den Zuschauerreihen sowie rechts und links neben dem Publikum. Eineinhalb Stunden lang muß der Zuschauer seinen Hals ordentlich recken, um der tragischen Liebesgeschichte überhaupt folgen zu können. Gelingt ihm der Blick durch die Zuschauerreihen denn doch, kann er zu seiner Rechten das unglückliche Pärchen beobachten, das sich im New Yorker Großstadtdschungel kennen- und liebenlernt, dessen Liebe jedoch nicht für die Ewigkeit bestimmt ist.

Zu seiner Linken gewahrt er zwei Eichhörnchen: kleine, mordlustige Biester, die es auf die Liebe der beiden abgesehen haben. Sie sind die Helfer des guten Gottes, der - Bild Numero drei - in einer Gerichtsverhandlung angeklagt wird, den Tod der jungen Frau verursacht zu haben. Um ihn als Schuldigen zu überführen, wird die Liebesgeschichte zwischen den jungen Leuten rekapituliert.

Im Jahre 1958 erstmalig gesendet, wurde Ingeborg Bachmanns Hörspiel von der Unmöglichkeit einer absoluten Liebe zu einem großen Erfolg. 1959 wurde das Werk, das nicht nur eine pessimistische Botschaft enthält, sondern auch Hoffnung und Sehnsucht vermittelt, mit dem Hörspielpreis der Kriegsblinden ausgezeichnet.

Ein wichtiges literarisches Werk, das - inzwischen dreißig Jahre alt - auch ein Zeitdokument ist. Von seiner Umwandlung in eine Theaterinszenierung ist abzuraten.

Der Tagesspiegel, 18.12.1988

Die Tote, die Jelinek, ich

Von Stefan Grissemann

"Also: Wenn das Kino als Trivialkunst sich auch selber durch die Träger seiner Kunst als trivial versteht, dann interessiert es mich überhaupt nicht. Es muß etwas Kostbares haben!" sagt Schroeter.

Und kostbar sind sie, die Filme des deutschen Regisseurs Werner Schroeter, verschroben konstruiert, voller eigenartiger Übersteigerungen und Leidenschaftlichkeiten. Als Schlüsselerlebnisse gelten Schroeter die Vokal-Artistik der Maria Callas, Borroughs' Underground-Literatur ("Naked Lunch") und das Kennenlernen seiner favorisierten Hauptdarstellerin: Magdalena Montezuma. Das Gesicht dieser Frau, furchterregend wild und zugleich eiskalt, kann tatsächlich als Leitmotiv und Charakteristikum für Schroeters Arbeit gelten. Seit 1967 macht er Filme, die ersten waren noch im Acht-Millimeter-Format: experimentelle Montagen von Callas-Auftritten, hysterische Posen und Selbstdarstellungen von Freunden, filmische Übungen. In seinen frühesten Werken schon bricht Schroeter den offensichtlichen Dilettantismus der Akteure und die Billigkeit des Materials mit einer stolz zelebrierten Stilisierung, einer unmäßigen Lust an der Ekstase und Künstlichkeit.

Zu Beginn der siebziger Jahre perfektioniert Schroeter seine Systeme der Zusammenführung von Trivial- und Hochkultur und dreht seine exzentrischen, seine wichtigsten Filme. Die statische, aber höchst subtile Wilde-Bearbeitung "Salome" (1971) etwa inszeniert er als archaische Tragödie auf den Treppen eines Tempels in der Nähe von Beirut.

Die Hybris, die aus Schroeters Filmen zu sprechen scheint (strenge Kunstproduktion, äußerster Ästhetizismus), entschärft und modifiziert er durch stilistische Brüche, durch unerwartete Abwege. Als 1972 "Der Tod der Maria Malibran" im deutschen Fernsehen vorgestellt wurde, hatte das Publikum nicht nur die Aufgabe, einen lediglich rudimentär erzählten Film von seltener *Un-Natürlichkeit* zu betrachten, sondern wurde auch noch mit einer cleveren Tonspur konfrontiert, auf der Werke von Beethoven und Mozart mit Liedern von Caterina Valente und Marlene Dietrich zusammenflossen. Wesentlich an der Methode Werner Schroeters ist das völlige Fehlen von Ironie: Gute Melodramen funktionieren so, die spezielle Mischung aus Maßlosigkeit und Bierernst ist unerläßlich.

Wenige Regisseure haben das Kino der Gefühle derart konsequent auszumalen gewußt wie Werner Schroeter, er ist einer der reinsten Melodramatiker des modernen Films. Seit 1972 überträgt er seine Vorstellungen von Schönheit, Kunst und Manierismus auf diverse Theaterinszenierungen (unter anderem Lessing, Strindberg, Shakespeare), seit 1979 auch auf die Oper. In jüngster Zeit hat er einige Dokumentationen hergestellt, nur noch wenige große Spielfilme waren während der achtziger Jahre zu verzeichnen.

In Wien fanden nun bis vor kurzem die Dreharbeiten zu "Malina" statt, seiner neuen Arbeit - nach dem Roman von Ingeborg Bachmann. Die Autorin siedelte die Geschichte einer zerstörerischen Dreiecksbeziehung in der Wiener Ungargasse an, wo die Außenaufnahmen gedreht wurden. Der Roman handelt vom qualvollen Scheitern, von der Unmöglichkeit der Selbstverwirklichung - charakterische Schroeter-Themen. Als Protagonistin wählte Schroeter Isabelle Huppert, deren kühle, harte Aura in bewußtem Gegensatz zu Bachmanns literarischer Figur stehen soll. Mathieu Carriere ist Malina, Elfriede Jelinek schließlich die Dialog- und Drehbuchautorin des Films.

Herr Schroeter, bedeutet Ihr Drehen am Originalschauplatz so etwas wie eine Suche nach größtmöglicher Authentizität?

In der Ungargasse zu drehen, das ist die Suche nach dem *Genius loci.*

Wurden nicht auch Teile des Films in Deutschland gedreht?

Die Wohnung der Icherzählerin wurde in den Bavaria-Studios gebaut. Das hat einen praktischen, einen technischen Grund: Da derartig viele Szenen in der Wohnung stattfinden, benötigt man verschiebbare Wände, um genügend Blickwinkel gewinnen zu können, um nicht zu langweilen. Wir haben vier bis fünf Wochen in Wien gedreht und vorher die Innenaufnahmen in Deutschland absolviert.

Die Inszenierung vieler ihrer Filme funktioniert über die visuelle Dramatisierung von Gesichtern. So ist etwa die gesamte Einleitung des Films "Der Tod der Maria Malibran" eine Abfolge von inszenierten Frauengesichtern. Haben Sie ähnliches mit Isabelle Hupperts Gesicht vor?

Zunächst fällt es mir schwer, darüber zu sprechen, weil ich gerade mit ihr arbeite. Es soll ja nicht ein Film über die Isabelle werden, obwohl natürlich die Frau im Zentrum steht. Aber nicht weniger zentral sind die beiden Männerfiguren: Ivan und Malina. Es wird definitiv keine Make-Up-Verfremdungen geben.

Wie wird der Film aussehen? Wird er ästhetisch vergleichbar mit einem Ihrer anderen Werke sein?

Sie haben schon einen wesentlichen Punkt gefunden, der der Ansatzpunkt meines Schaffens ist. Es geht immer um die Menschen, mit denen ich arbeite. Meine wesentlichsten Inspirationsquellen sind neben Kamera und Ausstattung immer die Akteure, ich lasse mich total auf den Schauspieler ein und lasse mich gern dazu hinreißen - ich hoffe, im positiven Sinn des Wortes -, Konzepte dabei zu verlieren.

Zur Musik: Sie verwenden diesmal tatsächlich eine durchkomponierte Filmmusik? Wird es kein "Versatzstücklager" mehr geben?

Doch, das wird sicherlich wieder hineinkommen. Das fürchtet mein Komponist, und ich weiß es jetzt schon.

Die Lust am Bauen der Tonspur ist bei Ihnen, Herr Schroeter, auffallend groß. Werden sich die bekannten Eklektizismen wiederfinden?

Es gibt keine Eklektizismen, ein Eklektiker baut Versatzstücke zusammen und beläßt es dabei. Ich habe ja daraus einen neuen Ausdruck gemacht. Man kann das nicht eklektisch nennen, wenn das Adagio aus dem Violinkonzert Beethovens auf derselben Tonhöhe übergeht in "Wo meine Sonne scheint" oder "Spiel noch einmal für mich, Habanero". Das ist kein Eklektizismus mehr, das ist ein *ideologischer* Gebrauch von Musik, den ich fordere. Die Collagierungstechnik ist Bestandteil meiner Arbeit, auf die kann ich nicht verzichten. Der Film hat eine durchkomponierte Tonspur, die natürlich fallweise durchbrochen wird, sonst wird es ja langweilig.

Was ist heute grundlegend anders an Ihrer Arbeit als etwa 1971?

Zwischen dem "Tod der Maria Malibran" und heute liegen 19 Jahre, verschiedene Dokumentarfilme, 42 Theater- und Operninszenierungen. Ich will keine Selbstreproduktion durch den immergleichen Stil. Meine innere Haltung zum Leben hat sich wohl kaum verändert seit damals, aber der Stil? Ich würde Isabelle Huppert niemals so einsetzen wollen wie Magdalena Montezuma. Melodramatische Stilisierung gibt es in diesem Film nicht so sehr. Er knüpft an nichts an, hat aber viel mit mir zu tun.

Bachmanns "Malina" strahlt Zerrissenheit aus, nicht nur formal, weil das Buch zwischen Drama und Roman pendelt, sondern auch inhaltlich, mit dieser doppelten männlichen Figur. Wird sich diese Brüchigkeit des Romans auch auf die Form des Films auswirken?

Ganz bestimmt. Ich würde das sogar noch extremer formulieren als Sie. Der Roman ist ein Selbstauflösungsprozeß mit einer ganz starken Intuition, denn kurze Zeit später war sie ja wirklich tot. Die Bilder im Roman haben häufig mit Feuer zu tun, sie selbst ist zwei Jahre später verbrannt. Das ist hochinteressant. Sie ist eine Lyrikerin allerersten Ranges gewesen; die Form, sich so in einem Roman zu entäußern, ist stilistisch von radikaler Ungleichmäßigkeit. Die Autorin ist gar nicht mehr sie selbst, sie versucht, sich selbst zu vernichten, indem sie den Roman schreibt. Und das ist faszinierend, wenn man die Person und Schriftstellerin Ingeborg Bachmann liebt, ihr Endpunkt ist am faszinierendsten. Und dann darf man ja nicht vergessen, daß das Ganze neu gesehen wird von Elfriede Jelinek.

Der Roman ist dem Irrealen nahe, schon durch seine vielen Traumsequenzen ...

Glücklicherweise sind wir fertig damit, mit diesen ekelhaften Phantasien.
Wie veräußert man diesen Text, wie schreibt man dem Verinnerlichten konkrete Bilder zu?
Ich mache sie nicht als Träume deutlich, zumindest im wesentlichen Darstellungsbereich: Die Räume sind sehr real. Ich respektiere die Phantasien und das Trauma von Ingeborg Bachmann und auch das Trauma von Elfriede Jelinek. Meines muß ich aber auch respektieren. Ich revoltiere innerlich gegen diese Vorstellung von Mann, ich sehe Männer völlig anders.
Es gibt also einen Konflikt zwischen der Inszenierung und dem Thema, dem Gehalt des Films?
Zum Glück: ja. Sonst wäre es ja furchtbar. Wenn die Tote, die Jelinek und ich einer Meinung wären, ergäbe das wahrscheinlich eine Schnulze. Reibungen entstehen auch mit Isabelle, weil sie gar nicht diese Seelenqual plagt. Deshalb wollte ich sie auch. Einerseits ist sie das pure Gegenteil von mir, andererseits ein Spiegel: Sie verfügt über ein hohes Maß an Sensibilität und über beinerne Härte. Die Härte teile ich mit ihr. Daher macht die Arbeit am Film große Freude. Er wird überhaupt nicht triefig oder verkitscht, wie manche vielleicht annehmen.
Interessant ist, daß Sie Ihr Material ernst nehmen, gerade die Kollisionen zwischen Trivial- und Hochkultur; das ist heute ein fast anachronistischer Wert. Die meisten Leute scheinen ins Kino zu gehen, um zu lachen. Die seriösesten Stoffe werden verlacht, sobald die geringste Melodramatik oder Künstlichkeit auftaucht. Bei Ihnen ist die Gefahr des ignoranten Lachens wohl besonders groß, weil das überhöhte Gefühl ein wesentliches Element Ihrer Inszenierungen ist.
Dazu gibt es eine Anekdote: Ich habe den größten Opernsängern geschmeichelt, indem ich ihnen "Rudimente von Vitalität" zugestanden habe. Unsere Kultur befindet sich seit langem in der Totenstarre, das größte Kompliment muß daher das Zugeständnis einer *gewissen* Lebendigkeit sein.
Die stilistische Kälte kontrastiert mit der Leidenschaft: Das ist das Kraftfeld, in dem sich Ihre Filme bewegen ...
Zu dem Thema fällt mir dieses ein: Meine letzte Theaterinszenierung war "King Lear" in Düsseldorf - ein absoluter Publikumsskandal. Danach die szenische Darstellung von Beethovens "Missa Solemnis" - ein Triumph. Dabei sind das zwei Seiten einer Medaille, ich habe nur im "Lear" den Umgang mit nackten Körpern als Instrumenten der Macht zu zeigen versucht.
"Malina" ist wieder vom ZDF koproduziert, wie schon viele Ihrer Arbeiten aus den frühen siebziger Jahren. Wie ist Ihr Verhältnis zum Fernsehen?
Damals war die Mäzenatenfunktion des Fernsehens viel ausgeprägter als heute. Man hatte zwar äußerst geringe Mittel, dafür war aber fast alles möglich. Heute verwischt sich die Situation. Fernsehen, das ist nur noch Betäubung, Distanzlosigkeit, hat keine einsehbare Struktur mehr. Ich habe kein Verhältnis zum kleinen Format, so wenig wie zu Video oder zur Compact-Disc.
Würden Sie nicht dem Film gegenüber dem Theater den Vorzug geben? Man hat die Möglichkeit, die Dinge so lange zu probieren, bis sie perfekt reproduziert sind, im Theater kann man sich bloß absprechen und dann - als Regisseur - warten, was über einen hereinbricht.

Ich finde es schön, wenn nichts übrigbleibt. Man sitzt im Konzertsaal, hört den bebenden Schlußakkord, und nichts bleibt zurück. Für mich zählt nur die Arbeit, ich sehe mir nie freiwillig einen meiner eigenen Filme an.
Die Presse, 8./9.9.1990

Partitur der Verzweiflung

Von Annette Meyhöfer

Am Anfang war es Liebe, die gewöhnliche, alberne Liebe. Eine zufällige Begegnung vor einem Blumenladen, Tage, Nächte neben dem Telefon verbracht, vergebliches Warten und geübte Heiterkeit, wenn der Anruf dann endlich doch kommt: Über die Spiele ist die Frau am Telefon im Grunde längst hinaus, aber sie ist entschlossen, sich in die Komödie der Liebe zu stürzen, weil sie nur so dem Abgrund, der sich in ihr auftut, seit langer Zeit schon, zu entfliehen glaubt. Sie blickt in ihren kleinen Taschenspiegel und zieht sich die Lippen nach.

Viel später schlingt sie sich eine weiße Binde um den Kopf, sie hat sich die Stirn wund geschlagen an der Wand, zwei- oder dreimal hat sie sich dagegen geworfen. Die Binde mit den Blutflecken trägt sie wie eine Heilige, doch ohne Demut. Einmal hält sie die Hand ans Ohr, als telefoniere sie mit dem Geliebten; wenn das Telefon dann wirklich klingelt, nimmt sie nicht ab. Am Ende hat sie nur noch ihre Liebe. Am Ende ist vielleicht ein Mord geschehen. "Malina" handelt von Stationen einer Passion.

Ihn habe an dem Buch die "ganz starke Intuition" der Bachmann fasziniert, hat der Regisseur Werner Schroeter gesagt, "alle Kraft, Poesie und Zerrissenheit ihrer Künstlerseele" stecke in "Malina". 1971, zwei Jahre vor ihrem Tod in Rom, erschien Ingeborg Bachmanns einziger vollendeter Roman, Teil des geplanten Zyklus "Todesarten". Sie nannte das Buch "ausdrücklich eine Autobiographie, aber nicht im herkömmlichen Sinne; eine geistige, imaginäre Autobiographie", die nichts zu tun hat mit der gewöhnlichen Erzählung eines Lebenslaufs.

Ein Buch von Verstörung, die zur Selbstzerstörung wird, voller literarischer und musikalischer Anspielungen, voll schwererträglichem Expressionismus und kühler Reflexion, eine formvollendete Partitur der Verzweiflung. Die Bachmann war damals schon - ihre letzten Erzählungen wurden eher skeptisch aufgenommen - fast begraben unter dem Ruhm ihrer frühen Jahre, bevor sie in Rom an den Folgen einer Verbrennung und ihrer Tablettensucht starb und vollends zu einer literarischen Märtyrerin ikonisiert wurde.

Von einer bekannten, doch namenlos bleibenden Schriftstellerin handelt ihr Roman. Die Frau lebt mit einem Mann, Malina, zusammen, platonisch und beinahe gleichgültig, und verliebt sich bis zum Wahnsinn in einen anderen, Ivan. Die Personen sind Projektionen eher denn wirkliche Figuren, die Handlung schrumpft zum Vorwand für etwas, das ganz und rein innerlich ist, unverfilmbar. Es hätte darum wohl auch kein anderer "Malina" für das Kino adaptieren können als Werner Schroeter, dessen so oft als unverständlich gescholtene Filme, von den frühesten, "Neurasia" oder "Eika Katappa", bis zu seinem letzten, "Der Rosenkönig", von nichts anderem erzählen als vom Ungenügen an der Wirklichkeit, von Leidenschaft und Wahn, von Musik und Tod.

Aber "Malina" wäre nie zustande gekommen ohne den Traum eines Münchner Kinobesitzers und Filmverleihers. Auch das ist die Geschichte einer Passion. Denn dieser Thomas Kuchenreuther wollte sein Lieblingsbuch verfilmen, und dafür engagierte er einen Regisseur, der vor vier Jahren seinen letzten Film gemacht hatte und ein bißchen ein Märtyrer seines Rufs ist, verpflichtete als Drehbuchautorin die Wiener Schriftstellerin Elfriede Jelinek, deren "Lust" zum Skandalerfolg hochgeschimpft worden war, und für die Hauptrolle die Französin Isabelle Huppert, die zwar auf schwierige Frauengestalten, von der mädchenhaften "Spitzenklöpplerin" bis zur Engelmacherin in "Eine Frauensache", abonniert scheint, doch an der Kinokasse, zumindest in Deutschland, kaum genug Star-Appeal hat. Acht Millionen, zum Teil aus eigener Tasche, brachte Kuchenreuther für "Malina" auf, einen der teuersten deutschen Filme der letzten Jahre - und einen der besten.

Werner Schroeter, dessen "Rosenkönig", Requiem für seine Lieblingsdarstellerin, die an Krebs gestorbene Magdalena Montezuma, nur durch die Spenden von Freunden entstehen konnte, hat sich für "Malina" von der Ausstatterin Alberte Barsacq irritierende Räume mit hohen Decken, mit Glasfenstern und Spiegeln überall, entwerfen lassen. Neben Isabelle Huppert, neben Mathieu Carrière als Malina und dem bisher noch unbekannten ungarischen Schauspieler Can Togay spielen, in zum Teil winzigen Rollen, Theaterstars wie Libgart Schwarz, Fritz Schediwy, Peter Kern und Elisabeth Krejcir. Die Musik stammt von dem italienischen Avantgarde-Komponisten Giacomo Manzoni.

Andere als Werner Schroeter, der in den letzten Jahren zunehmend für Theater und Oper gearbeitet hat und gerade die "Emilia Galotti" am Düsseldorfer Schauspielhaus inszenierte, wären vielleicht, beeindruckt von den Möglichkeiten, dem ganzen selbstbetriebenen Glanz und Aufwand erlegen. Doch Schroeter verwandelt die Dekors zur Bühne seiner Obsessionen und der seiner Darsteller. Die Geschichte, dieses bißchen an Geschichte, das "Malina" ist, wird zu einer einzigen Sehnsuchtsbewegung, hochtheatralisches Drängen von Gewalt und Leidenschaft, dabei bestechend genau und mitunter sogar komisch.

"Malina" ist zunächst die Beschreibung eines Kampfes, der Konfrontation zweier einander feindlicher, fremder Welten: Die Frau ist Künstlerin, Schriftstellerin nur um den Preis ihres Gefühls, ihrer Sexualität, und wenn sie sich in ihre Leidenschaft zu Ivan stürzt, muß sie ihre Begabung verleugnen; sie verstummt. Souverän, selbstsicher sind dagegen die beiden Männer, überlegene Täter: der eine, Malina, ganz Vernunft und von nicht unfreundlicher Kälte, der andere, Ivan, ein Spieler, ein Verführer, der leben will und nicht lieben.

In Schroeters Film sehen sie sich, entgegen den Anweisungen Bachmanns und auch Jelineks für ihre Personen, ein wenig ähnlich; eher verletzlich und zart wirken sie, am Ende in ihrem Verhalten gegenüber der Frau beinahe austauschbar. Und wenn der Regisseur mitunter durch eine exaltierte Bildersprache den etwas bieder anmutenden Feminismus der Vorlage zu bestätigen scheint, dann läßt er doch zugleich keinen Zweifel daran, daß Kanonen und stachelbesetzte Granaten, Hirschgeweihe und gekreuzigte Katzen erst durch den Blick der Frau zu Zeichen, monströs und auch lächerlich werden.

Der Regisseur hat diesen Blick übernommen, und im wunderbaren Licht, in den ungewöhnlichen Perspektiven von Schroeters Kamerafrau Elfi Mikesch überhöht sich das ganz und gar Gewöhnliche einer Geste oder einer Begegnung auf der Straße zu einem absurden Mysterienspiel: "weil es zwischen den alltäglichen Dingen immer und jederzeit zu einer Explosion kommen kann", wie einmal die Heldin sagt.

Sie ist Schroeters früheren Frauengestalten nur zu nah verwandt, diesen Frauen, die sich aus Sehnsucht nach dem Absoluten, der Kunst oder der Liebe, buchstäblich zu Tode bringen. Und wie so oft in seinen Filmen ist es die Nähe von Banalität und Tragik, die "Malina" bestimmt.

Opernarien, von der unglaublich schönen Jenny Drivala vorgetragen, und Claire Waldoffs "Wer schmeißt denn da mit Lehm", Gewaltphantasien in eisiger Landschaft und eine Tortenschlacht, der "Kalif Storch" als Zeichentrickfilm und das Märchen von der Prinzessin von Kagran, die poetischsten Formulierungen der Bachmann und die Frage nach einer Zigarette: Alles wird zum Spiegel einer unbedingten Leidenschaft, die doch den Riß, der durch die Welt, durch die Frau selber geht, nicht mehr kitten kann - diese Grenze zwischen Wahrhaftigkeit und Spiel.

"Malina" ist ein Film der Paradoxe und der Spiegelungen. Am Anfang sieht sich die Heldin im Spiegel an, die Blicke vorwegnehmend, die sie ihrer Existenz versichern sollen. Am Ende, wenn sie diese Existenz vollkommen aufs Spiel gesetzt, wenn Ivan sie verlassen und sie nichts hat als Malinas unerbittlichen Trost, wenn um sie herum die Wohnung in Flammen steht, dann schminkt sie sich noch immer die Lippen, einen Spiegel braucht sie kaum mehr dazu. Und wenn alle Versuche, sich an das Alltägliche zu klammern, aufgebracht sind, verschwindet sie in den Spiegeln, die ihr Bild verdoppeln.

Malina aber nimmt dann ihren Platz ein, als ob sie nie existiert hätte, nur ein Geschöpf seiner Phantasie gewesen sei. Am Ende war es vielleicht Mord, am Ende war es Liebe. Der Götze Ivan, den sie "meine Freude und mein Leben" nennt, weist sie zurück, und der kalte Gott der Vernunft, Malina, hält sie nicht. "Liebe gibt es nicht, als Behauptung vielleicht", "auf der metaphysischen Ebene", hat Schroeter in einem Interview gesagt.

"Malina" ist aber vor allem ein Film über ein Gesicht, das Gesicht Isabelle Hupperts, tränenüberströmt, ungeschminkt, die Züge kaum bewegt, allenfalls in zitternder Nervosität: eine Verzweifelte, die um ihre Verzweiflung weiß, kein Opfer, eine, die selbstbewußt ihre Zerstörung betreibt, wie in einem selbstgeschriebenen Theaterstück. "Malina" ist die Geschichte einer Obsession, der maßlosen Liebe zwischen Regisseur und Hauptdarstellerin. Und die endet glücklich.
Der Spiegel, 14.1.1991

Die Hölle ist der Himmel

Von Iris Radisch

Alles brennt. Die Buchpakete, die Briefe, die Kleiderbündel. In der Küche brennt der Gasherd. Davor steht die Frau, die Schriftstellerin, die Schauspielerin, und beugt sich über die Herdflamme. Sie will sich eine Zigarette anzünden. Da wird sie zurückgerissen. Hinter ihr steht Malina. Er sieht sich ihre Hand an. Sie hat sich die Hand über der Gasflamme verbrannt. Der Mann leckt ihre Wunde. Und sie schreibt weiter. Sie schreibt vom Feuer.

Werner Schroeter verfilmt und flambiert einen Roman von Ingeborg Bachmann: "Malina". Brennende Menschen. Flammendes Inferno. Das Kino ist heiß wie das Feuer. Aber die Kunst ist kälter als Schnee.

*

Eine schreibende Frau schreibt über eine schreibende Frau, die von einer schreibenden Frau beschrieben wurde. Das Buch der drei Frauen ist ein "Buch über die Hölle". Ein "Buch über den Krieg". Was sonst.

Zwei der drei Frauen sind tot. Die österreichische Schriftstellerin und Lyrikerin Ingeborg Bachmann setzte in der Nacht zum 26. September 1973 ihr Nylonnachthemd mit einer Zigarette in Brand und starb am 17. Oktober in einem römischen Krankenhaus. Die namenlose Schriftstellerin und Heldin in ihrem einzigen vollendeten Roman verschwindet in einem Wandspalt einer Wiener Wohnung. Die österreichische Roman- und Drehbuchautorin Elfriede Jelinek berichtet in einem Interview von den Verletzungen, die sie sich selbst mit einer Rasierklinge zugefügt hat. Gibt es eine Hölle für schreibende Frauen?

Das weibliche Ich in Ingeborg Bachmanns Roman "Malina" - eine Schriftstellerin mit österreichischem Paß, geboren in Klagenfurt, wohnhaft in Wien, Ungargasse 6 - ist in der Hölle gewesen. Sie hat sich dort die Hand verbrannt. Die Schreibhand. *Avec ma main brûlée j'écris sur la nature du feu*, schreibt sie: "Mit meiner verbrannten Hand schreibe ich über das Wesen des Feuers."

Sonst erinnert sie sich an nichts. Nur die Brandspuren sind geblieben. Höllenqualen, die sie noch immer leidet. So, wie man "nicht im Winter friert, sondern an einem Sommertag am Meer" - nachträglich. Der Schmerz entsteht lange nach der Verletzung, in den Träumen, beim Schreiben, in den Büchern.

Für Ingeborg Bachmann war der Schmerz "das einzig Interessante und Hinreißende an einem Menschen", an einer "denkenden, zerfallenden, geschlagenen und zerstörten Kreatur". "Die Schriftsteller, die in der Hölle waren", schrieb sie in einem Aufsatz-Entwurf über die englische Dichterin und Selbstmörderin Sylvia Plath, werden "unter den ersten sein, weil sie unter den letzten waren". Die Leiden, so glaubte die Protestantin Ingeborg Bachmann, werden belohnt. Die letzten in der Hölle werden die ersten sein in der Literatur. Die Hölle, so will sie es, ist der Himmel der Schriftsteller.

Als "Malina" 1971 erschien und als erster Band zu einem (nie vollendeten) Zyklus "Todesarten" annonciert wurde, hat sich niemand für die Hölle interessiert. Die Kritiker wollten nicht wissen, wer die Welt der blonden Schriftstellerin in Brand gesetzt hat. Zu sehr waren sie von "dem wehenden Tüll", den "umhäkelten Hohlräumen" und "spasmischen Innenbesichtigungen" dieser Prosa abgestoßen. Die Höllenmeister, Teufelskerle und Folterknechte, die die Spasmen verursachen und die Hohlräume besetzen, entdeckte die feministische Literaturkritik erst später: die Männer.

Malina zum Beispiel. Malina ist Staatsbeamter, vierzig Jahre alt, unauffällig, schwer entzündbar, ein reiner Kopf. Er lebt mit "ihr" in der Ungargasse 6, zahlt pünktlich alle Rechnungen und hat eine Metallplatte in seiner Schulter. Sie ist ein Teil von Malina. Sein Geschöpf. "Ich sterbe in Malina", wird sie sagen, bevor sie in der Wand verschwindet.

Oder Ivan. Ivan ist schön, lebt streng nach der Uhr und wohnt in der Ungargasse 9. Sie liebt Ivan auf den ersten Blick. Es ist "gegen alle Vernunft mit ihrem Körper geschehen". Ivan ist ein normaler Mann. Zu normal für die Liebe. "Ich habe in Ivan gelebt", wird sie sagen, wenn sie Ivan verliert und stirbt.

Ivan und Malina begegnen sich nie. Wo der eine ist, kann der andere nicht sein, denn beide sind ein Teil ihrer selbst. Mit Ivan ist sie geradezu blöde vor Glück. Die Liebe hat ihr die Worte verschlagen. Ivan ist für sie das "reine Geheul", das reine Glück, die reine Freude. Er soll den "Spalt" in der Welt schließen, der sie selbst ist.

Doch dafür ist es zu spät. Denn sie ist zu Malina geworden. Mit Malina beugt sie sich über die Landkarten und Wörterbücher. Gestützt auf seine Metallschulter kann sie über ihre Alpträume und Höllenängste sprechen: über den "dritten Mann". Über ihren Vater.

Ihr Vater ist der Herr der Hölle. In ihren Träumen bringt er sie um. Er treibt sie aufs Eis, sticht ihr die Augen aus, reißt ihr die Zunge ab, zerrt ihr das Herz aus dem Leib, schickt sie in die Gaskammer, zwingt sie zur "Blutschande". Er hat diesen schizoiden "Spalt" in ihr hinterlassen, der sie umbringt und in dem sie einzig leben kann. Der Vater ist der Mörder. Aber ist er überhaupt ihr Vater?

"In einem fort wechselt er die Kostüme", heißt es im Roman, "er trägt den blutbefleckten, weißen Schlächterschurz ... er trägt den roten Henkersmantel ... er trägt Silber und Schwarz vor einem elektrisch geladenen Stacheldraht, vor einer Verladerampe, auf einem Wachturm". Der Vater ist die Macht, die überraschend die Tarnkappe wechselt. Er ist weder der Kärntner Hauptschuldirektor Mathias Bachmann noch sonst ein bestimmter Mann. "Ein Realist", hat Ingeborg Bachmann 1971 in der ZEIT gesagt, "würde wahrscheinlich viele Furchtbarkeiten erzählen die einer bestimmten Person zustoßen. Hier wird es zusammengenommen in diese große Person, die das ausübt, was die Gesellschaft ausübt." Ihr Vater ist ein mörderisches Prinzip. Eine Metapher aus Fleisch und Papier. Wie Kafkas Mordbeamte ist er kaum zu fassen. Das macht ihn so gefährlich.

*

Im Film marschiert die berühmte Schriftstellerin aufgelöst wie ein schlecht besoldeter Leidenssoldat übers Parkett. Angestrengt und in hysterischer Genauigkeit knickt sie immer wieder mit dem Fuß ein: Die Dame spielt das Opfer. Sie trägt Dutt und Kostüm und weiß alles über Wittgenstein und die Verletzung der

Sprachgrenzen. Jeder Wiener Ernstl hat sie schon im Fernsehen gesehen und erkennt die gnädige Frau im Sacher oder beim Braun am Graben wieder. Das Drehbuch ist von Elfriede Jelinek. Der Film ist von Werner Schroeter. Die Geschichte ist einfach. Sie erzählt von "den vielen Furchtbarkeiten, die einer bestimmten Person zustoßen".

Die bekannte Wiener Schriftstellerin, dargestellt von der wunderbaren Schauspielkünstlerin Isabelle Huppert, wird verfolgt. Von Autogrammjägern, Briefschreibern, Alpträumen und besonders von "dem Aufruhr des Gefühls gegen den Verstand". Deshalb muß sie ständig weinen, ständig rauchen und ständig wie ein Hoffmannscher Kunstautomat mit Armen und Augenlidern zucken. So erkennt man gleich: Die Frau leidet.

Schuld ist vor allem der böse Ivan (Can Togay). Er ist bei Elfriede Jelinek zu einem "Verräter" geworden, "geprägt ... von den tradierten männlichen Normen". Ein Spieler, ein kaltes Ekel. Fast so furchtbar wie Malina, dieser männliche Aktendeckel (Mathieu Carrière), unter dem der Geist von "Karl Kraus, Robert Musil und Ludwig Wittgenstein" begraben ist. Elfriede Jelinek macht aus den beiden Spiegelfiguren der Frau in "Malina" zwei frauenfressende Monster. Der eine "greift zu, wo er kann, nimmt, was sich bietet". Bei dem anderen muß die Frau "ihre Sinnlichkeit permanent unterdrücken". Mit dem guten, dem klugen Malina kann sie nicht schlafen. Mit dem bösen, dem dummen Ivan kann sie nicht reden. Also legt sie Feuer.

Der Konflikt, der die Frau bei Ingeborg Bachmann innerlich zerreißt, wird bei Elfriede Jelinek zu einer Geschlechterkampf-Klamotte. Sie soll die "Unmöglichkeit" demonstrieren, "Sexualität und Kreativität zugleich zu leben". Die Hölle der schreibenden Frau ist der Abgrund zwischen Bett und Schreibmaschine.

Bei Werner Schroeter ist die einfache Mechanik der Unterdrückung verschwunden. Geblieben sind die Gesten der Angst, die Zeichen eines heillosen Begehrens. Tausende von Briefen diktiert Schroeters Tragödin "in höchster Angst und fliegender Eile" ihrer Schreibkraft, dem düpierten Fräulein Jellinek (Libgart Schwarz) in die blaue Schreibmaschine. Es sind Botschaften, für die es keine Empfänger gibt. Tausende von blauen Seiten, die sie mit zitternden Händen in die Schreibtischschubladen und Briefkuverts stopft. Aus ihrer Welt soll nichts verlorengehen. Und doch fällt ihr vor Angst immerzu alles aus den Händen.

Sie sieht nicht, was sie vor Augen hat. Vom ersten Augenblick an ist sie damit beschäftigt, ihre Himmelfahrt vorzubereiten. Überall steht sie wie eine heilige Tochter der Schmerzen auf einer Bühne. Ihr Vortrag in der Universität endet mit Ovationen, den geträumten Kältetod im Eis erleidet sie vor begeisterten Zuschauern. Nach Art der großen Tragödien ist sie außer sich und unbeweglich zugleich. Wenn sie spricht, sind es hastige, abgerissene Sätze, die sich, wenn der Schmerz am größten ist, in Gesang auflösen.

Werner Schroeter hat eine Oper inszeniert, auf die er, meist aus den Tiefen des Orchestergrabens, die Kamera hält. Von weit oben, vom Plateau der Opernbühne, reicht er die Todesschreie, die Oboenklänge und Nachtmahre mit großer, leerer Geste hinab. Wie ferngesteuerte Geister gehen die Komparsen dort oben umher, tanzen wie aufgezogene Puppen auf einem Ball, stehen als stumme Turnerriege an einem See, springen wie ein Revue-Ballett vor ein fahrendes Auto. In fliegender Eile jagt ein Bild das andere. Denn die höchste Angst ist auch in den Film gefahren.

Die Ekstase, die im Roman aus dem mörderischen Zusammenspiel von Erinnerungen, Erlebnissen und Projektionen langsam entsteht, ist im Film immer schon da. Wie ein wilder Buffo trampelt der Vater in den Träumen auf dem Blumensträußchen herum, das im Roman das Leben des kleinen Mädchens ist. Als fressender Nazi läßt er sich von der Tochter den Mund abwischen, als Kinderschänder wirft er sie in der Nacht vom Hausdach. Alles ist gleich, alles ist gleich schlimm, und alles bedeutet nichts.

Dann, endlich, kommt das Feuer. Erst brennen nur ein paar Briefe, später das ganze Inventar. Es zischt und kokelt in den Kulissen. Das ist der Krieg zwischen den Geschlechtern. Ungerührt, mit der Eleganz eines Kaufhausabteilungsleiters, geht Mathieu Carrière durch die Flammen der leidenden Frauenseele hindurch. Das ist das Ende.

Die Geigen geigen, das Feuer lodert, mit blutverschmierter Stirn hockt die Frau zwischen ihren brutzelnden Scheiterhaufen. Manchmal tut sie noch, als hielte sie einen Telephonhörer in der leeren Hand. Schließlich stochert sie nur noch in der Asche, in den brennenden Papieren, die überall verstreut sind. Von der tödlichen Ordnung und Leere, die selbst bei Elfriede Jelinek in der größten Verzweiflung herrschen sollte, von dem Riß, der bei Ingeborg Bachmann durch die Welt und durch die Menschen geht, ist in diesem flammenden Dramolett nichts übrig.

Der Spalt in der Wand wird immer größer. Hinter der Wand brennt die Hölle. Langsam, plötzlich vollkommen konzentriert, geht die Frau aus dem Spiegel, der ihr Bild, ihr Verschwinden sechsfach zurückwirft. Sie verschwindet in der Wand, die für sie der Himmel ist. Bleiben nur die Flammen und das Requiem, das zu dieser Himmelfahrt aufspielt. "Es war Mord", ruft sie noch vom Kinohimmel herab. Und mehr war es wirklich nicht.
Die Zeit, 18.1.1991

Die Frau im Feuer

Von Rose-Maria Gropp

Unmerklich fast tritt das Feuer seinen Siegeslauf in dieser Geschichte an. Der Film nimmt mit in eine Welt, die für eine Frau überall zu brennen begonnen hat. Auf einer schwelenden Leinwand, in lodernden Räumen bewegt sich ein anderer, ein Mann, als sei der Brand nicht da. Das Inferno tastet ihn nicht an; denn das Inferno ist im Kopf der Frau.

Die Frau hat schon von Anfang an mit dem Feuer zu schaffen gehabt: Sie raucht pausenlos, scheint die Glut in sich einzusaugen - an ihrem Schreibtisch, wo bedrohlich wachsende Berge von Papier, nie abgeschickte Briefe auf das gierige Übergreifen des Feuers nur zu warten scheinen; in ihrem Bett, wohin die zu Tode Müde das Glimmen mitnimmt. Von Flammen umgeben, zärtlich fast von ihnen umzüngelt, verschwindet die Frau am Ende in großen Spiegeln. Die Spiegel werfen dann nur noch das Abbild einer Bibliothek zurück: Flammennahrung, in die die Frau eingegangen ist, zu der sie selbst geworden ist. Der Mann spricht danach in ein brennendes Telefon am Schreibtisch der Frau, der zur Fackel geworden ist, ehe er die Tür der gemeinsamen, lichterloh entflammten Wohnung hinter sich zumacht, als sei da nichts. Es war nichts da - nur im Kopf und im Leib der Frau, die dieser Film vor den Zuschauern aufgemeißelt hat.

Werner Schroeter hat Ingeborg Bachmanns Roman "Malina" verfilmt. Es ist der einzige großangelegte Prosatext, den die österreichische Dichterin aus ihrem geplanten Zyklus "Todesarten" vollendet hat. Ingeborg Bachmann kam 1973 in Rom zu Tode, mit Brandwunden überzogen, verursacht von einer im Bett ausglimmenden Zigarette. Es ist bis heute unklar, ob sie an ihren Verbrennungen starb oder ob ihre Tablettensucht, der zu spät bemerkte Entzug im Krankenhaus, in dem sie noch tagelang am Leben gehalten wurde, sie ums Leben brachte. Schroeter nahm sich für seinen Film beides: Die Sucht und das Feuer verschmilzt er im feurigen Vergehen. Die Erlaubnis nahm er sich von der Dichterin, die "Malina" als verschlüsselte Autobiographie gelten ließ. Die panische Kraft für seinen Film nahm er sich von seiner Drehbuchautorin Elfriede Jelinek. Mit ihrer Hilfe hat er eine Ikone der deutschsprachigen Literatur aus dem Rahmen geschnitten, hat sich den Roman "Malina" angeeignet.

Unter den denkbaren Verfilmungen deutschsprachiger Literatur hat das Wagnis der Umsetzung dieses Romans kaum seinesgleichen: Es gilt, Bilder zu finden für verzweifelnde Sprachbesessenheit und immer und immer wieder für das Verhältnis der Geschlechter. Schroeter hat es mit diesem ernsten Spiel auf Leben und Tod aufgenommen, traumwandlerisch und wie im Rausch. Er hat Ingeborg Bachmann nicht zur Verliererin gemacht, auch nicht Elfriede Jelinek. Aber ihnen beiden hat er doch Gewalt angetan mit dem von ihm entfachten Sturm der Bilder. Entscheidend beteiligt an diesem Gewaltakt waren übrigens wiederum Frauen. Alberte Barsacq hat den Film ausgestattet und die Darsteller kostümiert. Elfie Mikesch führte die Kamera, die erbarmungslos die Geschichte einer Zerstörung notiert. In Isabelle Huppert - sie spielt die namenlose Frau - speiste Schroeter seine herrischen Energien ein. Er hat diese ungewöhnlich kühne Schauspielerin zu seiner Helfershelferin gemacht.

Werner Schroeter zwingt gerade die weiblichen seiner Darsteller bis an die äußersten Ränder ihrer Möglichkeiten voran. In "Malina" setzt er Isabelle Huppert einer Hatz ohnegleichen aus, die er ihr durch Kopf und Leib jagt. Wenn Isabelle Huppert mit aller Kraft ihren Kopf gegen das Tor eines Hauses schlägt, hinter dem sich ihr Geliebter Ivan verbirgt, dann hallt das Dröhnen des Schädels. Ihr Gesicht kommt auf uns zu im dumpfen Ton des Anpralls, das Auge der Kamera wird schwarz - dann wieder das Gesicht der Frau, Blut sickert aus ihrer Stirn. Schmerz tropft aus der Wunde, zu der die Leinwand geworden ist.

"Es war Mord." So lautet der letzte Satz von Ingeborg Bachmanns Roman. Mord geschieht an einem namenlosen weiblichen Ich, dessen Identität einzig das Initial "I" bezeichnet. Dieses Ich ist Schriftstellerin. Und dieses Ich ist in den alles verschlingenden Sog der Leidenschaft für einen jüngeren Mann - Ivan - geraten. Der Lebensgefährte der Frau, sein Name ist Malina, verkörpert buchstäblich das Prinzip der Rationalität, er ist männliche Vernunft. Er ist zugleich angelegt als das andere Ich der Frau. Am Ende des Romans ist das weibliche Ich, geflutet vom unerwiderten rasenden Begehren nach Ivan und unerhört leidend an der Vernunfthärte Malinas, "in der Wand", so heißt es, und für Malina kann in der leeren Wohnung nur "der Riß zu sehen sein, den wir schon lange gesehen haben". Hier gibt es keine Frau.

Ingeborg Bachmanns vor zwanzig Jahren erschienener Roman war ein Experiment, eine Nagelprobe auf die Sprache, auf jene "Gaunersprache", aus der es kein Entrinnen gibt; sie zementiert Macht, das Herrschaftsgefälle der Geschlechter. "Malina" ist bis heute ein Kultbuch des Feminismus, gilt als Dokument der Vernichtung einer Frau. Kaum konnte man sich "Malina" als Film vorstellen. Wie sollte dieser immer wieder abbrechende Sprachgestus in Bilder überführt werden? Auf dem Text lastet zudem eine Lektüre, die ihn zum Monument der psychischen Brutalisierung und des Geschlechterkriegs stilisiert.

Werner Schroeter hat gar nicht versucht, eine filmische Entsprechung zu Ingeborg Bachmanns Redestrom zu finden. Er ist auf Bildersuche gegangen und hat einfache, manchmal geniale Bilder gefunden. Schon am Anfang hat er die Kluft aufgerissen zwischen der Wirklichkeit der Frau und der Wirklichkeit, die sie umgibt. Der Film denunziert nicht das unablässige Wünschen, Denken und Reden der Frau, nicht die Träume, die sie in märchenhafte Welten führen, und nicht die unermeßlichen Ängste, die sie quälen und die sie nicht in die Sprache zwingen kann. Schroeter läßt aber in immer neuen Choreographien - in atemberaubenden musiküberwölbten Traumsequenzen wie in den scheinbar alltäglichen Begegnungen der Frau mit anderen Menschen, mit Ivan und Malina - jene Wand zum Tasten spürbar werden, in die die Frau in Ingeborg Bachmanns Roman endlich geht.

Wenn der Film dann brennt, ist keiner im Recht, es ist aber auch - dies die härteste Botschaft des Films - keiner schuldig gesprochen. "Ich will für meine Zerstörung selbst verantwortlich sein", hat Isabelle Huppert in einem Interview mit André Müller gesagt, der in Schroeters Film übrigens einen verständnislosen Reporter spielt. "Mein eigenes Opfer zu sein ist kraftvoller und auch feministischer als anzunehmen, ich wäre das Opfer der Gesellschaft oder das Opfer der Männer." Sie hat diese Überzeugung mit äußerster Radikalität in diesem Film ausgespielt. Sie hat den Film an sich gerissen, der ihr Gesicht und ihr Körper geworden ist. In Mathieu Carrière als Malina hat sie einen Mit- und Gegenspieler gefunden, der mit äußerster Anstrengung diese Figur entdämonisiert, der hinter der Kälte seiner Fassade Hilflosigkeit ahnen läßt. Im Gegenzug nimmt der Ungar Can Togay die Rolle des Ivan zur reinen Oberfläche des Geliebten zurück, der vom hemmungslosen Begehren der Frau zunächst geschmeichelt, dann von ihrem

Zugriff belästigt ist. Werner Schroeter hat einen Film gemacht und ihn "Malina" genannt. Er ist nicht Ingeborg Bachmanns Buch, aber er verrät das Buch nicht.
Frankfurter Allgemeine Zeitung, 18.1.1991

Malina

Von Elfriede Jelinek

In diesen Zeiten, da zusammenwächst, was zusammengehört und jetzt auch noch alles (aus Memmingen und Umgebung) uns gehört, sollte man wieder beginnen, vom Kampf zu reden. Vor den flimmernden Tabernakeln der TV-Bildschirme, aus denen die Furien der Brüderlichkeit und die Dämonen der Nachbarschaftsliebe quellen und alles abtransportieren, was nicht dazugehören darf, sollte man beginnen, wieder vom Krieg zu sprechen. "Es gibt nicht Krieg und Frieden, es gibt nur den Krieg", hat die Bachmann gesagt.

Ich halte also den ewigen wie den Harmonisierungsautoren und Beschwichtigungsvorturnern die Rißautorin Ingeborg Bachmann entgegen, aber keineswegs wie eine heilige Monstranz. Ihre vollendeten Gedichte fanden schon früh den Beifall der Kritiker, die sich wohlig gruselnd einrichteten in den Schreien der Dichterin. ("Mein Teil, es soll verlorengehen", "und ich verzweifle noch vor Verzweiflung", "Frühling wird nicht mehr werden", "Ich will nichts mehr für mich. Ich will zugrunde gehen.") Denn die Schreie der Lyrik klingen gut nach einem gepflegten Essen. Außerdem kann man den Ton ja leiser drehen. Doch die große Prosa der Bachmann, "Todesarten", unvollendet geblieben, entfachte eine feuilletonistische Hetzjagd, auf der die "Macher" (ein Wort aus der universaldeutschen Sprache, das die Bachmann hätte zusammenzucken lassen) des deutschen Kulturbetriebs einander schon vom Start weg rempelten und boxten, um nur als erste ins Ziel zu kommen.

Inzwischen hat man sich in Biographien der Dichter gemütlich niedergelassen, Eintritt frei, um sich nicht in ihren Werken niederlassen zu müssen, die ein härteres Lager sind. Die eine verbrennende Frau im Synthetiknachthemd (dieser schreckliche Tod der Bachmann), in sicherem Abstand vom warmen Ofen konsumierbar, ist - leider für allzu viele Feministinnen - gleich allen Frauen. Denn das Leid dieser einen Frau ist das Leid aller Frauen. Ist doch auch die Frau gleich allen anderen Frauen. Der allen Frauen gemeinsame spezielle Unterleib macht aus allen Frauen eben die eine allen anderen gleiche Frau; das gibt Frieden und wärmende Gemeinsamkeit. Die in ihrem Bett brennende Dichterin (und mit ihr all die brennenden Frauen mittelalterlicher Städte, die ihrer weiblichen Bevölkerung mittels Feuer ledig geworden) ist alle Frauen und gleichzeitig keine Frau, weil die Frau nichts ist.

Aber nicht jede Frau ist eine Dichterin, und vor weiblicher Einheitsseligkeit ist zu warnen. Hier wird kaum von einer Biographie die Rede sein, eine Biographie ist ein zu weiches Bett für die Werke der Bachmann, und ein solches Bett steht uns nicht zu.

Ingeborg Bachmann ist die erste Frau der Nachkriegsliteratur des deutschsprachigen Raumes, die mit radikal poetischen Mitteln das Weiterwirken des Krieges, der Folter, der Vernichtung in der Gesellschaft, in den Beziehungen zwischen Männern und Frauen beschrieben hat. Die Rolle der Frau als biologisch minderwertiges Sein (und nichts sonst), als "Paria" (Elisabeth Lenk) ist, in ihrer ewigen Unterwerfung, genau die richtige Mischung für die faschistische Ideologie. Die Frau ist reine Natur, dem Blut und dem Boden verwandt, Ruheort für den Mann, der zu den Haltegriffen seiner ewigen Waffen eilt.

"Der Faschismus ist das erste in der Beziehung zwischen einem Mann und einer Frau ..." (I. Bachmann) Im Faschismus ist die Frau, wagt sie es, über ihre Rolle als Gebärerin und Pflegerin hinauszutreten, Seuche, Feind im Inneren, "Fäulnis auf Raten" (Céline). Sie wird zur allgemeinen Verderberin, zum Feind von außen. Wie die Juden.

Im Entwurf zur Vorrede für den (unvollendeten) zweiten Teil des Romanzyklus "Todesarten", in "Der Fall Franza" schreibt die Bachmann: "Todesarten, unter die fallen auch die Verbrechen. Das ist ein Buch über ein Verbrechen. Es ist mir ... oft durch den Kopf gegangen, wohin das Virus Verbrechen gegangen ist - es kann doch nicht vor zwanzig Jahren plötzlich aus unserer Welt verschwunden sein, bloß weil hier Mord nicht mehr ausgezeichnet, verlangt, mit Orden bedacht und unterstützt wird. Die Massaker sind zwar vorbei, die Mörder noch unter uns, oft beschworen und manchmal festgestellt ... Ja, ich behaupte und werde nur versuchen, einen ersten Beweis zu erbringen, daß noch heute sehr viele Menschen nicht sterben, sondern ermordet werden ... Das Gemetzel findet innerhalb des Erlaubten und der Sitten statt, innerhalb einer Gesellschaft, deren schwache Nerven vor den Bestialitäten erzittern."

Gegen die resoluten Ärmelaufkrempler des Positiven ist eine solche Literatur geschrieben. Ihre Vernichteten sind immer Frauen. Diese "Todesarten" werden von Frauen erlitten, Unpersonen, die keine Stimme haben, denen der Faschismus, konsequent, sogar ihre staatsbürgerlichen Rechte absprach, waren sie nicht verheiratet. (Bachmann: "Die Ehe ist eine unmögliche Institution. Sie ist unmöglich für eine Frau, die arbeitet und die denkt und selber etwas will.") Den Selbsthaß, die Selbstverachtung, die daraus resultieren, hat die Bachmann beschrieben. Denn die Liebe ist die Fortführung des Krieges mit anderen Mitteln. Auf diesem Schlachtfeld erfolgt eine oft blutige, manchmal unblutige Vernichtung des Weiblichen, das nie Subjekt werden darf, immer Objekt bleiben muß, Gegenstand von gesellschaftlich nicht anerkannten Arbeitsverträgen, genannt Ehe.

Franza Jordan, Frau eines Kriminellen mit Krawatte, (kein Zuhälter! Vielmehr "ein großer Seelenhirte", Psychiatrieprofessor in Wien), wird von diesem Ehemann wie ein Insekt lebendig auf eine Nadel gespießt und seziert. Ihr Körper, ihre Gefühle, ihre Arbeitskraft werden ihr in einem Akt der gleichsam ganzkörperlichen Lobotomie Zug um Zug entrissen, bis die leere Außenhaut übrigbleibt, sozusagen ein weiblicher, ein entgeschlechtlicher, unblutig der gesellschaftlichen Kadaververwertung zugeführter Körper. Sein wird, durch diesen perfiden Ausschluß aus der Sphäre der ablaufenden gesellschaftlichen Prozesse, zu Nichtsein.

Franza ist "von niedriger Rasse. Oder müßte es nicht Klasse heißen. Man kann nur die wirklich bestehlen, die magisch leben, und für mich hat alles Bedeutung." Oder: "Wie konnte sie ihm bloß klarmachen, daß sie ausgemerzt werden wollte? Ja, ausgemerzt, das war es." Oder: "Mein Körper ist ganz beleidigt, an jeder Stelle beleidigt." Oder: "Ich bin eine Papua."

In einem vor einiger Zeit erschienenen Fotoband ist das Bild der Bachmann ordentlich gereinigt worden. Kaum einmal ein Mann, keiner dieser "Ungeheuer mit Namen Hans! Mit diesem Namen, den ich nie vergessen kann." (Undine geht) aus ihrem Leben taucht in diesem Buch auf. (Und Undine muß untertauchen!) Der Herausgeber nennt es - sicher mit den ehrenhaftesten Absichten - Diskretion, doch damit ist diese Frau, die ihr ganzes Werk darauf verwendet hat, das Absterben der weiblichen Identität in der Beziehung zum Mann akribisch zu notieren, posthum wieder zur Jungfrau gemacht worden, zum entsexualisierten, enterotisierten Sein. Die Traumwäscherei ("ohne sorge sei ohne sorge") hat wieder einmal funktioniert, die Schleuder rotiert. Der Faschismus muß die sexuelle Autonomie der Frau negieren, und dieses Ideal der entsinnlichten Frau bringt die Frau schließlich dazu, ihre Sexualität selbst zu verneinen. Da es die Frau als Subjekt auch in der Liebe nicht geben darf, muß sie ihrer eigenen Auslöschung zustimmen, in einer Art Todestrieb, dessen wahre Auslöser die Bachmann immer benannt hat. Sie hat die Verursacher jener immerwährenden Versagungsakte beschrieben, durch die die Frau gezwungen wird, sich schließlich selbst zu verneinen.

"Malina": Die beiden Männer Ivan und Malina brauchen einander (zwei Platzhirsche, jeder in seinem Revier) nicht einmal wahrzunehmen, während sie die Frau zwischen sich zerquetschen, und Malina tabuisiert die erotische Liebesbeziehung der Ich-Erzählerin mit Ivan. Die Frau, die spricht, sprechen will, kann dieses Sprechen als Subjekt in diesem Zwischen-Raum, der ihr gelassen wird, nicht realisieren. Sie spricht als eine Abwesende. "Malina" ist die Geschichte von der Abwesenheit weiblichen Sprechens in der Welt.

Aber auch in ihrer Sinnlichkeit, ihrer Sexualität kann sich die Frau nicht realisieren, denn sie muß, will sie begehren, sich zu einem Zu-Begehrenden machen, einem Passivum. Sie kann ihre Lust nur in der eigenen Auslöschung und Verleugnung genießen. So muß sie in der Wand verschwinden. In einem Raum des Weiblichen? In einem Bereich des weiblichen Existierens, in dem es nur mehr sie gibt? Wo sie endlich sprechen darf, ungestört? Doch diesen Raum gibt es nicht. "Es war Mord", lautet der letzte Satz. Das Tier wird in der Wand erdrückt. Alles ist jetzt außer ihr, sie ist außer sich, und es gehört ihr nichts.

Folgerichtig muß das Sein, das nichts ist, das nicht Ich sagen kann und darf, dieses zum Tode verurteilte weibliche Sein, diese "ewige Quelle von Unordnung" (Elisabeth Lenk) in "Malina", dem einzigen fertiggestellten Teil des Todesarten-Zyklus, in einem Riß verschwinden. Das Nichts muß tatsächlich zu Nichts gemacht werden. Nichts zu Nichts, wie Asche zu Asche.

Malina (könnte man das nicht auch für einen weiblichen Vornamen halten, wenn man den Text nicht kennt?), der strenge Vater, das gesellschaftliche Über-Ich und gleichzeitig die männliche Komponente der Ich-Erzählerin, das männliche Ich, das alleine sie sprechen machen kann, besorgt die nahtlose Einpassung dieses weiblichen Ichs in die männlich geprägte Ordnungswelt, indem er sie vollständig verdrängt und danach ihren Platz einnimmt. Vorher muß er noch jede ihrer Spuren sorgfältig entfernen, damit nichts mehr an sie erinnert. Malina bleibt in dieser wohlgefügten, aufgeräumten Welt übrig.

"Er lebt, weil er die Beschäftigung mit dem Kriegswesen zu seinem Beruf gemacht hat". (Ria Endres) Malina arbeitet im österreichischen Heeresmuseum, Staatsbeamter der (Güte-)Klasse A. Dieses gewaltsame Hineinpressen der Frau in die männlich-orientierte Sozialisation wird von der Bachmann als Verbrechen dargestellt und als solches beim Namen genannt.

Die weibliche Hauptfigur im "Fall Franza" fährt nach ihrer Ehekatastrophe mit dem Professor Jordan, dem "Fossil", das die Auslöschung ihrer Person mit großem Fachwissen und gründlicher Methodik durchgeführt hat, zusammen mit ihrem Bruder, einem Geologen, nach Ägypten: "Ihr Denken riß ab, und dann schlug sie, schlug mit ganzer Kraft, ihren Kopf gegen die Wand in Wien und die Steinquader in Gizeh und sagte laut, und da war ihre andere Stimme: "Nein. Nein." Franza stirbt an einem Blutgerinnsel im Gehirn, doch da ist sie schon längst nicht mehr am Leben.

Die entsetzlichen Trennungen. Die Männer können das, was sie nicht lieben können, nicht am Leben lassen, und das, was sie lieben, auch nur kurz. Ingeborg Bachmann weiß, daß Männer das, was sie Liebe nennen, bestenfalls als etwas von außen Kommendes, vielleicht sogar Angenehmes empfinden, möglicherweise als ihre Art Versöhnung mit der Welt, als kurzzeitig gelungene Normalisierung nach Zeiten von Vereinzelung, Vereinsamung, die der Mann als Mitglied der normenbildenden Kaste ertragen kann, die Frau aber nicht. In der Kunst ist die Liebe wenigstens mitteilbar. Aber zwischen Ich und dem Geliebten gibt es keine Kommunikation. Wo sie ist, kann er nie sein, und umgekehrt. "Für sie ist es etwas Ungeheures, wenn das Telephon läutet, für ihn ist das einfach ein Telephonanruf." (aus einem Interview)

Und: "Wenn das Geständnis abgelegt war, war ich verurteilt zu lieben; wenn ich eines Tages freikam aus der Liebe, mußte ich zurück ins Wasser gehen, in dieses Element, in dem niemand sich ein Nest baut, sich ein Dach aufzieht über Balken, sich bedeckt mit einer Plane. Nirgendwo sein, nirgendwo bleiben." (aus Undine geht) Die Frau liebt so außerordentlich, daß dieser Liebe nichts entsprechen kann. Was für den Mann Episode ist, ist für sie der "Transformator, der die Welt verändert, die Welt schön macht" (aus einem Interview).

Bei Kafka leiden die Männer vielleicht mehr als die Frauen oder haben weniger Widerstandskraft. Aber die Frauen leiden immer ohne Schuld und zwar nicht so, daß sie etwa "nicht dafür können", sondern im eigentlichsten Sinn, der allerdings wieder in das "nicht dafür können" mündet. (aus: Brief an Milena) Bei der Bachmann leiden die Männer manchmal, aber die Frauen können nicht anders als leiden.

Nach diesen Rissen, die sich in den Leben der Bachmannschen Frauen ausbreiten (jener "Riß im Zentrum" der Virginia Woolf), nachdem ihnen ihr Geschlecht "herausgerissen" wurde (Der Fall Franza), nachdem man ihr Leben "ausgeschlachtet" hat (der Jungdichter Toni Marek in Requiem für Fanny Goldmann: "Er hat sie ausgeweidet, hatte aus ihr Blutwurst und Braten und alles gemacht, er hatte sie geschlachtet, sie war geschlachtet auf 386 Seiten in einem Buch" ... Ähnliches soll auch der Person Ingeborg Bachmann schon passiert sein), gibt es nur mehr das Nichts, das Schwarze Loch. Die Frau ist das Andere, der Mann ist die Norm. Er hat seinen Standort, und er funktioniert, Ideologien produzierend. Die Frau hat keinen Ort. Mit dem Blick des sprachlosen Ausländers, des Bewohners eines fremden Planeten, des Kindes, das noch nicht eingegliedert ist, blickt die Frau von außen in die Wirklichkeit hinein, zu der sie nicht gehört. Auf diese Weise ist sie aber dazu verurteilt, die Wahrheit zu sprechen und nicht den schönen Schein. "Die Wahrheit ist dem Menschen zumutbar", sagt Ingeborg Bachmann.

Der Ausgangsort der Dichterin ist Kärnten, jenes österreichische Bundesland, das wie ein Katapult auch schon andere Dichter und Denker von sich geschleudert hat. Es muß auch von Ortlosigkeit die Rede sein. Von Sprachlosigkeit. Kärnten verweigert seinen slowenischen Bürgern immer noch die ihnen zustehenden Rechte, die ihnen zustehende Sprache und damit ihr Sein. Die Bachmann imaginiert slowenische Aufschriften auf Grabsteinen. Im Tod dürfen sie wieder, im Leben dürfen sie nicht sprechen. Das Wort "Heimatlosigkeit" ist nicht erlaubt, denn das Wort Heimat ist schon besetzt, es wird am liebsten von denen (wie auf einer universellen Weinkost) im Mund herumgewälzt, die - gewiß rein "daitsche" Kärntner - den alles Bestehende verewigenden unsichtbaren Gamsbarthut wie einen Heiligenschein um den Kopf schweben haben, während sie ihre Bachmann-Literaturwettbewerbe veranstalten.

Ingeborg Bachmann hat den Einmarsch von Hitlers Truppen als die größte Katastrophe, als das "Entsetzliche" schlechthin in Klagenfurt erlebt, als einen "zu frühen Schmerz", wie sie ihn "in dieser Stärke später überhaupt nicht mehr hatte." Sie hat diese größte nicht nur Menschen-, sondern Kulturvernichtungsmaschinerie und ihr brutales "Brüllen, Singen, Marschieren" als Aufkommen erster Todesangst erfahren.

Was die Dichterin aus dieser zerstörten Kultur, aus der daraus resultierenden "Unkultur" zu retten versucht hat, ist ihre Zunge. Eine der wenigen geretteten österreichischen Zungen, die auf den verbohrten Provinzialismus von "Musikantenstadln" mit schöner Weltläufigkeit geantwortet haben, darin etwa einer Djuna Barnes ähnlich. Als Bewohnerin eines Grenzlandes, mit der benachbarten italienischen und der slowenischen Sprache (aus der sie zum Teil selbst herkam), schrieb sie, eine der wenigen, schon in den fünfziger Jahren eine Art kosmopolitische Literatur.

Karl Kraus hat als das Beste am österreichischen Erbe dessen slawische und jüdische Komponente geradezu verzweifelt (und schon resignierend) beschworen, und zwar gegen das Deutsche. "Dichter wie Grillparzer und Hofmannsthal, Rilke und Robert Musil hätten nie Deutsche sein können. Die Österreicher haben an so vielen Kulturen partizipiert und ein anderes Weltgefühl entwickelt als die Deutschen. Ihre sublime Serenität erklärt sich daraus ..." (I. Bachmann in einem Interview.) Auf den Grabsteinen der Bachmannschen Toten steht nicht Ruhe sanft, sondern VJEZUSU KRISTUSU JE ZIVLJENJE IN VSTAJENJE.

Die Bachmann hat gewußt, daß sie hier nicht bleiben konnte. Hier nicht, aber auch nirgendwo sonst, obwohl sie in ihrem römischen Exil wohl ganz glücklich gewesen ist. Nicht in ihrer eigenen Sprache, deren Zerstörung schon längst beschlossen war, beginnend bei denen, die "mal" sagen statt "einmal", was sie wahrscheinlich "im Taunus" gelernt haben, dem "Inbegriff des Hunnenlandes" (Requiem für Fanny Goldmann); ein Neudeutsch, das als Universalschlüssel alle Türen öffnet, auf die es heutzutage ankommt, nur die eine eben nicht, aber wer will denn dort noch hinein, in diese Kapuzinergruft.

Nicht in der Liebe, in der immer wieder die Frau gemordet wird wie das Gefühl vom Verstand, und die Liebesgeschichten werden Bücher "über die Hölle". Nicht in der beliebten kleinen vorgefertigten Naßzelle namens "Familie", denn der Vater ist der allerschlimmste Mörder, der die Tochter auf hunderterlei Arten vergewaltigt und umbringt (wie in den entsetzlichen Traumkapiteln in Malina), und die Mutter ist seine schweigende, ja abwesende Komplizin, die weibliche Macht ist gebrochen. Nicht in ihrem Land, in dem längst jene das Sagen haben, die in ihren Köpfen nicht darüber hinauskommen, worüber sie im Leben nicht hinauskommen, im Denken das Irrationale über den klaren Ausdruck Triumphe feiert und die herrschende Klasse sich seit der Nachkriegszeit zu führenden Kreisen in Salonsteierern und Salondirndln verharmlost hat.

Nicht einmal ihre unversehrten Integrität als Person kann die Ich-Erzählerin in der "Autobiographie" Malina sicher sein. Im Verlauf der Erzählung wird Malina, der männliche Partner, zum Kannibalen, der die Identität der Frau schrittweise auffrißt sich immer mehr in den Vordergrund spielt, bis die Frau in der Wand verschwunden ist und der Mann ihren Platz eingenommen hat. Die gewiß künstliche Konstruktion, alles getrennt zu halten, funktioniert nicht mehr. 'Malina' drängt immer weiter in den weiblichen Raum vor" (Ria Endres). Dieser Todeskampf hinterläßt nicht einmal Spuren.

Und da ist auch noch die manchmal rührende Suche nach einem Ort der Gesellschaft, an dem sie sich niederlassen könnte. Die sogenannte gute Wiener Gesellschaft hat in ihr eine Protokollantin gefunden, ist noch einmal, nach Schnitzler, Hofmannsthal, Musil in die Literatur eingetreten, und natürlich ist auch diese "Gesellschaft der allergrößte Mordschauplatz". (aus Malina)

Je besser man die Spielregeln beherrscht - und die Damen wissen hier genau, um wieviel Uhr man auf keinen Fall ums Gerstner gehen kann und an welchen Tagen auf keinen Fall ins Theater in der Josephstadt -, je mehr sie also wissen, desto weniger gehören sie dazu. Denn der winzige Anstoß eines Gefühls genügt schon, diese Frauen aus ihrer Umlaufbahn zu drängen, in die sie nie wieder hineinfinden.

Sicher haben manche der Bachmann befohlen, "glücklich" zu sein, wie Ivan, der unveränderliche, Extrawurst essende Geliebte in Malina es seiner Freundin vorschreibt, die sich buchstäblich zerreißen kann und ihm doch nie näherrückt, "und wie Ivan sind die meisten Menschen" (aus einem Interview). Ingeborg Bachmann hat diesem Befehl nie gehorchen können.

Auf ihrem Grabstein in Klagenfurt-Annabichl stehen ihr Name und ihre Daten, aber es steht dort nicht: "Unbekannte von unbekannten Tätern ermordet." Schließlich war ja auch weder sie noch waren die Täter unbekannt.
Emma, Nr. 2, Feb. 1991

Malina

Von Alice Schwarzer

Die erste Erkenntnis des Schmerzes. Ziemlich zu Anfang ihres von ihr selbst als "autobiographisch" benannten Romans Malina schildert Ingeborg Bachmann dieses Erlebnis als entscheidend. *Zum ersten Mal unter die Menschen gefallen. Danach trottete jemand, der einmal ich war, nach Hause.* Das weibliche Ich aus *Malina* war an diesem Tag zum ersten Mal im Leben dem Verrat, der Demütigung, der Gewalt begegnet. Männlicher Gewalt. Es sollte erst der Anfang sein. Was das Mädchen in den Jahren darauf erlebte, zugefügt nicht von einem Fremden, sondern vom eigenen Vater, das zerstörte die Frau lebenslang. Sie verlor das Vertrauen, das Vertrauen in die Welt, das "Weltvertrauen", wie es der von Bachmann sehr geschätzte Jean Amery in einem 1966 veröffentlichten Text nannte. Er schrieb:

"Der erste Schlag bringt dem Inhaftierten zu Bewußtsein, daß er *hilflos* ist - und damit enthält er alles Spätere schon im Keime. Folter und Tod in der Zelle, wovon man gewußt haben mag, ohne daß freilich solches Wissen Lebensfarbe besessen hätte, werden beim ersten Schlag als reale Möglichkeiten, ja als Gewißheit vorgespürt. Man darf mich mit der Faust ins Gesicht schlagen, fühlt in dumpfem Staunen das Opfer und schließt in ebenso dumpfer Gewißheit: Man wird mit mir anstellen, was man will. Draußen weiß niemand davon, und keiner steht für mich ein. Wer zu Hilfe eilen möchte, eine Ehefrau, eine Mutter, ein Bruder, oder Freund, hier gelangt er nicht herein."

Bachmann gelangt nicht hinaus. Bei ihr und all den anderen Mädchen und Frauen könnte man davon wissen. Aber man will nicht, bis heute nicht.

Ich habe gesehen, daß alle abwarten, sie tun nichts. Und es passiert überall und nirgends.

Ingeborg Bachmann, geboren am 25.6.1926 in Klagenfurt, starb am 17.10.1973 in Rom. Sie hatte nicht länger die Kraft, die Folgen der Folter - Folter durch ihre Liebsten - zu überleben. Jean Amery, geboren am 31.10.1912 in Wien, starb am 18.10.1978 in Salzburg. Selbstmord. Er hatte nicht länger die Kraft, die Folgen der Folter - Folter durch die Nazis - noch länger zu überleben.

Die Folter ist das zentrale Thema von *Malina*. Es ist Bachmanns einziger vollendeter Roman. Frühen Ruhm erntete sie in den 50er Jahren mit ihren Gedichten. Selbstverständliche Anerkennung erhielt sie für ihre Kurzgeschichten und Essays. Irritation und Ablehnung löste sie mit diesem in den 60er Jahren geschriebenen

Roman aus. Malina war als erster Teil einer Trilogie gedacht, folgen sollte "Der Fall Franza" und "Requiem für Fanny Goldmann", beide heute nur als rekonstruierte Fragmente vorhanden. Bachmann gab der Trilogie den Titel *Todesarten*.
Malina erschien 1971. Und fiel durch. Zehn Jahre danach ergoß sich eine zweite Welle der Wertung über die Bachmann-Texte: Nun trugen Literaturexpert*innen* Bachmanns Frausein Rechnung. Jetzt, 20 Jahre danach, wurde *Malina* verfilmt. Von einem Mann. Der Anstoß kam von den Produzenten, zwei Brüdern namens Kuchenreuther. Sie waren es auch, die die - gute - Idee hatten, Elfriede Jelinek das Drehbuch schreiben zu lassen. Aber sie hatten leider auch den Einfall, Werner Schroeter die Verfilmung anzutragen ...

Spätestens seit Abschluß der Dreharbeiten legt Schroeter Wert darauf, sein Verhältnis zu Bachmann klarzustellen. In einem ZDF-Interview erklärte der Regisseur (übrigens genau in der Herrenpose, an der das "Ich" von Malina zerbrochen ist) jüngst frank und frei: "Es wäre furchtbar, wenn man's so verfilmen würde, wie's geschrieben steht. Die eine Brücke ist die Jelinek, die andere Brücke bin ich. Es muß über diese beiden Brücken gehen, damit man zu einer neuen Frage kommt. Sonst interessiert das ja wirklich keinen mehr, das Gejammer."

Das Gejammer. Von Bachmann. Vielleicht ist es jemandem wie Schroeter gar nicht zu verdenken, daß er vermutlich noch nicht einmal ahnt, daß dieses "Gejammer" genau das Gegenteil ist: Nämlich der Versuch der Überwindung von Leiden durch die Benennung seiner Existenz und seiner Ursachen. Das Thema, das Bachmann da - Jahre vor der Neuen Frauenbewegung! - schon vor zwanzig Jahren anschlug, lautet: Kolonialisierung des weiblichen Körpers, hier in seiner brutalsten Variante - dem sexuellen Mißbrauch und der Gewalt durch den eigenen Vater (Bruder, Freund, Mann). Folter über Jahre. Den Rest gibt das Wegsehen und Schweigen der Mutter.

Dreißig Jahre danach findet Ingeborg Bachmann endlich Worte dafür. Nicht direkt, sie kann noch immer nicht schreiben, *was* damals passiert ist. Aber indirekt, indem sie schildert, was das von früher bis heute in ihr angerichtet hat. Alpträume, Haß, Selbsthaß. Und Angst. Angst! *Ivan hebt im Scherz die Hand, um nach mir zu schlagen, da kommt die Angst wieder. Und ich sage erstickt: Bitte nicht, nicht nach meinem Kopf.* Aber auch Erkenntnis und Mut. Mut, in den Abgrund zu sehen. Was sie da sieht? *Blutschande. Das ist doch nicht zu verwechseln, ich weiß, was es heißt.*

Ingeborg Bachmann, die so lange das Grauen in sich getragen hat, verliert die Fassung, gesellschaftlich wie literarisch. Sie hält sich nicht mehr an die Spielregeln, weder an die des Schweigens, noch an die des Schreibens. Nicht zufällig passiert das Ende der 60er, Anfang der 70er Jahre.

Der Roman der Dichterin, die schon im Olymp aufgenommen war, reißt sie bei seinem Erscheinen runter. Das, was die Bachmann da mitzuteilen hat, will niemand hören. Da sei eine "Vaterbindung angedeutet", ein "Vaterkomplex rekapituliert" worden, bramarbasieren die Berufskritiker. Nebulös sei die Sache, ganz und gar unverständlich. Auch für die Leserin. Es "schieben sich die Obsessionen vor alles Dechiffrierbare", klagt Kollegin Wohmann kokett.

Zwei Jahre später erliegt Ingeborg Bachmann einem eigenartigen, bis heute nicht ganz geklärten Tod. Sie schläft mit der brennenden Zigarette ein und stirbt nach zwei Wochen auf der Intensivstation - nicht an den schweren Verbrennungen, sondern an den Entzugserscheinungen. Die Ärzte konnten nicht klären, von welchen Mitteln die besinnungslose Süchtige abhängig war - und da waren auch keine "Freunde", die bereit gewesen wären, zu gestehen, was sie ihr über Jahre besorgt und geliefert hatten. *Todesarten.*

Auch die Nachrufe werden *Malina* nicht gerecht. Weder die aus den 70ern, noch die aus den 80ern. Da seziert die feministische, postfeministische, antifeministische oder wasauchimmer Kritik den Roman mit literaturästhetischen und psychoanalytischen Methoden. Sie attestiert Bachmann, von Frau zu Frau, zwar eine für ihre Zeit "ungewöhnliche und ungewohnte entblößende Beschäftigung mit Weiblichkeit" und kann auch die Inzest-Klage nicht länger überhören. Aber sie schiebt, ganz modisch, dem Opfer die Schuld zu, ja unterstellt die Freude am Opfersein, schlimmer noch: einige der Kritikerinnen verweisen nun das Geschehen ins Reich der Phantasie einer Masochistin.

So schreibt zum Beispiel Ria Endres 1981 in der "Zeit" über das zweite Kapitel, in dem es ausschließlich um den unbewältigten Mißbrauch durch den Vater geht, wörtlich: "Hinter diesen Traumkonstruktionen steckt aber die streng verhüllte Liebesphantasie mit dem Vater. In der bewußten Dramatisierung wird das Paradies der Kindheit als Hölle wiederholt, um diese endlich hinter sich zu lassen."

Paradies der Kindheit ... *Es war Mord.* Das sind die letzten Worte in Malina. Zehn Jahre danach wird Bachmann zu Tode interpretiert. Und weitere zehn Jahre danach zu Tode verfilmt.

Der Regisseur schreckt vor keiner Manipulation zurück. Beispiel: Das erste Übermanntwerden beschreibt Ingeborg Bachmann als *erste Erkenntnis des Schmerzes.* Bei Jelinek wird daraus: "Dies ist mein allererster Schmerz gewesen, und er ist stärker gewesen als alle, die ich danach empfunden hab ..." Punkt. Und bei Schroeter? Er läßt seine Hauptdarstellerin Isabelle Huppert in der entsprechenden Szene kokettieren: "Dies war meine erste Erfahrung mit dem Schmerz - und meiner Freude daran."

Freude daran. Freude woran? An der Demütigung? An der Unterwerfung? An der Gewalt? Sicher, die Lust ist ein vielbeschriebenes Blatt, so manche Handschrift, so mancher Eindruck findet sich darauf, auch Widersprüchliches und Abgründiges. Aber kann ein Objekt überhaupt von Lust reden? Ist nicht die Gefügigkeit des Objekts eher Überlebensstrategie statt Erfüllung! Ahnen und Akzeptieren oder Verdrängen und Schweigen? Überleben statt Erkennen oder Erkennen und Zugrundegehen? Männer, die die Existenz der sexuellen Gewalt verniedlichen, haben als (potentielle) Täter ein Interesse daran. Frauen, die die Existenz der sexuellen Gewalt verharmlosen oder gar propagieren, sind als (potentielle) Opfer zwangsweise Kollaborateurinnen. Willige Opfer, die noch unter der Folter Lustschreie ausstoßen. Genau das ist das Problem - nicht bei den heimlichen-unheimlichen Sehnsüchten hinter verschlossener Tür, sondern bei der öffentlichen Propagierung des Masochismus von Frauen (und Sadismus von Männern). Was nicht zufällig gerade jetzt Mode ist, in diesen sogenannten "postfeministischen" Zeiten.

In *Malina* schreibt eine um ihr Leben, nicht um ihr Sterben. Rückblicke und Ausblicke, Monologe und Dialoge, fiktive Briefe und Interviews, Alpträume und Alltäglichkeiten folgen sich zwingend. Wir erleben alles aus der Ich-Perspektive der Erzählerin. Alles dreht sich um die Innenwelt des Ichs und seine drei Akteure.

Da ist das namenlose, weibliche Ich, das, ganz wie seine Autorin, Dichterin ist, in Klagenfurt geboren und in Wien ansässig. Da ist Malina, der Mann mit dem eigenartig geschlechtslosen Namen, der mit der Frau zusammenwohnt und im Kriegsmuseum arbeitet. Und da ist Ivan, ein gebürtiger Ungar, der in derselben Gasse lebt, zwei Kinder, aber keine Frau hat und in mysteriösen Geldgeschäften tätig ist. Die Frau ist Ivan, gespielt von Can Togay, hörig. Als sie ihn auf der Straße zum ersten Mal sieht, folgt sie ihm wie ein Hund. *Du könntest mich heilen*, sagt sie. Ivan, mehr Projektion denn Realität, sieht auch im Film so aus, wie man ihn sich im Roman vorstellt: groß, dunkel, undurchschaubar; männlich.

Malina ist ganz das Gegenteil. Er ist nicht wirklich ein Mann, nicht wirklich ein Gegenüber, und auch keine Projektion. Er ist die männliche Seite des weiblichen Ichs, ihr alter ego, ihre andere Hälfte. Mathieu Carrière, die beste Besetzung in dem Film, spielt den Malina wie der Erzengel Gabriel: schön, ruhig, verheißend, bedrohlich. Er setzt der weiblichen Raserei und Zerstörung männliche Gelassenheit und Umsicht entgegen. Er schützt. Aber er schützt sie auch vor sich selbst - und damit vor ihrer eigenen Geschichte, ihrer eigenen Identität.

Malina unterbricht mich, er schützt mich, aber ich glaube, sein Beschützenwollen führt dazu, daß ich nie zum Erzählen kommen werde. Es ist Malina, der mich nicht erzählen läßt, klagt die Frau. Es ist die vernünftige männliche Seite, die die gedemütigte weibliche Seite an der zerstörerischen Erkenntnis hindern will.

Die Frau wird von Isabelle Huppert gespielt, was ins Konzept von Schroeter paßt, aber nicht in das von Bachmann und Jelinek. Kann die im Leiden spezialisierte Französin überhaupt die revoltierte Bachmann darstellen? Ahnt diese femme douloureuse überhaupt, wie groß die Sehnsucht nach Glück der Frau in *Malina* in Wahrheit ist?

Die Frau geht geradewegs ins Feuer. Indem sie die Demütigung mit Ivan wiederholt, will sie diesmal Siegerin werden, will die alte Erniedrigung überwinden, will die Dämonen austreiben. *Du könntest mich heilen.*

Doch die Frau scheitert an Ivan, so wie sie am Vater scheiterte, halb zerbrochen zerbricht sie nun ganz. Was der Vater begonnen hat, vollendet der Liebhaber - mit der gelähmten Teilnahme des Opfers. Sie wird von Ivan verlassen und existiert folgerichtig nicht mehr. Die Frau verschwindet in einem Spalt in der Wand ihrer Wohnung. Zurück bleibt Malina, ihre andere Hälfte. *Ich habe in Ivan gelebt und ich sterbe in Malina*, sagt sie im Gehen (Daraus wird übrigens im Pressematerial zum Film: Ich habe in Ivan *geliebt* und ...)

Was will Bachmann damit sagen? Wohl: Ich, die Frau, existiere nur als Geschöpf des Mannes. Will der vom Mann kolonialisierte weibliche Mensch überleben, muß er die Frau in sich töten. Und genau das tut am Ende das weibliche Ich in Malina: Die Frau verschwindet - damit der Mensch überleben kann. Zurück bleibt nur ein Teil von ihr, die männliche Hälfte, Malina.

Du wirst nicht in deinem Ich siegen, hatte Malina seiner weiblichen Hälfte prophezeit. Er sollte recht behalten. Der weibliche Mensch überlebt - aber nur um den Preis der Selbstaufgabe seiner weiblichen Identität und der Anpassung an die männliche Hälfte. Das heißt: es überlebt nicht der vollständige Mensch mit all seinen Erfahrungen, Gefühlen und Gedanken, es überlebt ein Torso. Die Vernunft hat die Emotion zum Schweigen gebracht. Bachmann weiß: *Wenn man überlebt hat, ist Überleben dem Erkennen im Wege.*

Was nun wird aus dieser Geschichte in dem Schroeter-Film? Eine Klamotte. Durch lodernde Flammen, untermalt mit lodernden Tönen, staksen im Pseudo-Bausch-Schritt seidene Unterröcke und glamouröse Roben. Er hat einfach NICHTS begriffen, schlimmer noch: Er dreht den Stoff um. Schroeter "Malina" verfilmen lassen, das ist, wie wenn Riefenstahl die "Gebrüder Oppermann" drehen würde. Am Drehbuch kann es nicht liegen, denn Drehbuchautorin Jelinek hat durchaus versucht, die Zerrissenheit ihrer Heldin in Bilder umzusetzen. So beginnt sie zum Beispiel die 29. Szene mit den Worten: "Die Frau liegt in einem eleganten Negligé, das für sie etwas ungewöhnlich ist, denn sie zupft dauernd daran herum, weil sie sich darin unbehaglich fühlt, im Bett. Sie liest und macht sich Notizen, schlägt etwas nach etc. Die Tätigkeit paßt in grotesker Weise nicht zu dieser hyperweiblichen Kleidung, die an Dallas oder so erinnert."

In den Händen des Regisseurs wird aus der Film-Frau ein Weibchen, dessen Auftritt in grotesker Weise nicht zur Tätigkeit einer Schriftstellerin paßt. Für die gefügige Huppert ist das Negligé nicht hilflose Verkleidung, sondern raffinierter Normalzustand. Und aus der verzweifelten Raserei des Bachmann-Ichs wird ein hysterisches Gerenne des Schroeter-Stars. Mehr Unrecht kann *Malina* nicht getan werden als mit so einer Verfilmung. Ach, warum hat sich der Regisseur nicht eines anderen, eines eigenen Stoffes angenommen! Waren die für *Malina* angesetzten sieben Millionen zu verführerisch?

Das ganze Unterfangen wäre der Rede kaum wert, wäre da nicht dieses so modische Kokettieren mit dem Masochismus. Und wäre da nicht die Realität: Wir müssen heute davon ausgehen, daß etwa jedes dritte Mädchen sexuell mißbraucht wird oder wurde, und daß die Mehrheit aller Frauen sexuelle Gewalt aus der eigenen Erfahrung kennt. Noch sind wir weit davon entfernt, das wirkliche Ausmaß des Schadens, das diese Art von (Sexual)Folter beim weiblichen Geschlecht anrichtet, zu erfassen.

So berichtete der "Spiegel" jüngst in einer Suchstory auch über die bekannte Medikamentenabhängigkeit von Bachmann (Angstdämpfer etc.), ein französischer Freund habe wenige Monate vor Bachmanns Tod erschrocken die zahlreichen Brandwunden von Zigaretten auf ihrem Körper registriert. Der "Spiegel" führt das auf ihre Achtlosigkeit und Empfindungslosigkeit durch die Sucht zurück.

Doch vermutlich war dies nicht der einzige Grund. Wir wissen heute, daß Suchtgefährdung bei sexuellem Mißbrauch in der Kindheit auffallend häufig ist.

Und wir wissen auch, daß Inzest-Geschädigte lebenslang zu seelischer und körperlicher Selbstzerstörung neigen, bis hin zur Selbstverstümmelung, mit Rasierklingen oder brennenden Zigaretten zum Beispiel ... Aber kein Aderlaß ist so stark, diese Erniedrigung wegzuwaschen; kein Feuer so reinigend, dieses Brandmal zu vernichten.

Das sind die Gründe, warum die Koketterie mit der Sexualerniedrigung und der Sexualgewalt - und der Pornographie, die sie propagiert! - eine so bitterernste Sache ist. Und Drohgebärden bei Männern, Unterwerfungsgesten bei Frauen. Wir brauchen darum nicht länger drumrumzureden. *Denn die Wahrheit ist dem Menschen zumutbar*: Die Propagierung des weiblichen Masochismus durch Männer ist ein Angriff, durch Frauen ist es Kollaboration mit dem Feind. *Es ist der ewige Krieg*. Sicher, Kollaborateure gibt es in allen Kriegen. Damit müssen die Bachmanns und Amerys leben. Nur - vereinnahmen lassen müssen sie sich nicht.
Emma, Nr.2, Feb. 1991

Schreiben unter Risiko

Von Ulrike Frenkel

Seit Isabelle Huppert mit Zigarette im Mundwinkel von den Litfaßsäulen schaut und Werner Schroeters Film "Malina" in den Kinos angelaufen ist, erwacht neues Interesse an einer Schriftstellerin: Ingeborg Bachmann, die 1971 "Malina" als ersten Teil einer geplanten Romantrilogie unter dem Arbeistitel "Todesarten" verfaßte und 1973 mit 47 Jahren in Rom starb, ist wieder in der Diskussion. Mit dem Filmstart wird auch ein altes Mißverständnis neu aufgerollt: daß die Autorin in ihrem Text nur sich selbst beschreibt, daß man Leben und Werk nahtlos aufeinander projizieren kann. Dabei geizte Ingeborg Bachmann stets mit intimen Geschichten. Bis heute wurde keine Biographie über die Autorin geschrieben.

Ihr Lebenslauf ist schnell erzählt. 1926 als Lehrerstochter in Klagenfurt geboren, studierte sie ab 1945 in Innsbruck, Graz und Wien hauptsächlich Philosophie, aber auch Psychologie, Germanistik und Rechtswissenschaften. 1950 promovierte sie über "Die kritische Aufnahme der Existenzphilosophie Heideggers". In den fünfziger Jahren schrieb sie vor allem Lyrik, Hörspiele und Opernlibretti. Mit dem 1961 erschienenen Erzählband "Das dreißigste Jahr" wandte sie sich von der Lyrik ab. Nach zehnjährigem, zurückgezogenem Leben in Rom erschien 1971 "Malina".

"Die Bachmann" - dieser Name wurde zum Markenzeichen, kaum daß die Dichterin 1953 für ihre Gedichte mit dem Preis der Gruppe 47 ausgezeichnet worden war. Ausführlich widmete sich die Presse der Autorin. Startschuß war eine Titelgeschichte im Nachrichtenmagazin "Der Spiegel" 1954. Fast einstimmig loben Kritiker die Lyrik der Bachmann. Doch mindestens ebenso einhellig war später die Ablehnung der Prosa. "Überzogene Backfischphantasien", wetterte der Literaturpapst Marcel Reich-Ranicki nach der Lektüre von "Malina". Deutliche Abgrenzungsneurosen der meist männlichen Kritiker stempelten die Leidensgeschichte der Ich-Figur in "Malina" als Bekenntnisse "einer schönen Seele" (Helmut Heißenbüttel).

Ingeborg Bachmann wehrte sich gegen solch biographische Interpretationsversuche zeit ihres Lebens, ja, sie litt unter ihnen. "Und die Krankheit, die Folter darin, und die Krankheit der Welt und die Krankheit dieser Person ist die Krankheit unserer Zeit für mich. Und wenn man das nicht so sehen kann, dann ist mein Buch verfehlt", antwortete sie auf die Frage nach der gesellschaftspolitischen Relevanz von "Malina". Früher als manch anderer erkannte Ingeborg Bachmann in ihren Texten, das heute so aktuelle "Ende der großen Geschichte": "Zu sagen, was neben uns jeden Tag passiert, wie Menschen, auf welche Weise ermordet werden von den anderen, das muß man erst einmal beschreiben, damit man überhaupt versteht, warum es zu den großen Morden kommen kann." Ihr Denken, das für sie von "der ersten Todesangst", als die Hitler-Scharen 1939 in Klagenfurt einmarschierten, geprägt wurde, und ihre Kritik an der "mörderischen, männlichen Ordnung" ebenso enthält wie eine subtile Analyse der Unzulänglichkeit der Sprache - dies alles wurde Anfang der siebziger Jahre als autobiographisch wahrgenommen.

Doch auch Werner Schroeter ist jetzt, zwanzig Jahre später, mit seinem Film in diese biographische Falle getreten. Durch viele Details - etwa die brennende Wohnung am Filmende - scheint man nicht dem Drama des fiktionalen Ichs, sondern dem der Person Ingeborg Bachmanns beizuwohnen. Isabelle Huppert spielt, unter Schroeters Führung, die Selbstzerstörung einer Frau, die das Absolute sucht und an der Realität scheitert. Die Betonung liegt auf "Selbstzerstörung". Die langen Passagen, in denen Ingeborg Bachmann in ihrem Roman über die Zerstörung weiblicher Identität und Kreativität durch den mörderischen Vater, "der das ausübt, was die Gesellschaft ausübt", deliriert, tauchen im Film nur als grotesk-obszöne Opernszenen auf. Nun kann und soll ein Film kein getreues Abbild eines Romans sein. Aber liegt vielleicht nicht von vornherein ein Problem darin, wenn ein Regisseur, der den pragmatischen Satz "Liebe gibt es nicht, als Behauptung vielleicht" als Credo verkauft, eine Autorin verfilmt, die schreibend die Liebe sucht, "die allein Schutz böte gegen die ungeheuerliche Kränkung, die das Leben ist"?

Alice Schwarzer hat in der Zeitschrift "Emma" diese ungute Kombination zu Recht scharf kritisiert. Aber auch sie reduziert Bachmanns Schreiben, wenn auch auf ganz andere Weise. In einem vermessenen Schlenker schließt sie aus "Malina" den sexuellen Mißbrauch Ingeborg Bachmanns durch ihren Vater: Eine wahrhaft boulevardgemäße Festschreibung, die sich auf ebenso zuverlässige Quellen stützen kann wie die Behauptung, Franz Kafka sei von seinem Vater in einen Käfer verzaubert worden, nur weil er "Die Verwandlung" schrieb. Die Geschichte der Bachmann treibt bizarre Blüten - auch fast zwanzig Jahre nach dem Tod der Autorin nach einem selbstverschuldeten Brand in ihrer römischen Wohnung.

Man sollte darüber nicht vergessen, daß die große Schriftstellerin Ingeborg Bachmann lange vor den modischen Strömungen ihr Leiden an einer zerstörerischen patriarchalischen Weltordnung nicht in Seelenergüsse, sondern in messerscharfe Poesie und Prosa umgesetzt hat. Ihre Erkenntnis, daß die Frau in der kul-

turellen Ordnung keinen Platz habe, es sei denn als Objekt, ergab sich nicht masochistisch. Sie zerrieb sich vielmehr an der Unmöglichkeit, eine Sprache jenseits der kategorisierenden Männer-"Gaunersprache" und der Frauensprache, "dieses Lamentos" zu erobern. "Nicht das Reich der Männer, nicht das der Weiber" hat sie gewollt - aber vielleicht das einer utopischen, grenzenlosen Liebe.
Stuttgarter Zeitung, 9.2.1991

Ungeheuer namens Hans

Von Hartmut Buchholz

Keine Nixe mit Schuppenleib, keine kleine Meerjungfrau, kein mythologisches Wesen. Stattdessen: auf der Bühne "ein realer Mensch". Eine Sprech- und Spielfigur, die, so die Schauspielerin Sigrun Schneggenburger, "den Text in den Mund nimmt - und in den Körper".

Acht Seiten Prosa, und fast jeder Satz eine Falltür. Anklage und Plädoyer, ein "Ruf von seither", "Muschelton", "Windfanfare". "Undine geht", eine Abrechnung mit den Menschen, diesen "Ungeheuern mit Namen Hans" (und für Undine heißen alle Männer Hans), beschließt, ein literarischer Aufruhr, Ingeborg Bachmanns 1961 erschienenen Erzählungsband "Das dreißigste Jahr". Undine: Den romantischen Erzähl- und Musiktopos von der unstillbaren Liebe einer Meerjungfrau zu einem Menschen-Mann übernimmt Ingeborg Bachmann allenfalls als ironisch, sarkastisch gebrochene Tradition. "Verurteilt zu lieben", ist ihre Undine unter die Ungeheuer gefallen, die Hans-Ungeheuer. Die Differenz zwischen den Geschlechtern klafft, unüberbrückbar, als Abgrund aus Sprachlosigkeit und Verfehlung. Schöne Utopie, es könnte auch nur einen Schimmer von Verständnis geben.

Ein solcher Text auf der Bühne? "Ich habe diese Undine lange mit mir herumgetragen", sagt Sigrun Schneggenburger, auf deren Initiative das Freiburger Undine-Projekt zurückgeht; Premiere ist am kommenden Freitag im Kammertheater, Regie führt der Poet, Liedermacher, Geschichtsforscher und - seit "Hyänen voila!" - auch Theatermacher Walter Moßmann. "Undine geht" als weiblicher Verzweiflungsmonolog, kontrapunktiert von einer "Gegenrede" in Cornelius Schwehrs Bühnenmusik, die vom Freiburger "Ensemble Recherche" eingespielt wird.

Für "undramatisierbar", so Sigrun Schneggenburger, habe sie die Prosavorlage zunächst gehalten, bis sich ihre Spielbarkeit in einem realistischen Gestus, in der Absage an alle nixenhafte und damit märchenhafte Verklärung allmählich erwiesen habe. Bei allem "Verächtlich-machen", bei aller Schmäh, die sich in diesem Text konzentriert - in "eine feministische Ecke" gehört dieses Undine-Manifest für sie deshalb noch lange nicht, auch wenn, freilich vielfach verfremdet, Positionen der Frauenbewegung hier artikuliert scheinen.

Bis in die zartesten Nuancen der Sprache hinein spiegeln sich in dieser bodenlosen Vorlage "die extrem unterschiedlichen Denk- und Fühlweisen" der Geschlechter, sagt Walter Moßmann. "Sie läßt nichts durchgehen": In der weiten rhetorischen Skala zwischen "unglaublich elaborierten" Passagen und Derb-Redensartlichem hat Ingeborg Bachmann Sprache beim Wort genommen - gerade da, wo sie am verräterischsten ist. Selbst der Vorname Hans gehört zu jenen Setzungen, die aus dem Fundus der Sprache "bewußt hervorgehoben oder gewendet" werden. Im unruhigen Vibrieren dieser Prosa erkennt Moßmann eine ganz und gar eigenwillige Sprache, "die nicht in den üblichen Fesseln daherkommt".

Wo es zwischen den Geschlechtern eine gemeinsame Sprache schlechterdings nicht gibt - und daran ist nach der "Undine"-Arbeit für Sigrun Schneggenburger nicht zu zweifeln - geschieht eine Begegnung "immer unter falschen Voraussetzungen". Undine und die Hänse als Exempel permanenter Verfehlung, Verstehen als Utopie und die Liebe - am Ende nicht mehr als ein Etikettenschwindel. Spielen läßt sich dies, so Sigrun Schneggenburger, nur in der Intimität der Freiburger Kammertheater-Bühne.
Badische Zeitung, 11.2.1992

Meerfrau putzt

Von Hubert Spiegel

Eine Frau sitzt in einer kleinen Bar. Sie hat den Mantel noch an, die kleine, schon etwas schäbige Handtasche hängt über der Stange an der Theke. Die Bar ist leer, die Frau allein. Die Wände, an denen Fernseher, Telefon, ein Aquarium und ein Spielautomat stehen, sind in einem wäßrigen Grün angestrichen. Durch große, grünlich schimmernde, vielleicht algen- und muschelbewachsene Glasscheiben in der Decke fällt gedämpftes Licht. Das Lokal ist eine Art Unterwasserbar, man fühlt sich an ein längst untergegangenes Schiff erinnert. Die Decks sind geflutet, alle Passagiere ertrunken. Nur ein letzter Gast hat überlebt. Elisabeth Pedross hat für das kleine Freiburger Kammertheater ein Bühnenbild entworfen, das auf reizvolle Weise mit dem Verhältnis der Protagonistin zum nassen Element spielt.

Zwischen vollen Gläsern und halbgeleerten Flaschen liegt ein Buch. Sigrun Schneggenburger, die in Walter Moßmanns Freiburger Inszenierung von Ingeborg Bachmanns Prosatext "Undine geht" die Titelfigur spielt, liest in der Bachmann-Werkausgabe, trinkt dazu mit gierigen kleinen Schlucken, zerbröselt eine Zigarette zwischen ihren Fingern und benimmt sich in allem ganz so, wie man es von einer offenbar frustrierten und leicht neurotischen Endvierzigerin in einer etwas heruntergekommenen Bar erwarten darf. Sie nimmt ein Fußbad in einer Plastikschüssel auf dem Barhocker, schmeißt Gläser und Flaschen um, jammert den Spielautomaten an und führt im Laufe des Abends einen ganzen Katalog von Verzweiflungsgesten vor, raucht, trinkt, steckt die Haare hoch und läßt sie wieder herunter, telefoniert ziellos und reißt schließlich das Kabel aus der Wand, lacht hysterisch und weint, stülpt ihre Handtasche um. Schließlich greift sie zum Putzlappen - und kann gar nicht mehr aufhören. Eine Hausfrau in Rage.

In dem 1961 erschienenen Prosaband "Das dreißigste Jahr" monologisiert die Nixe Undine, die, "verurteilt zu lieben", an den Menschen, den "Ungeheuern mit

Namen Hans", verzweifelt. Er beschreibt die Aporie einer Frau, die lieben muß, auch wenn sie weiß, daß ihre Liebe keinen ihr gemäßen Gegenstand findet. Dem Lebensraum Wasser, der als geschichtsloser, utopischer Ort erscheint, wird das feste Land als Domizil der "Hänse" gegenübergestellt, in dem Besitz, Erfolg und praktische Vernunft herrschen, die Liebe aber keinen Ort hat.

Undines achtseitiger Monolog ist kein dramatischer Text, wohl aber eine eindringliche Rolle. Bei Ingeborg Bachmann ist Wasser das Element der Schwerelosigkeit und ein Refugium: "Nirgendwo sein, nirgendwo bleiben. Tauchen, ruhen, sich ohne Aufwand von Kraft bewegen." Ihre Undine ist eine Klägerin aus einer anderen Welt. Moßmanns und Schneggenburgers Freiburger Undine hingegen ist ganz aus jenem Stoff, aus dem die Hänse sind: Für sie ist Wasser nur zum Putzen da.

Frankfurter Allgemeine Zeitung, 19.2.1992

Eine Absage der Kunst an das Leben

Von Rainer Stephan

Monolog? Streng gattungstheoretisch ist Ingeborg Bachmanns Text "Undine geht" zuerst einmal eine Erzählung, geschrieben keineswegs fürs Theater, sondern für den Geschichtenband "Das dreißigste Jahr", der 1961 erschien, aber schon 1956 begonnen wurde, im dreißigsten Jahr der Ingeborg Bachmann. Damals wußte sie schon alles und *noch* alles: eine ideale Situation, um einen Abschiedsbrief zu verfassen. Die meisten Abschiedsbriefe werden ja zu spät geschrieben und sind darum - von außen gelesen - ziemlich langweilig. Dieser hier ist dagegen spannend: Einerseits wahrt er, wie alle Abschiedsbriefe, die Form der Abrechnung und des inneren Monologs, der gerade da, wo er "du" sagt, dem anderen keine Chance läßt; andererseits treibt er dieses Prinzip der Schonungslosigkeit derart auf die Spitze, daß es sich am Ende auch gegen das schreibende Subjekt selbst kehrt. Ein offenbar dramatischer Vorgang also - was noch nicht zwingend bedeutet, daß er auch auf dem Theater dargestellt werden kann.

Das dramaturgische Problem dieses Textes ist seine unerhörte Poesie; selbst wo er vom radikalen Scheitern redet, wo er den gräßlichen Schmerz der Verzweiflung hinausschreit, dominiert ihn die Schönheit seiner Sprache. Die Schauspielerin Sigrun Schneggenburger hat jene poetische Qualität von "Undine geht" folgerichtig als Moment des Widerstands begriffen, an dem die Darstellung auf der Bühne sich abzuarbeiten hat. Und wie sie arbeitet! 75 Minuten lang kämpft sie im Freiburger Kammertheater (dem durch Schließung bedrohten kleinsten Haus der Städtischen Bühnen) mit kühnem, oft beängstigendem Körpereinsatz gegen die betörende Undinen-Magie dieser Sprache an. Das Experiment gelingt: Kein ätherisches Geschöpfchen (und schon gar keine sensible Jungdichterin) scheitert da an einer Welt, für die sie - beliebtes Männerklischee - nun einmal viel zu gut war. Sondern eine starke und kluge Frau setzt sich mit allen Mitteln zur Wehr und geht am Schluß nur deshalb zugrunde, weil es auch für die stärkste und klügste Frau keine andere Möglichkeit gibt als zugrunde zu gehen.

Apropos Frau: "Undine geht" ist mittlerweile zwar von der Frauenbewegung als heiliger Quellentext kanonisiert worden; doch die Bachmann selbst hat sich gegen diese Verengung heftig zur Wehr gesetzt. Das sei keine Abschiedsrede einer Frau an die Männer, hat sie gesagt, sondern eine Absage der Kunst an das Leben; sie, Ingeborg Bachmann, stehe deshalb nicht an der Seite der untergehenden Undine, sondern an der des "Ungeheuers mit Namen Hans", das Undine in den Untergang treibt. Natürlich ist diese Erklärung auch wieder eine Mystifikation: im ständigen Kampf mit der prosaischen (und, wie die Dinge immer noch liegen, von Männern bestimmten) Sachzwang-Welt fallen die grenzüberschreitenden - genauer gesagt: die Grenzen überschreiten wollenden und nicht könnenden - Positionen der Poesie und der Liebe ja seit jeher zusammen.

Dennoch muß man wohl nicht Frau sein, um diesen Text nachvollziehen zu können, und nicht Mann, um durch ihn getroffen zu werden. Sigrun Schneggenburger hat sich womöglich deshalb nicht nur von der Bühnenbildnerin Elisabeth Pedross (die für Undines großen Abgang einen wassergrünen Bar-Raum baute) in ihrer Arbeit von zwei Männern unterstützen lassen: von Walter Moßmann als Regisseur (der in diesem Fall eher als dramaturgischer Supervisor funktioniert haben dürfte) und von dem Komponisten Cornelius Schwehr, der mit Hilfe von verfremdeten und eben deswegen suggestiven Schubert-Fragmenten jene Undinenelemente wieder einbrachte, die Sigrun Schneggenburgers Spiel so hemmungslos in irdische Realität umgesetzt hatte.

Süddeutsche Zeitung, 20.2.1992

ZU LESUNGEN

Einsame Stimme ohne Hoffnung

Von Anonym

Zu einer eindrucksvollen Begegnung mit der modernen Dichtung wurde der Abend mit Ingeborg Bachmann im Fritz-Henßler-Haus. Die österreichische Dichterin, Literaturpreisträgerin der Gruppe 47 und des Kulturkreises der deutschen Industrie, gehört zur Avantgarde. Herb, kühl, fast männlich spricht aus ihrer Lyrik die Stimme einer Generation, die um ihre Jugend betrogen wurde. Mit einer Stimme von harter Melancholie, fast monoton, die innere Bewegung verbergend, las sie das Prosastück "Undine" aus ihrem neuesten Werk "Das dreißigste Jahr" sowie Gedichte aus "Die gestundete Zeit" und "Die Anrufung des Großen Bären".

Eine hoffnungslose Schwermut liegt über dieser Lyrik, die sie jedoch nicht an ihrer eigenen Trauer weidet, sondern sich nüchtern und illusionslos der Wirklichkeit stellt. Man spürt hier den radikalen Ernst um die Aussprechbarkeit der Welt im Gedicht. In der eigenwilligen Präzision und metaphorischen Verschlüsselung ist die Dichterin längst aus dem Stadium des Experiments herausgetreten. In ihrer reimlosen, freirhythmischen Sprache verkörpert sich eine originale Diktion, ein eigener Ton. In Sprachmächtigkeit und Musikalität sind ihre Verse von bezwingender Schönheit.

In diesen Versen gibt es keine Hoffnung. Der Mensch, in eisiger Einsamkeit mit sich allein, befindet sich immer in beständiger Bedrohung, immer auf der Flucht. Was man zu leben hat, ist eine auf Widerruf "gestundete Zeit". Die Gefährdung des Menschen wird nicht nur nüchtern festgestellt, die Dichtung weitet sich zur prophetischen Schau infernalischer Katastrophen: "Es kommt ein großes Feuer, es kommt ein Strom über die Erde, wir werden Zeugen sein." Das Unabwendbare wird mit antiker Schicksalsbereitschaft angenommen, das medusische Entsetzen zum "Gedanken, von nichts anderem als unserem Schmerz durchdrungen".
Westfälische Rundschau, 17.2.1961

"Geh, Tod - steh' still, Zeit ..."

Von Jutta von Tilburg

"Wie weit ist es zu dir? Weiter als bis zu mir." Dieser Satz aus dem Prosastück "Undine geht" drückt klar aus, was in Ingeborg Bachmanns Dichtung immer wiederkehrt: Das Leiden an der Einsamkeit, die Klage des Menschen, der den Mitmenschen nicht erreichen kann, weil er ganz anders ist.

Überhaupt ist "Undine geht" - Ingeborg Bachmann hatte das Stück als Einleitung zu ihrem Leseabend in Dortmund gewählt - ein Schlüssel zu Wesen und Werk der Dichterin.

Es ist das Abschiedswort der Nixe Undine an die Menschen, die sie geliebt, aber auch ganz durchschaut hat und von denen sie sagen muß: "Ihr Ungeheuer mit euren Redensarten."

Leicht ist herauszufinden, daß die Dichterin hier ein Selbstbekenntnis ausspricht. Sie sieht sich als Nixe, die durch das völlig andersartige Element von den Menschen getrennt ist. "Ich bin unter Wasser, gerechtes Wasser, gleichgültiger Spiegel." Es frappiert den Zuhörer, wie konkret Ingeborg Bachmann in diesem Selbstbekenntnis wird: "Einen Mann habe ich gekannt, der hieß Hans, ich kann nicht aufhören, ihn zu rufen." Aber in der Liebe überwindet die Dichterin das, was sie fürchtet: den Tod und die Zeit. Die Liebe läßt sie sagen: "Geh, Tod - steh still, Zeit."

Zwischen Zeit und Tod bewegen sich auch die Themen ihrer Lyrik, aus der Ingeborg Bachmann dann einige Proben las. Diese Lyrik ist die Klage der Liebenden, die in der "auf Widerruf gestundeten Zeit" lebt. Die Verse sind selten reimgebunden, ihnen fehlt die lyrische Weichheit, sie sind streng, jede Zeile ein Satz, und fast jeder Satz klingt wie ein Ausruf. Wo Ingeborg Bachmann besonders eindringlich werden will, wiederholt sie eine Zeile. Diese strenge Lyrik spricht aber dennoch eine wunderbar bildhafte Sprache. So heißt es einmal von einer treulosen Geliebten: "Sie küßt in den Bars mit dem Strohhalm die Gläser tief auf den Mund."

In ihrer Dichtung legt Ingeborg Bachmann ihr Innerstes bloß, aber wer sie lesen hört, spürt, daß sie sich dem Zuhörer nur widerwillig öffnet. Scheu, ein wenig hilflos und sehr nervös steht die junge, grazile Frau auf dem Podium, ihre Stimme klingt spröde und gehorcht ihr nicht immer.

Bescheiden und äußerst zurückhaltend ist Ingeborg Bachmann, das bestätigt ein kurzes Gespräch nach der Lesung.

Bereitwillig zählt sie auf, was sie bisher veröffentlicht hat, wie etwa die Hörspiele "Der gute Gott von Manhattan" und "Die Zikaden", dann die Gedichtbände "Die gestundete Zeit" und "Die Anrufung des Großen Bären". Sie spricht auch von einem Prosaband, der demnächst erscheinen soll, aber als sie - ein wenig provozierend - nach ihren Literaturpreisen gefragt wird, wehrt sie erschrocken ab. Keinen möchte sie erwähnt wissen. "Und wenn es nicht anders geht, dann höchstens den Preis der 'Gruppe 47', den ich 1953 bekommen habe."

"Ich kann mich nicht kommentieren", sagt Ingeborg Bachmann auf die Frage nach dem "Tenor" ihres Werkes, "der Leser muß das alles schon selbst erspüren." Und das sagt sie mit einem so bittenden Unterton, daß man sich fast seiner Frage schämt und nichts weiter tun kann, als sich schnell zu verabschieden.
Ruhr-Nachrichten, 17.2.1961

Dichtung im Verhör der Technik

Von Peter Silens

Die internationale Lesereihe "Literatur im technischen Zeitalter" geleitet von Prof. Walter Höllerer, begann am Montagabend in der Kongreßhalle mit einer Lesung Ingeborg Bachmanns. Trotz des schlimmen Novemberwetters waren mehr als 1500 Menschen, Jugend vor allem, gekommen, die das große Auditorium der Kongreßhalle sitzend und stehend bis zum Bersten füllten.

Unten auf dem Podium sitzt Ingeborg Bachmann, die Lyrikerin, assistiert von Walter Höllerer, scheu, schüchtern und beinahe verschreckt. Drei mächtige Fernsehrohre mit scharfen Linsen sind auf sie gerichtet und lassen sich eineinhalb Stunden lang keine Miene und Bewegung entgehen. Dichtung wird hier ausgeleuchtet und abgehorcht, kontrolliert von höchst empfindlicher Technik. Was ist das? Sensation oder Dienst an der Literatur? Bewährt sie sich vor dieser massiven Apparatur?

Eine solche Begegnung von Kunst und Technik hat etwas Phantastisch-Dämonisches und zugleich Enthüllend-Schamloses, als handele es sich um einen Vorgang der Anatomie. Als würde hier das Gedicht wie ein Körper oder Glied zerschnitten und zerfetzt, so scharf greifen die Fernseharme zu und halten unerbittlich fest. Aber dann ereignet sich dies wie eine Lösung: Die kühle, sachliche Stimme, die nun ertönt, scheinbar ohne Bewegung und Emotion, behauptet sich nicht nur, sondern bezwingt, und die mehr als 1500 Zuhörer, die anfangs noch unruhig waren, schrumpfen zu einem einzigen zusammen und hören zu. Das dichterische Wort überspielt die Technik und löscht sie fast aus. Man nimmt sie nicht mehr wahr.

Diese junge Frau aus Klagenfurt liest leise, herb, knapp, anscheinend ohne Aufwand und Beteiligung ihre Gedichte, aber akkurat nach ihrer Sprache. Neue Wirklichkeiten sucht die neue Dichtung, sagte Walter Höllerer einleitend. Diese Gedichte sind hart, schroff beinahe, aber tapfer und schicksalshaltig, schmecken bitter, sind nicht zerstörerisch, aber gefährlich und wollen bestanden sein.

Prof. Will Grohmann überreichte Ingeborg Bachmann mit einer kurzen Ansprache den Literaturpreis 1961 des Deutschen Kritiker-Verbandes. Paul Edwin Roth las die Beschreibung einer Flugreise und sie selbst das letzte Stück ihrer Erzählungen "Das dreißigste Jahr" mit dem Titel "Undine geht". War es wirklich der letzte Abschied Undines von den Menschen?

Wenn Walter Höllerer seine einleitende Rede mit dem bedeutsamen Satz schloß: "Wir sehen die Welt, wie sie noch nie gesehen wurde, weil sie noch nie so zerstörbar war wie heute", so ist diese lapidare, aber halbe Wahrheit dahin zu ergänzen, daß die Welt von Anfang an, schon zu Zeiten des Prometheus und des Ikarus, genauso zerstörbar war wie heute, daß aber der Mensch selbst die unheilige Fähigkeit zu dieser Zerstörung und Selbstzerstörung heute erst erworben und innehat. Das ist allerdings das Unheimliche-Neue unserer Situation.

Telegraf, 15.11.1961

Ihr Worte auf, mir nach ..."

Von Joachim Günther

Die Dichterlesungen der Reihe "Literatur im technischen Zeitalter", die Walter Höllerer inszeniert, weiten sich in diesem Wintersemester ins Internationale. Sie weiten sich auch mit ihrer Besucherfrequenz zu Dimensionen, die nur noch von Billy Grahams Zeltmission übertroffen werden. Fernsehen und Kongreßhalle sind aufgeboten. Gleichwohl war schon beim ersten Abend mit Ingeborg Bachmann der große Sitzungssaal mit seinen vierzehnhundert Plätzen und einigen weiteren Hunderten von Stehmöglichkeiten trotz des entlegenen Ortes im regenschwimmenden Tiergarten dem Besucheransturm nicht mehr gewachsen. Es gab mitten in die Vorlesung hinein lautstarke Störungen, Getrommel an den verschlossenen Türen und andere "Ungereimtheiten", die zum Wesen dessen, was man aufnehmen wollte, in gelindem Widerspruch standen. In jugendlich-studentischem Umkreis hatte die Vorlesungsreihe einmal begonnen. Heute scheint sie eine halb Berlin erfassende Kulturdemonstration geworden zu sein. Die Autoren werden zu schaffen haben, sich gegen dies Anwachsen von Apparat und Quantität durchzusetzen. Vielleicht wird es denen, die relativ wenig mit Literatur im technischen Zeitalter zu tun haben, die vielmehr im alten, heute etwas mißachteten Sinne Dichter sind, am besten gelingen. Der Auftakt mit Ingeborg Bachmann scheint einer solchen Auffassung recht zu geben. Eigentlich sollte ja der erste Gongschlag dieser internationalen Reihe von einem wirklichen Ausländer gezündet werden, Eliot und Cocteau waren umworben. Die Lösung mit Ingeborg Bachmann kann, auch wenn sie Ersatzlösung war, aber doch als gelungen bezeichnet werden - trotz mancher offenkundigen Mängel, die vor allem der sprecherischen Selbstdarstellung der Autorin anhaften.

Mit ein paar klugen, wohlgesetzten Worten leitete Höllerer den Abend und die ganze Reihe ein, als ein "Forum aus Gegensätzen", als den Versuch, "unterschiedliche 'Entschiedene Worte' in verschiedenen Sprachen" zur Geltung zu bringen. In bezug auf Ingeborg Bachmann erinnerte er, daß in ihren Dichtungen jeder Satz stellvertretend für die gesamte Konzeption aufgenommen werden müsse -, ein übergroßer Anspruch, dem die Details dieser Dichtungen kaum immer Stand halten könnten. Auch ohne ihn zu erfüllen, schnitt die Autorin aber vorzüglich ab. Alte Männer gingen mit so etwas wie Erschütterung nach Hause, die Jugend, die bisher auch das Hauptkontingent der Besucher stellt, machte im Ganzen den Eindruck, als ob Dichtung auch heute noch das Wunder zu Stande bringt, daß der Mensch sich für eine Stunde danach zusammennimmt und auf seine höhere oder tiefere Natur besinnt. Der sehr seltenen Kombination von Intelligenz, Vitalität und "anima", von weiblicher Zartheit und männlicher Kraft, die dieser Dichterin eigen ist (um die sie auch weiß, ja die sie über das reine Wort hinaus darstellerisch einzusetzen versteht in ihrer zögernd-präsenten, ununterscheidbar zwischen Raffinement und Schüchternheit in der Schwebe bleibenden Weise des Auftretens und Sprechens), gelingt eine solche hohe Faszination.

Ingeborg Bachmann las zuerst Gedichte, die fünf, sechs besten aus der "Gestundeten Zeit" und der "Anrufung des Großen Bären". Leises Zittern in der für den Riesenraum viel zu schwachen Stimme, im reizvollen Gegensatz zu dem fast männlich kinnstarken, großflächigen Gesicht, das gegen früher an Frische, ja an Schönheit in gesicherter weiblicher Reife gewonnen hat. Auch die Gedichte, die teilweise fast zehn Jahre alt sind, haben an Aktualität sowohl wie an Glanz und Substanz eher gewonnen, vor allem natürlich das Titelgedicht "Die gestundete Zeit" selber, dann "Alle Tage", "Erkläre mir, Liebe", "Mein Vogel" und zuletzt der in der modernen Lyrik seinesgleichen suchende, unmittelbar an Hölderlins große Oden knüpfende, diese jedoch nicht in der mindesten Stil-Reminiszenz nachahmende Hymnus "An die Sonne". Die Gedichtlesungen wurden beschlossen mit einem ersten nach Jahren des Aussetzens entstandenen neuen Gedicht "Ihr Worte", das Ingeborg Bachmann wohl auch bei der Tagung der Gruppe 47 vorgelesen hatte: "Ihr Worte auf, mir nach ..."

Nach den Gedichten ein kurzer, sicherlich auch vor dem Fernsehschirm wirksamer Zwischenakt: Will Grohmanns Übergabe des Kritikerpreises an die Dichterin, untermalt mit einigen freigesprochenen Worten von vollendeter Urbanität, die auf das "Nachziehen" der Dichtung Ingeborg Bachmanns zu den vordersten Positionen moderner bildender Kunst aufmerksam machten. Die Lesung wurde danach durch den Vortrag zweier Prosastücke abgerundet: zuerst, von Paul Edwin Roth anpassungsklug gesprochen, das Flugstück "Die blinden Passagiere", eine poetische Reportage vom ersten Flug und dem Erlebnis der großen Flughäfen der Welt; dennoch im Dichterischen ein für Ingeborg Bachmann relativ erdnahes, satirisch-humoristisches Stück deskriptiver Prosa. Ihm kontrastierten stark die dem Bande "Das dreißigste Jahr" als Schlußstück entnommenen zwölf Seiten "Undine geht", die ähnlich, wie sie zwischen Prosa und Lyrik in einer kaum bestimmbaren Mitte stehen, sich auch in die üblichen epischen Kategorien nicht einordnen lassen. Mythus, Legende, Anklagerede, Elegie? Von allem etwas! Eine hymnisch-rhetorische Prosa von hoher Schönheit und Kraft, mit vielen metaphorischen Überraschungseffekten bei großer rhythmischer Abwechslung in der langhintönenden Anrede und Anklage der ins Wasser zurückgegangenen Undine gegen die Menschen, die "Ungeheuer", die sich ihr auf der Erde in erster Linie in männlicher Gestalt ("Immer ... traf ich einen, der Hans hieß") präsentierten. Ein fast Nichts an Inhalt, Idee und Vorgang, das doch bis zur Unvergeßlichkeit vom Genie einer wirklichen Dichterin suggestiv und faszinierend gemacht ist. Durch Zufall ergab sich, daß dasselbe Stück unlängst von Joana Maria Gorvin im Sprechfunk bei uns gelesen war - keine der beiden, sich wie Feuer und Wasser zueinander verhaltenden Darbietungen möchte man in der Erinnerung missen.
Der Tagespiegel, 15.11.1961

Das angestrahlte Gedicht

Von Dieter Hildebrandt

Eine Dichterin las, aber es war keine Dichterlesung, keine der besinnlichen Verwandlungen eines Publikums in eine Gemeinde. Die Szenerie hatte die Nüchternheit eines Filmstudios: der große Saal der Kongreßhalle war durch eine graue Kulissenwand an der Stirnseite noch kühler geworden, auf dem Podium standen Tische und Stühle in Industrieform, darauf Trinkgläser und Karaffen in Industrieform, vor der Rampe waren drei Fernsehkameras postiert, graue Kolosse von lautloser Beweglichkeit, die von Männern mit Kopfhörern bedient wurden, und weiter hinten im Saal standen drei Scheinwerfer und nagelten Helligkeit in das Gesicht der Lesenden, strahlten mit grellem Licht die Worte an. Es war die Eröffnung der internationalen Lesereihe "Literatur im technischen Zeitalter", an der sich, im Laufe des Winters, sechzehn ausländische Autoren beteiligen werden.

Wagnis und Anstrengung des ersten Abends hatte Ingeborg Bachmann auf sich genommen. Auch sie beteiligte sich an der Nüchternheit: über dem schwarzen Rock trug sie einen schwarzen Pullover, über diesem eine schwarze Kette aus Modeschmuck. Allein das Haar, rotblond oder maisfarben, leuchtete auf. Das Gesicht, unterm Zugriff des Fernsehens, blieb eher verschlossen, auf weiche Art verschlossen, und wenn es lächelte am Anfang, war es aus Abwehr oder Nervosität. Die Stimme war belegt mit Fremdheit; manchmal stockte sie wie vor einem unbekannten Text; fast immer war sie von einer kühlen Monotonie, als müßten im Augenblick des Sprechens die Verse und Sätze erst geprüft werden auf ihre Bündigkeit.

Sie begann mit Lyrik, und zum Schluß las sie die Erzählung "Undine geht" aus dem Band "Das dreißigste Jahr". Zuvor hatte Professor Will Grohmann als Vorsitzender des Verbandes der deutschen Kritiker Ingeborg Bachmann den Kritikerpreis überreicht, der ihr für diesen Erzählungsband zuerkannt worden war. Grohmann verglich Ingeborg Bachmann mit Paul Klee und nannte als Verbindendes die spezifische Art der Welterfindung. Paul Edwin Roth las, mit genauer Gestik und im Gegensatz zur Autorin, mit nuancierter Intonation "Die blinden Passagiere", eine eher anmutige Erzählung mit Sätzen von überraschender Komik. Der lautloseste Augenblick des Abends aber kam bei der Lesung eines neuen Textes zustande. "Ich habe nach mehreren Jahren versucht, wieder ein Gedicht zu schreiben", sagte Ingeborg Bachmann. Es heißt "Ihr Worte", und es ist ein Zuruf an die Sprache aus einer Einsamkeit, in die das Wort kaum noch dringt.

Ihr Worte, auf, mir nach!
Und sind wir auch schon weiter,
zu weit gegangen.

beginnt es, und es endet mit der Bitte:

Kein Sterbenswort,
ihr Worte.

Professor Walter Höllerer, der Initiator der Lesereihe, hatte Ingeborg Bachmann eingeführt als eine Dichterin, die nicht die passenden Worte für die passenden Dinge finde, sondern neue Worte schaffe, damit eine neue Wertigkeit sichtbar werde. Sie suche neue Worte zu finden, zu denen die Dinge noch nicht passen. Nicht zufällig sei sie die erste Autorin in dieser Lesereihe, denn man habe nicht eine Galerie prominenter Namen beabsichtigt, sondern man wolle "Abende mit der Möglichkeit, einiges zu verändern und neu zu sehen". Man sei auch nicht auf Definitionen aus, sondern auf "Umzingelungen", man wolle sich "heranpirschen an das, was wir sind und was uns erwartet". Höllerer entschuldigte die Anwesenheit des Fernsehens mit dem Hinweis darauf, daß viele Menschen aus Ost-Berlin auf diese Weise an den Leseabenden teilhätten; auch habe die Technische Universität Berlin als Gastgeber der finanziellen Unterstützung des Fernsehens bedurft.
[...]
Frankfurter Allgemeine Zeitung, 15.11.1961

Poesie als Massenandrang
Von Anonym

Eine Pressekonferenz mit "Gunterblumer Spätlese" und geräuschvoll arbeitenden Fernsehteams, vollbesetzte Autobusse, 1600 Personen und nur 1400 Sitze in dem großen Saal der Kongreßhalle, nochmals Fernsehkameras, Blitzlichter, Scheinwerfer, 300 unruhige Gäste vor verschlossener Saaltür - wozu das alles? Die österreichische Dichterin *Ingeborg Bachmann* las aus ihren Werken. Eine Dichterlesung im hergebrachten Sinne konnte man diese erste Veranstaltung in der "Internationalen Lesereihe - Sprache im technischen Zeitalter" (die vom Außeninstitut der Technischen Universität Berlin aufgezogen wird) allerdings nicht nennen.

Vor einer Kulissenwand in kühlem Grau, zwischen Stühlen, Tischen, Wasserkaraffen und Mikrophonen in modischer Zweckform gleißend hell angestrahlt, in schwarzem Rock und schwarzem Pullover, bleichen Gesichts unter der rotblonden Mähne, las Ingeborg Bachmann zuerst Gedichte aus der "Gestundeten Zeit" und der "Anrufung des Großen Bären". Dann folgte eines der besten dieses Abends, ein noch unveröffentlichtes Gedicht:

> Ihr Worte auf, mir nach!
> Und sind wir auch schon weiter,
> zu weit gegangen!

Will Grohmann überreichte ihr dann den Kritikerpreis 1960/61 für ihren jüngsten Erzählband "Das dreißigste Jahr". Die Blitzlichter flammten noch hektischer, die Fernsehkameras liefen heiß, Ingeborg Bachmann lächelte, Will Grohmann sagte, was bei solcher Gelegenheit üblich. Jetzt trug *Paul Edwin Roth* das Prosastück

"Die blinden Passagiere" vor und schließlich las die Dichterin wieder selbst "Undine geht".

Die spröde, leise Stimme war jetzt fester geworden, präziser, immer noch trocken und leicht verwundert, in ihrem monotonen Fluß seltsam bestärkt durch Mikrophon und Lautsprecher.

Beifall, zum letzen Mal Blitzlichter, fast 2000 Zuhörer einer "Dichterlesung" des Jahres 1961 verlassen die Kongreßhalle, die Autobusse sind wieder überfüllt, die Parkplätze leeren sich.
Berliner Zeitung, 8.12.1961

Dichtung und Stimme

Von sol

Es wurde offenbar, was manch einer in der Stille angezweifelt haben mag, aus welchen Motiven auch immer - Ingeborg Bachmann ist eine Dichterin. Und noch ein zweites wurde mit aller Deutlichkeit an diesem Abend klar: daß Dichtung, Lyrik, wie kaum etwas anderes der Stütze des gesprochenen Wortes bedarf, um so recht ihre verborgene Schönheit zu entfalten, daß der Klang der Stimme, den feinen Verästelungen subtilen Sprachgefühls nachspürend, erst eigentlich echtes Verständnis zu erwecken vermag. Surrogat ist alles, was da schwarz auf weiß, gebunden, fein gewandet in unseren Bücherschränken ruht; der Ton, die Melodie der Stimme - sie triumphieren über die Trockenheit der Buchstaben.

Es ist ein Erlebnis, Ingeborg Bachmann sich selbst interpretieren zu hören. Fast atemlose Stille herrschte in der Aula der Askanischen Schule in Tempelhof, als sie Teile ihrer Geschichte "Ein Wildermuth" und drei Gedichte vortrug: "Die gestrandete Zeit (sic!)", "An die Sonne" und "Ihr Worte folgt mir nach (sic!)". Fragil in ihrer Erscheinung, gezeichnet noch etwas von der Krankheit, die die Lesung beinahe in Frage gestellt hätte, sprach sie leise, mit täuschender Unbeholfenheit, den Worten nachlauschend, sie auskostend, von der "Wahrheit", ihrer Relativität, Subjektivität und ihrer Berechtigung, die eher eine "Nicht-Berechtigung" ist - fast schon Philosophie, Theorie, so will es scheinen; und das Stichwort von der Beschlagenheit der Dichterin auf diesem Gebiet fiel auch in den einführenden Worten von Professor Walter Höllerer.

Aber sie ist nicht grau, diese Theorie, sie drängt nach Verwirklichung im Hörer, verstört, zerreißt und fügt doch gleichzeitig wieder zusammen. Atemlos jagt man hinterher, will sie fassen, diese Vielfalt schwebenden, wägenden Seins, die Seele eines Menschen, Ingeborg Bachmanns, Dichterin traditionsbewußter Moderne. Hier in diesem nüchternen Schulraum hatte man ein Stückchen, man erkannte es verwirrt und bedrückt auf einmal, denn die Seele eines Menschen, auch wenn sie freiwillig gegeben wird, darf man sie fassen? Man sollte behutsam mit ihr umgehen, sie hüten, nur das kann in diesem Fall die Antwort sein.
Der Tagesspiegel, 8.12.1963

[Ohne Titel]

Von W.K.

Ihre Stimme gibt wenig her. Sie ist spröde, hat kaum Variationsmöglichkeiten, sie hebt und senkt sich nur geringfügig. Und doch ist diese Stimme von einer enormen Eindringlichkeit. Auf der ersten Seite der von ihr besprochenen Langspielplatte spricht die Bachmann Gedichte. Verse von einer ruhigen, einer gebundenen Kraft, Verse von den Menschen und vom Leben. Ingeborg Bachmann baut diese Verse vor dem Hörer auf, sie führt ihn durch das Labyrinth der Gedanken, ihrer Gefühle, ihrer Träume. Immer spürt man den hohen Grad von Intellektualität in diesen Gedichten; immer aber wird man der hohen Poesie gewärtig, die sie erfüllt.

Die zweite Seite enthält das letzte Kapitel "Undine geht", aus dem Erzählungsband "Das dreißigste Jahr", jene bittere Klage über die Männer, diese Betrüger, über diese Ungeheuer mit Namen Hans, die immer wieder trotz der tiefen Beteuerungen ihre Undine verlassen, über diese Verräter, diese Monstren mit den festen und unruhigen Händen. "Bereut habt ihr auf Kirchenbänken, vor euren Frauen, euren Kindern, eurer Öffentlichkeit. Vor euren großen Instanzen wart ihr so tapfer, mich zu bereuen und all das zu befestigen, was in euch unsicher geworden war. Ihr wart in Sicherheit. Ihr habt die Altäre rasch aufgerichtet und mich zum Opfer gebracht." Und dennoch heißt es am Schluß: "Komm. Nur einmal. Komm."

Der Tagesspiegel, 8.12.1963

"Todesarten"

Von S.W.

Man folgte einer Einladung in die Akademie der Künste, um Ingeborg Bachmann aus ihrem noch nicht veröffentlichten Roman lesen zu hören. Daß es sich um eine zyklische Vortragstournee handelte, deren erste Stationen in Hamburg und Hannover vom Dritten Programm des NDR und SFB übertragen worden sind, hatte die Einladung leider verschwiegen. So bleibt dem Berichterstatter rückschließend zu mutmaßen, was die Rundfunkhörer kompetenter beurteilen mögen: Schlimmes muß vorhergegangen sein, ehe der Anfang des letzten Kapitels, der die Berliner Lesung ausmachte, doch offenbar mit einem Heilungsprozeß einsetzt. Auch dieser ist noch schlimm genug. Vorausgeschickt hatte Ingeborg Bachmann nur, daß es in ihrem Roman "Todesarten" um die Viren des Verbrechens gehe. Sie seien nicht ausgerottet, auch wenn die Zeit, die das Verbrechen befohlen und zur Institution gemacht hat, zwanzig Jahre zurückliege.

Ob die an Körper und Seele zerrüttete Frau, die uns am Ende des Romans auf einer Reise durch Ägypten und die Wüste vorgeführt wird, vormals tatsächlich von einer faschistischen Schreckensmaschinerie erfaßt wurde, ob ihr Name Franziska Jordan als Davidstern und Stigma des Leidens, ein galizisches Dorf als

Heimat von einst zu deuten sind, bleibe dahingestellt: Genug, daß sich die Figur im Banne des Schreckens befindet und ihr die Agonie durchlebter Qualen anhaftet. Da ist eine Szene, rückerinnernd dem Leser oder Hörer zur furchtbaren Anschauung gebracht, bei der Franziska in einem Operationssaal auf den Knien vor einem weißbekittelten Chirurgen liegt, bettelnd um ihre Leibesfrucht, die ihr vorzeitig genommen werden soll, bettelnd um ein Stück Mensch, das sie nicht verbrannt wissen will.

Gegen die Unmenschlichkeit im sauber entkeimten Zivilisationsgewand beruft die Autorin die Schrecken der Wüste, deren Sonne, die Gerippe im Sand, den Durst, die Armut, den Schweiß; Ägyptens Plagen werden beschworen, Seuchen und die dunkle Welt der Rituale, bei denen Blut fließt. Im Hochzeitszelt hockt als heiliger Mann der Kretin. Wenn man auf der Reise durch den Sand bis zum Meer vorgedrungen ist, findet man statt der erhofften Erquickung nur einen Minengürtel von Quallen am Ufer. "Was für ein Land, was für ein Strand", ruft Franziskas Bruder, ihr Begleiter und Beschützer, aus. Von ihr heißt es, sie sei eine Wilde, die nun aufzuleben beginne. Aber in den ägyptischen Städten und selbst noch in der Gräber- und Totenstadt sind die Spuren der weißen Barbaren, ihre Hinterlassenschaften und ihre Einflüsse so deutlich, daß sie die Reisende wieder überwältigen. Die Beschreibung des Märchenlandes, seiner mittelalterlichen Ergebenheit in Brauchtum, Krankheiten und den Tod, in natürliches und menschliches Walten, verglüht in einer Vision, die den Irrsinn aus Todesangst und zerbrochener Hoffnung nicht verleugnet.

Voreilige Folgerungen verbieten sich. Eine dreifach sich steigernde Erzählweise - von der Reflexion zur sinnlichen Beschreibung und zur subjektiven, ekstatischen Schau und Selbstentäußerung - bestimmt den Aufbau dessen, was man hörte, und erinnerte an die Methoden in dem Band "Das dreißigste Jahr". Daß der mit dem gesamten Text Unvertraute von den konkreten Beschwörungen Ägyptens und der Wüste, von der biegsamen, hochtrainierten, wendig-beweglichen Sprache der Schilderungen fasziniert war und ihm doch die Kenntnis des Zusammenhangs mangelte, um die Notwendigkeit der weltanschaulich-philosophischen Überlegungen sowie die Berechtigung der lyrischen Ausbrüche einzusehen, das kann nur angemerkt werden. Abzuwarten ist in der Tat mit Spannung, was die Bachmann, die sich nun nicht mehr hinter einer männlichen Hauptfigur wie zumeist in ihren Erzählungen verbirgt, sondern die Sensibilität, die fragile Konstitution eines weiblichen Bewußtseins offen vorlegt, damit preisgegeben und gewonnen hat.
Der Tagesspiegel, 26.3.1966

Dichterlesung wurde zum Erlebnis

Von Anonym

Ingeborg Bachmann las in Dortmund aus ihrem soeben erschienen Roman "Malina". Die Lesung fand statt auf Einladung der Buchhandlung Borgmann im Bierhaus Stade vor einem großen Kreis von Kennern, Freunden, Liebhabern und Bewunderern der Dichtung dieser Frau, einer Österreicherin, die seitab von literarischer Mode dennoch durch hinreißende Modernität überzeugt. Und so auch diesmal.

In schwarzem langen Trägerkleid mit weißer Bluse kam sie durch den Mittelgang des Saales - und Kafkas "Betrachten Sie mich bitte als Traum", ging einem durch den Sinn - trat hinter das Podium, leitete die einzelnen Kapitel mit ganz unperfektem Warten ein, setzte die dunkle Brille auf, die bald auf die Nasenspitze rutschend mit kleinen, etwas unbeholfen wirkenden Fingern immer wieder zurechtgerückt werden mußte, und begann.

Und unwillkürlich glitt der Blick hinauf zu dem Hintergrund eines verblaßten bukolischen Landschaftsbildes an der Wand: eine Dreiergruppe: Menschen vorne, Dame mit sommerlichem Blusenausschnitt zwischen zwei Herren, und im Bilde hinten, davongehend, ein Ehepaar mit Kind - was man je länger betrachtend und der Lesung zuhörend, je mehr mit der Bachmannschen Traum- und Wortwelt zu verbinden imstande war.

Der Roman "Malina" scheint, nach den vorgelesenen Kapiteln zu urteilen, eine einzige große epische Elegie zu sein. Nicht von ungefähr fiel der Widmungstitel der Shakespeareschen Sonette "The only begatter" und das Lieblingszitat weiland Gottfried Benns, daß der Ruhm keine weißen Flügel habe. Erratische Monologe der Nacht sind es, Analysen eines intimen Zueinander, der Fremdheit auch, der Unterschiedenheit dieses redenden "Ich" zu der Person oder Unperson Malina. Selbst noch zu Ivan, dem Geliebten, mit dem sie hauptsächlich telefoniert: "Ich denke an die Liebe, ich denke, ich überlege und denke". Noch beim Interview mit dem Wiener Journalisten Mühlbauer, diesmal voll Ironie und unterdrückter Bitterkeit.

So wurde diese Dichterlesung zu dem Erlebnis einer großen künstlerischen Konfession, die sich zu der "immerwährenden Demütigung" bekennt. Sprache, wurde gesagt, sei die große Strafe, in sie müßten alle Dinge eingehen - und vergehen. Mit einer Vision von der fernen, fernen Zukunft "Ein Tag wird kommen", ein Freudentag, endete Ingeborg Bachmann.

Westfälische Rundschau, 29.3.1971

Im Nachtwald der Gedanken

Von Fritz Vogelsang

Ein Autor vor seinem Publikum: die oft geübte Szene ist selten frei vom Gefühl des Ungehörigen. Da kommt der Zellenbewohner, setzt sich den Augen aus. Gewöhnt an stillen Kassiberverkehr, soll er nun Rede stehen, seine Schmuggelzettel in der Hand. Der Reiz des Indiskreten, sublimiert zum kulturellen Ritual.

Aber gibt es nicht ein Recht, das die Papierempfänger ermächtigt, eine Beglaubigung des Geschriebenen durch die Person zu verlangen? Man erwartet Aufschluß, genauere Einsicht. Sind die fixierten Worte etwa nicht doch nur Ersatz, verglichen mit der unmittelbaren Erfahrung einer Stimme? Und überdies: War der Text, den man in die Hand bekam, schwierig, voller Rätsel - ist es da nicht legitim, von der Begegnung mit dem Urheber Aufklärung, Auslegung, Deutung zu erwarten?

"Wer ist Malina?" - Die Frage, von der Autorin selber wieder und wieder im Buch gestellt, ließ den ersten Roman der österreichischen Lyrikerin zum großen Vexierspiel der literarischen Saison werden. Vor den Gästen der Buchhandlung Wittwer, die den Vortragssaal des Stuttgarter Landesgewerbeamts füllten, wurde das Mysterium jener titelstiftenden Figur sofort entschleiert, die Spekulation mancher Kritiker bestätigt. Noch bevor sie zu lesen anfing, benannte Ingeborg Bachmann mit dürr analytischen Worten den Unbekannten, die vermeintliche dritte Person in der mutmaßlichen "Dreiecksgeschichte", als das "männliche Alter ego" jenes Ichs, das als fiktive Erzählerin fungiert. Die "nicht zusammenhängenden Stücke", welche die Autorin dann mit spröder Stimme vortrug, bezeugten taktischen Verstand im Dienst einer mit Scheu, Umsicht und Entschiedenheit betriebenen Selbstinterpretation.

Zunächst wurde konstatiert, "was sie denn sein können füreinander, Malina und ich", die sich zueinander verhalten wie Festigkeit und Unfestigkeit: ein Verhältnis, in dem sich der weibliche Teil als "Abfall" erfährt, als "eine überflüssige Menschwerdung", aber auch als "eine unvermeidliche dunkle Geschichte, die seine Geschichte begleitet, ergänzen will, die er aber von seiner klaren Geschichte absondert und abgrenzt". Deshalb hat nur sie etwas zu klären mit ihm. Sich selber muß und kann sie nur vor ihm klären. - Dann die Erzählung jener alles bestimmenden Erinnerung, die Schilderung des "ersten wichtigen Anrufs", des ersten Schritts auf einen anderen zu. "Du, du da, komm her, ich geb dir etwas!" So hatte ein Bub der Sechsjährigen zugerufen, die mit dem Schulranzen über die Glanbrücke ging - "und gleich darauf das Klatschen einer harten Hand ins Gesicht: Da, du, jetzt hast du es!" Zum erstenmal war sie "unter die Menschen gefallen". - Und dann die Vorstellung des Geliebten, Ivans, des ewig Gelassenen, der ihr "Mekka und Jerusalem" ist und der ihre Telefonnummer sicherer findet als ihr Haar und ihren Mund und ihre Hand. Ivan, der sie die Liebe empfinden läßt als "Injektionen von Wirklichkeit".

Ivan ist es auch, der ihr in der Nacht die Frage stellt: "Warum gibt es nur eine Klagemauer, warum hat noch nie jemand eine Freudenmauer gebaut?" Für ihn will die Schriftstellerin, die sich selbst als "konvulsivische" Natur erlebt, das "erste schöne Buch" schreiben. "Entwürfe einer Utopie", nannte Ingeborg Bachmann die Fetzen hymnischer Redeweise, deren verzücktes Gestammel mit der Aussicht endet: "... der Urwald wird uns aus dem Nachtwald unserer Gedanken übernehmen, wir werden aufhören zu denken und zu leiden, es wird die Erlösung sein."

Finstere Träume korrespondieren in der Komposition des Romans dem trotzigen Jubel dieser klischeehaft anmutenden Lyrik: Nachtvisionen, geboren aus einem Vaterkomplex, Bilder vom "Friedhof der ermordeten Töchter" ("Es war Mord" - lautet der Schluß des Buches, das Malina - nach dem Versiegen der Liebe - als den einzigen Überlebenden zeigt), Bilder einer phantastischen Gaskammer, Bilder einer Einzelhaft, die willig akzeptiert wird, solange man nur der Gefangenen das Schreiben nicht verwehrt: "In eine Ecke gekauert, ohne Wasser, weiß ich, daß meine Sätze mich nicht verlassen und daß ich ein Recht habe auf sie."

Als letzter Trost erscheint, daß der Vater, auch wenn der Verdurstenden die Zunge weit heraushängt, kein Wort darauf lesen kann; daß man am Ende neben ihr nur drei Steine finden wird: "Es sind drei harte, leuchtende Steine, die mir zugeworfen worden sind von der höchsten Instanz ... Der erste, rötliche Stein, in dem immerzu junge Blitze zucken, der in die Zelle gefallen ist, vom Himmel, sagt: Staunend leben. Der zweite, blaue Stein, in dem alle Blaus zucken, sagt: Schreiben im Staunen. Und ich halte schon den dritten weißen strahlenden Stein in der Hand, dessen Niederfallen niemand aufhalten konnte, auch mein Vater nicht, aber da wird es so finster in der Zelle, daß die Botschaft von dem dritten Stein nicht laut wird. Der Stein ist nicht mehr zu sehen. Ich werde die Botschaft nach meiner Befreiung erfahren."

Eine Liebesgeschichte? Eine Allegorie des Dichtertums? Ein Weltinnenroman, drapiert als banale Dreiecksstory? - Die Antwort, die treffende Benennung findet sich vielleicht in jener langen Interviewszene, die Ingeborg Bachmann absichtsvoll und wirkungssicher zum Mittelstück ihrer Lesung machte. Die souveräne Ironie, mit der das erzählende Ich die gar nicht erst angeführten Allerweltsfragen eins tonbandbewehrten Journalisten mehr abweist als beantwortet, wird immer wieder von einer Bekenntniswut durchbrochen. So kann es passieren, daß sie dem Zeitungsmann, der ihr den Schwur auf irgendein Engagement abnötigen möchte, die Auskunft erteilt, das Krematorium von Wien sei die geistige Mission dieser Stadt ("denn von dieser Stelle der Welt aus, an der nichts mehr stattfindet, erschreckt es einen viel tiefer, die Welt zu sehen, nicht selbstgerecht, nicht selbstzufrieden, weil hier keine verschonte Insel ist, sondern an jeder Stelle Untergang ..."). Und so kann es geschehen, daß sie die allerorts zitierten "Probleme" ("an jedem Tag für den kommenden Tag bestellt") als "Erfindungen" abtut, als für sie nicht vorhanden erklärt: "Aber in der Nacht und allein entstehen die *erratischen Monologe*, die bleiben ..."

Den Anwälten der Tagesfragen, die ihr mangelnden Einsatz für die Befreiung der Gesellschaft, dünnen Weltbezug, Vortäuschung epischer Konsistenz, blinden Egoismus vorwerfen könnten, tritt sie mit der tief zweifelhaften, doch rigoros als

zwangsläufige Erkenntnis formulierten Behauptung entgegen: "... der Mensch ist ein dunkles Wesen, er ist nur Herr über sich in der Finsternis, und am Tag kehrt er zurück in die Sklaverei."
Stuttgarter Zeitung, 16.11.1971

Sie hat immer geschuftet

Von Wilhelm Ringelband

Berliner Tempo hat Marianne Hoppe an sich - bei Gustaf Gründgens am Berliner Gendarmenmarkt war sie in jungen Jahren in einem Ensemble großer Namen die Emilia, Ophelia und Viola; ein Leben lang hat sie der ersten Theatergarde angehört. Sartres "Fliegen", wieder mit Gründgens, machten in der frühen Nachkriegszeit in Düsseldorf Theatergeschichte - sowohl in Düsseldorf als auch in Hamburg gehörte Marianne Hoppe als wesentliche Potenz zum Gründgens-Ensemble. Heute ist sie wieder an Berlins größtem Theater - Hans Lietzau, der mit ihr seine glänzende Münchner Inszenierung von Genets "Wände" geschaffen hatte, hat sie fest an das Schiller- und Schloßparktheater geholt, nachdem sie vorher in Hamburg am Deutschen Schauspielhaus bemüht gewesen war, das Gründgens-Ensemble für die Ära Nagel zu erneuern.

"Bonds 'See' unter Giesing habe ich in Hamburg gerne gespielt - neue Stücke mache ich mit Vorliebe. In Berlin waren es zuletzt 'Auf dem Cimborazo' von Tankred Dorst und vor allem 'Jagdgesellschaft' von Thomas Bernhard, das habe ich besonders gern gespielt." Die Augen funkeln; die Zeiten, da sie spröde und innig über die Leinwand ging - als Fontanes Effi Briest in "Ein Schritt vom Wege" oder in Käutners Maupassant-Verfilmung "Romanze in Moll", um nur zwei ihrer unvergessenen Filme zu nennen - sind vorüber.

Die Hoppe hat immer geschuftet. Der Film, den sie nicht oberflächlich nahm, lief stets nur nebenher. (Daher hat sie auch heute kaum Zeit fürs Fernsehen.) Nach neunundneunzig Vorstellungen des Psychodramas "Süßer Vogel Jugend" von Tennessee Williams mit der alles abverlangenden Rolle einer rauschgiftsüchtigen Filmdiva, die um ein Comeback kämpft, hatte sie sich jetzt gleich wieder Allerschwerstes aufgeladen. "Statt Urlaub zu machen, lese ich nun in den USA Ingeborg Bachmann an Universitäten." Man spürt, daß ihr Herz daran hängt.

Daß die kürzlich verstorbene Roma Bahn, die erste Trägerin des Hermine-Körner-Ringes, Marianne Hoppe als Nachfolgerin damit ausgezeichnet hat, freut sie sehr. Den Ring soll eine Schauspielerin tragen, deren Arbeit mit Berlin verbunden war. Die Hoppe hat dort begonnen und ist nun im Alter wieder dort. "Noch zwei Jahre möchte ich in Berlin Theater spielen", sagt sie in ihrer bestimmten Art.
Düsseldorfer Nachrichten, 9.2.1976

"Lösch die Lupinen"
Von G.G.

In diesen Tagen ist es fünf Jahre her, daß die in Österreich geborene Dichterin Ingeborg Bachmann, deren Werke zu den wichtigsten der deutschen Nachkriegsliteratur gezählt werden, den Tod fand. Sie verbrannte in ihrer Wohnung in Rom, wo sie seit Jahren gelebt hatte. Wie es hieß, war sie über einer glühenden Zigarette eingeschlafen. Ihr Tod wurde "unglücklich - fürchterlich - tragisch" genannt, es wurde von Unfall oder Verhängnis, von Absicht oder Zufall und anderem gesprochen, es wurde versucht, die Art ihres Todes symbolhaft mit ihrem Leben und ihrem Werk zu verknüpfen, für kurze Zeit schien ihre Person einen größeren Anteil an Interesse und Zuwendung zu erfahren als ihr Werk, das aber längst eine beinahe unumstrittene Größe der deutschen Literaturszene geworden ist und seinen hohen Rang bei Leserschaft und Kritik nach wie vor behauptet. Im Rahmen einer Veranstaltung der Göppinger Gedok-Gruppe fand im Haus Rall ein Rezitationsabend mit Lyrik und Prosa von Ingeborg Bachmann statt, den Irene Laett, Hochschullehrerin für Sprecherziehung in Saarbrücken, zu einem eindrucksvollen Erlebnis gestaltete. Nach einer kurzen Einführung, welche die Lebensdaten und die Aufzählung der Werke Ingeborg Bachmanns sowie die ihr zuteil gewordenen Ehrungen durch eine Reihe von Literaturpreisen enthielt, umriß die Sprecherin die Thematik und Motivation der Dichtungen, die sie zwischen den beiden Polen Mythos und Intellekt angesiedelt wissen wollte. Ingeborg Bachmann war in vielen Welten zu Hause, in der Welt der Mythischen und des Magischen, in der Welt der Musik und der Philosophie, am wenigsten vielleicht in dieser Welt, die wir die wirkliche nennen. Mit ihrem überwachen Intellekt und ihrer hohen Sensibilität war sie sich der Fragwürdigkeit unserer Ordnungen und Gewißheiten der unauflöslichen Widersprüche unseres Daseins, für die es weder Rettung noch Erlösung gibt, aber auch der Problematik der Sprache und ihrer Anwendung bewußt. Sie schrieb Gedichte, Hörspiele, Erzählungen, theoretische und dichterische Essays, eine Anzahl Libretti und einen Roman. Das letzte Gedicht entstand neun Jahre vor ihrem Tod.

Mit einer sehr einfühlsamen und kundig zusammengestellten Auswahl von Lyrik und Prosa, die einander ergänzten und wo es sich um Texte aus den Poetik-Vorlesungen der Autorin handelte, auch erklärten, gelang es der Vortragenden, den Zuhörern ein sehr deutliches und eindrucksvolles Bild der Dichterin Ingeborg Bachmann zu vermitteln. Trotz der "Auswahl" bot sich eine Fülle von Bildern, Gedanken, Bildkombinationen und den von ihnen ausgelösten Assoziationen dar, daß man manchmal Mühe hatte, mitzuschauen, mitzudenken, mitzuempfinden. Doch erleichterte die kultivierte und disziplinierte Sprechkunst der Rezitatorin den Zugang. Die Art des Vortrags entsprach der ausgefeilten Genauigkeit der in Worte gesetzten Bilder und Gedanken.

Der Dichterin in Lebensgefühl und Welterfahrung offensichtlich verwandt, gelang es Irene Laett, das Eigentümliche und Unverwechselbare der Bachmannschen Sprache, die durch den Gegensatz von kühler, sachlicher Diktion und üppiger Metaphorik, von Ironie und Musikalität geprägt ist, zum Ausdruck zu bringen. Sie las Gedichte aus den Lyrikbänden "Die gestundete Zeit" und "Anrufung des Großen Bären", "Lieder auf der Flucht" und anderes. Bei der "gestundeten Zeit", wohl eines der bekanntesten Bachmann-Gedichte, fällt einem auf, daß es schon das meiste enthält, was sich auch in den anderen Gedichten findet. Wer könnte die Hammerschläge der Imperative am Schluß vergessen: "Sieh dich nicht um. Schnür deinen Schuh. Jag die Hunde zurück. Wirf die Fische ins Meer. Lösch die Lupinen." Oder den Hymnus an die Sonne. "Nichts Schöneres unter der Sonne als unter der Sonne zu sein." Oder eines, das mir am meisten gelungen erscheint: "Mein Vogel", diese Anrufung der Eule, die Athene, der jungfräulichen Göttin zugehörig ist.

Es ist zu hoffen, daß die an diesem Abend vollzogene "Anrufung" durch eine berufene Sprecherin über diesen Abend hinaus wirkt.
Göppinger Kreisnachrichten, 20.10.1978

Armseliger Kern der Hoffnung
Von Sigrid Süss

Am 17.Oktober jährte sich zum elften Mal der Todestag von Ingeborg Bachmann. Der Dichterin zum Gedächtnis sprach die Schauspielerin Stella Avni Gedichte und Prosa im Stadtmuseum - eine Veranstaltung des Düsseldorfer Literaturbüros.

Stella Avni stellte eine große Nähe zu Ingeborg Bachmann her; es war mehr als Engagement für ihr Werk. Es war Liebe und Trauer und Mitgefühl für jedes von der Dichterin durchlittene Wort, jeden Ausdruck, jedes Bild. Stella Avni war sehr bewegt.

An den Anfang hatte sie der Dichterin Rede zur Verleihung des Hörspielpreises der Kriegsblinden gestellt, über die sie meinte: "Die Wahrheit ist dem Menschen zumutbar", das ist zugleich die Devise ihres Schreibens. Sie sprach davon, wie wunderbar es ist, "wenn (der Schriftsteller) fühlt, daß er zu wirken vermag"; sie sprach vom Schmerz, "der schrecklichen Auszeichnung des Menschen", die es gelte, wahr zu haben; "denn wir wollen sehend werden". Vor den physisch Blinden sprach sie in Bildern vom Sehen. Sie machte Hoffnung, "im Widerspiel des Unmöglichen und des Möglichen zu leben", denn "unsere Kraft reicht weiter." Enttäuscht sein hieße ohne Täuschung leben.

Als erstes Gedicht war "Früher Mittag" zu hören, in dem unter einem "flirrenden Tagmond" lyrische Formeln deutscher Dichtung in die eigene Sprache eingewoben sind und in der Ingeborg Bachmanns herber Humanismus sich in einem Halbsatz ausdrückt: "die vom Steinwurf entstellte Hand". In dem gereimten Gedicht "Heimweg" übt "der Campir im Rücken den Kinderschritt". Ingebog Bachmann, die es, wie viele andere Dichter deutscher Sprache, in den Süden zog, lebte seit 1965 in Rom, wo sie ihr Leben 47jährig beschloß.

"Das erstgeborene Land" ist die Anrufung des Südens. In die schönen Bilder mischt sich das Grausame: der kahle Baum, "da fiel kein Traum herab", und die Viper springt sie an. Die Melancholie ihres ersten Gedichtbands (1953) "Gestundete Zeit" wandelte sie am Schluß des Gedichts in Entschlossenheit:

> Sieh dich nicht um,
> Schnür deinen Schuh,
> Jag die Hunde zurück,
> Wirf die Fische ins Meer,
> Lösch die Lupinen!
> Es kommen härtere Tage.

Der Text über Rom "Was ich in Rom sah und hörte" beginnt mit dem Tiber und den schlafenden Arbeitern in der Mittagshitze, die sich "den Himmel über den Kopf ziehen", er spricht von Kirchen und Palästen und Oleanderkübeln, die vor sich hin "mörscheln", die Katze mit "witzigen Ohren, fast nacktem Gesicht und der honigfarbenen Weste", und "ich sah den gelobten Himmel aus Hermelin den Goldenen Schnitt über den Dächern ausführen"; und sie findet bestätigt: "Das Klassische ist das Einfachste."

Unter all der Pracht "die Wasserstätten, die Todesstätten unten". Sie sieht die Gräber von Humboldts Söhnchen und Goethes Sohn "unter dem wissenden Blau"; doch "wer zu viel sieht, zerreißt".

In die Gedichte "Lieder von einer Insel" und "An die Sonne" begibt sich Stella Avni so weit hinein, daß sie mit Tränen kämpfen muß. Die Sonne, die schöner als alles ist, schöner als die "berühmten Sterne, die Orden der Nacht". Es gibt nichts Schöneres, als "unter der Sonne zu sein", Ingeborg Bachmann will nur "Klage führen über den unabwendbaren Verlust meiner Augen".

Sodann las Stella Avni einen Prosatext, witzig, kabarettistisch, politisch, "Der Tod wird kommen", ein Fragment. Die Lebensläufe und Todesfälle einer weitverzweigten Familie, die sich immer mehr auswächst, bis man Österreich darin erkennen kann, und dann die ganze Welt. Die Familie redet ihre zu Sprüchen gehämmerte Sprache, und die Sprüche nehmen kein Ende.

Das Gedicht "Alle Tage" spricht Stella Avni frei.

> Der Krieg wird nicht mehr erklärt,
> er wird fortgesetzt. Das Unerhörte
> ist alltäglich geworden. Der Held
> bleibt den Kämpfen fern. Der Schwache
> ist in die Feuerzone gerückt. Die Uniform ist die Geduld,
> die Auszeichnung der armselige Stern
> der Hoffnung über dem Herzen.

Verliehen wird er "für Tapferkeit vor dem Freund."

Hans Werner Henze widmete Ingeborg Bachmann das Gedicht "Enigma", mit den pessimistischen Zeilen "Nichts wird mehr kommen, Frühling nicht mehr werden" und an anderer Stelle häufen sich die negativ besetzten Worte Hunger, Schande, Tränen, Finsternis. Doch an den Schluß stellte Stella Avni das große Gedicht, das Hoffnung in sich trägt: "Böhmen liegt am Meer" - "Böhmen ans Meer begnadigt."

Rheinische Post, 19.10.1984

ZU LITERATURPREISEN

Hörspielpreis für Ingeborg Bachmann
Von F.A.Z.

Der Hörspielpreis der Kriegsblinden für das Jahr 1958 ist der österreichischen Schriftstellerin Ingeborg Bachmann für ihr Hörspiel "Der gute Gott von Manhattan" zuerkannt worden, das im Mai 1958 vom Bayrischen und Norddeutschen Rundfunk sowie vom Südwestfunk zum erstenmal gesendet worden ist. Der Jury, die in Baden-Baden zusammentrat, gehörten unter Vorsitz von Friedrich Wilhelm Hymmen neun Kritiker und neun Vertreter der Kriegsblinden an. Die festliche Übergabe des Preises an die Autorin wird am 17. März im Bundeshaus in Bonn stattfinden. In die engere Wahl der vierzehn zur Debatte stehenden Hörspiele waren acht Sendungen gekommen, darunter die Hörspiele "Bilanz" von Heinrich Böll, "Fahrerflucht" von Alfred Andersch, "Nähe des Todes" von Peter Hirche und "Ein Leben" von Dieter Meichsner. Nach langer und bewegter Debatte erkannte die Jury Ingeborg Bachmanns Hörspiel den Preis vor "Festianus, Märtyrer" von Günter Eich und "Flucht" von Dagmar Nick zu. Diese gewiß nicht populäre Entscheidung war vornehmlich dem deutlichen künstlerischen Niveau-Unterschied zu danken, mit dem "Der gute Gott von Manhattan" die anderen Werke überragte. Die Jury begründet ihre Wahl - "ohne sich mit der Konzeption der Autorin in jedem Punkt zu identifizieren" - mit "der Erfindungsgabe, der großen Sprachkraft und der inneren Logik dieser modernen Parabel", in der Ingeborg Bachmann "Problematik und Dialektik der Liebe in der Großstadtwelt unserer Tage" erfaßt hat. Es sei hier, heißt es, "ein unverwechselbares Liebesgedicht gelungen", das den aus Film und Illustrierten gewohnten Klischees entgegenstehe.

Die zwingende Kraft der Fragen, die Ingeborg Bachmann, ohne selbst griffige Lösungen anzubieten, dem Hörer aufdrängt, Ernst und Intensität der Bewältigung eines durch die Niederungen billiger Literatur geschleiften Themas haben die Jury zu ihrer Entscheidung mitbestimmt. Die weitaus freundlichere Heiligenlegende von Günter Eich hätte sich als sehr viel "bequemeres" Hörspiel zur Preisbesprechung angeboten; doch die Jury hat bewußt das unbequemere Werk gewählt, das die konventionellen Hörspielformen weit hinter sich läßt.

"Der gute Gott von Manhattan" handelt von der Explosivkraft einer vollkommen auf sich selbst bezogenen Liebe zweier Menschen, die, aus dem Zusammenhang mit der Welt und ihrer Ordnungen gelöst, in Selbstvernichtung endet. Ingeborg Bachmann leugnet die Ordnungen keineswegs, doch sie hat, ohne sich auf das sichere Terrain einer billigen Moral, versöhnlicher "Lösungen" oder selbstgefälliger Resignation zurückzuziehen, den Mut zur konsequenten Härte des Konflikts.

Bemerkenswert war der außerordentlich hohe Anteil der politischen Probleme, die sich unter dem Stichwort "unbewältigte Vergangenheit" zusammenfassen las-

sen, an der Thematik der in engerer Wahl stehenden Hörspiele. Am eindrucksvollsten gelang diese Verarbeitung der latenten Schuldkomplexe aus unserer jüngsten Vergangenheit in Dagmar Nicks Hörspiel "Flucht" (zum erstenmal vom Hessischen Rundfunk gesendet), das in der Wertung an dritter Stelle stand.
Frankfurter Allgemeine Zeitung, 5.3.1959

Form der Verzweiflung
Von Rolf Schroers

Die Kriegsblinden sind mutig. Ihre Entscheidungen sind kühner, als die der meisten preisverteilenden Gremien in diesem Land. Das bewahrt ihnen die Frische und die Glaubwürdigkeit; was selbst dann gelten würde, wenn man ihrer Wahl hier und dort nicht beipflichten könnte.

Jahr für Jahr versammelt sich im Februar - als Gast der deutschen Rundfunksender - die Kriegsblindenjury, der neun Blinde und neun Publizisten beisitzen, die die Blinden sich ausgesucht haben, um fachmännischen Rat zu hören. Jahr für Jahr prüft sie die besten deutschen Hörspiele und versucht herauszufinden, welches das beste der besten sei. Und ist dabei darauf angewiesen, was das Hörspiel jeweils geleistet hat. Das Beste ist also, und natürlich, ein relativer Begriff.

Er ist es, auch das ist natürlich, nicht nur von der Sache, sondern von dem über die Sache urteilenden Gremium her. So wenig tatsächlich die Unabhängigkeit der Jury anzuzweifeln ist, so wenig steht sie andererseits über der "Urteilsschelte". Der Beschluß der Jury wird mit einfacher Mehrheit gefällt, ist also nicht unbedingt einmütig. Das Hörspiel von Ingeborg Bachmann wurde mit 10 von 18 Stimmen gewählt. Aber mir scheint keine "Urteilsschelte" angebracht. Was nicht hindert, das Urteil erstaunlich zu finden.

Ingeborg Bachmann ist eine junge, österreichische Lyrikerin. Sie hat für ihre Lyrik schon mehrere, ansehnliche Preise erhalten; sie ist mit Recht bekannt geworden. Aber ihre Lyrik ist doch nicht von volkstümlich eingängiger Art, sie ist vielmehr höchst verschlüsselt und eigentümlich; ihre Qualität liegt in der Verwandlung persönlicher Welt in das Gedicht. Und kraft des Gesetzes aller Kunst tritt damit das Persönliche als Absolutes auf - ohne sich sonderlich um Breitenwirkung, um profane Verständlichkeit zu kümmern.

Das preisgekrönte Hörspiel heißt "Der gute Gott von Manhattan". Es ist ein extrem lyrisches Hörspiel, lyrisch von der Art der Ingeborg Bachmann. Es ist also höchst verschlüsselt und eigentümlich und entzieht sich dem profanen Verständnis, zumal wegen der ungewöhnlichen Ansprüche, die es für das Verstehen stellt, und verlangt wohl eigentlich mehrfaches Hören oder Lesen (es liegt in Buchform vor).

Ein Mädchen in New York zwingt einen Durchreisenden, der zu seinem Dampfer will, in die Dämonie seiner Liebe. Ein rauschhaft phantastisches Liebesspiel wird vor den Ohren des Hörers entwickelt, eine orgiastische Dämonie gegenseitigen Verschlingens, eine "Liebe zum Tod", die nur noch ihr eigenes Gesetz, ihre eigene, süchtige Gesetzlichkeit anerkennt und sich so gegen "die Welt" versündigt. Der führende Teil in dieser Liebe ist die Frau, die sich dem Mann opfert, aber durch dieses Opfer den Mann sich hörig macht. Der Mann verfällt der rasenden, in sich selbst kreisenden Liebe, die nur sich selber will: Adam verfällt Eva. Diese Liebe gewinnt bei Ingeborg Bachmann alle Wirklichkeit, zu der dichterische Sprache den Schlüssel hat. Sie ist hineingestellt in eine technisch zivilisatorische Welt, die ihrerseits dämonische Züge hat, und solche Liebe als Angriff auf ihre Ordnungen empfindet. So setzt sie zur Verfolgung der Liebenden an und verfügt Häscher und Henker auf den Schauplatz der Ereignisse, hämische Stimmen und böse Gedanken: im Namen des Rechts, über das advokatorisch beim "guten Gott von Manhattan" verhandelt wird.

Schon diese knappe Inhaltsangabe zeigt deutlich, wie eigenwillig die Gefühlswelt der Dichterin, wie eigenwillig die darstellende Form gefunden ist. Die Beweiskraft solcher Dichtung liegt in ihrer inneren Glaubwürdigkeit, und die auf äußerste getriebene, fast verzweifelte Individualität der Autorin - deren Werk durchklingen läßt, daß sich in der realen Welt kaum Raum findet für die Bereitschaft zu so todsüchtiger Liebe und Selbstaufgabe in der Liebe - muß sich mit Signalen, mit Chiffren verständlich machen, um überhaupt im emotional entleerten Alltag ein solches Ereignis sinnfällig zu machen. So wäre denn die komplizierte Form des Hörspiels auf ihre Weise nicht nur künstlerische Eigenwilligkeit, sondern Antwort auch auf die spezifische Unmöglichkeit, leidenschaftlich zu leben in einer Welt perfektionierter Ordnung, für die der individuelle Impuls nur Störung oder gar, grundsätzlicher, revolutionäre Zerstörung ihrer Konstitution bedeutet. Mit anderen Worten: die künstlerische Eigenart wäre eine spezifische Form der Verzweiflung.

Ingeborg Bachmann erhielt für den "Guten Gott von Manhattan" den Preis der Kriegsblinden für das beste Hörspiel des Jahres 1958. Ich nannte dieses Urteil mutig. Es ist mutig nicht nur wegen des gewählten Stückes. Es ist mutig auch in dem anderen Sinne, daß es deutlich macht, wie wenig die Jury sich auf einen der möglichen Hörspieltypen festlegen läßt oder andererseits, was noch gefährlicher wäre, auf eine normative Gesinnung, die brav gemeint, doch darum nichts mit Kunst zu tun hätte.

Und hier ist auf die Bedeutung gerade dieses Preises hinzuweisen. Er ist ein Preis der dankbarsten Hörer, eben der Blinden. Und er hat schon dadurch eine pädagogische Nebenwirkung, rundheraus und platt gesagt, er wirkt kunsterzieherisch. Die Erfahrung mit den früheren Preisen - keiner übrigens mit einer Geldzuwendung verbunden - zeigt, daß das preisgekrönte Hörspiel, eben als solches, von allen deutschen Sendern noch einmal gesendet wird und damit ein ungewöhnlich großes Publikum erreicht. Der Preis also macht das Hörspiel ganz unmittelbar wirksam, nicht durch einen Hinweis, der (ähnlich wie die vielen Buchpreise) platonisch bleiben könnte, sondern durch die massive Nachsendung, die "das Beste" ins allgemeine Bewußtsein bringt und so Maßstäbe setzt. Das ist eine wahrhaft bewegende, ja gewaltige Sache.
Vorwärts, 13.3.1959

Die große Fracht

Von WA.

Im Oktober dieses Jahres verleiht die Deutsche Akademie für Sprache und Dichtung den Georg-Büchner-Preis, den repräsentativsten deutschen Literaturpreis (dotiert mit 10 000 DM), an Ingeborg *Bachmann*.

Ingeborg Bachmann wurde 1926 in *Klagenfurt* in Österreich geboren. Von 1944 bis 1950 studierte sie in Graz, Innsbruck und Wien zunächst Theologie, dann vor allem Philosophie. 1950 wurde sie mit einer Arbeit über "Die kritische Aufnahme der Existentialphilosophie Martin Heideggers" zum Doktor der Philosophie promoviert. Anschließend arbeitete sie für verschiedene Rundfunkanstalten und Zeitschriften, es folgten längere Auslandsreisen.

Als Lyrikerin wurde Ingeborg Bachmann im Jahre 1953 auf einer Tagung der Gruppe 47 bekannt, auf der sie einige Gedichte vortrug, für die ihr der Preis der Gruppe zuerkannt wurde. Im gleichen Jahr erschien ihr erster Gedichtband "Die gestundete Zeit", der inzwischen mehrere Neuauflagen erfuhr, 1956 gab sie den Band "Anrufung des Großen Bären" heraus. Diese beiden schmalen Gedichtbände begründeten Ingeborg Bachmanns Ruhm als Dichterin. Die Kritik erkannte in ihren Versen sogleich die "kunstvoll natürliche Verbindung zwischen Intellektualität und Poesie"; trotz aller Modernität stehen diese Gedichte deutlich in der Tradition deutscher Lyrik, und sicher ist es diese Verbindung von Traditionellem und Modernem, die Ingeborg Bachmann jene Verständigungsschwierigkeiten überwinden ließ, die sich sonst im allgemeinen zwischen einem modernen Lyriker und einem breiteren Publikum auftun. Ingeborg Bachmann ist in den gut zehn Jahren, seit sie bekannt geworden ist, so etwas wie ein Klassiker der zeitgenössischen deutschen Lyrik geworden, und Hans Egon Holthusen spricht denn auch im Blick auf ihre Lyrik von dem "ursprünglich klassischen Welt- und Formbegriff, der in ganz verschiedenartigen Bewußtseinslagen und auch unter den widrigsten Bedingungen eine immerwährende Möglichkeit bleibt".

Auch in Ingeborg Bachmanns *Hörspielen* und *Erzählungen* dominiert das Lyrische, ähnlich wie übrigens bei Günter Eich, der ja auch gleichermaßen als Lyriker wie als Hörspielautor bekannt wurde. 1955 wurde Ingeborg Bachmanns Hörspiel *Zikaden* gesendet, 1958 *Der gute Gott von Manhattan*. 1958 wurde ihr Hörspielpreis der Kriegsblinden verliehen. Neben Übersetzungen von Gedichten des Italieners Ungaretti und Essays sowie literaturkritische Arbeiten, neben dem Ballett "Fürst Myschkin" und Opernlibretti nach Kleist für den Komponisten Hans Werner Henze erschien 1961 der Ezählungsband "Das dreißigste Jahr". In diesen Geschichten erzählt Ingeborg Bachmann, wie in ihren Hörspielen, von Ausbruchsversuchen einzelner aus der grauen Alltasgwelt, Ausbruchsversuchen und Revolten, die aber zuletzt immer scheitern und im Gewohnten enden. "Hier ringt", so schrieb Hans *Daiber*, "unbewältigte Gegenwart um Ausdruck. Dabei wird der Stil, stets ein untrügliches Reagenz, unrein, der Geschmack unsicher. Die Geschichten gleiten gelegentlich aus der Poesie in den Kitsch; der Feinsinn kann zum ganz zart gesponnenen Quatsch werden." Doch ist es ein hoher Einsatz, den Ingeborg Bachmann wagt, und "auf diesem Niveau liegen Gelingen und Mißlingen dicht beieinander. Das meiste ist ihr gelungen."

Zu den gelungensten Gedichten Ingeborg Bachmanns scheint uns "Die große Fracht" aus dem ersten Gedichtband "Die gestundete Zeit" zu gehören, ein kunstvoll-schlichtes Gedicht, das ähnlich wie Gottfried *Benns* berühmte Verse "Astern" den Augenblick des Spätsommers in Worten zu bannen vermag!

> Die große Fracht des Sommers ist verladen,
> das Sonnenschiff im Hafen liegt bereit,
> wenn hinter dir die Möwe stürzt und schreit.
> Die große Fracht des Sommers ist verladen.
>
> Das Sonnenschiff im Hafen liegt bereit,
> und auf die Lippen der Gallionsfiguren
> tritt unverhüllt das Lächeln der Lemuren.
> Das Sonnenschiff im Hafen liegt bereit.
>
> Wenn hinter dir die Möwe stürzt und schreit,
> kommt aus dem Westen der Befehl zu sinken;
> doch offnen Augs wirst du im Licht ertrinken,
> wenn hinter dir die Möwe stürzt und schreit.

Echo der Zeit, 11.10.1964

Die Akademie als Traum

Von Günther Rühle

[...]

Ein neuer Versuch [die Durchblutungsstörungen der Akademie zu beseitigen], dazu: die Auszeichnung der Ingeborg Bachmann mit dem Georg-Büchner-Preis. Ein übervoller Saal im Darmstädter Theater, zweitausend Augen, Scheinwerfer, Kameras, die die Augen millionenfach vermehrten. "Öffentlichkeit der Literatur?" Der Präsident hatte seine Not, die surrenden Bildreporter zu vertreiben. Dann sah man die junge Frau, das Gesicht von den blonden Haaren überfallen - fast verlegen in dieser Aufmerksamkeit, ungewohnt des öffentlichen Lichtes, der Sicherheit, mit der man auf diesem Parkett stehen muß. "Wie jeder, der hier gestanden hat und es nicht wert war, Büchner auch nur das Schuhband zu lösen, muß ich hier eine Rede halten." Rede in ihrer Weise: ein Stück Prosa: Vision von Berlin, andeutend, verrätselnd, auflösend. Die Stadt als Krankenhaus, mit Ängsten voll, von Disharmonien durchzogen, verrutschende Stadtteile, Schwärme von Verstümmelten Tortenschleckerinnen, Menschen in "Fettpapier"; ein großes Gedicht, das sich an expressionistischen Mustern orientiert, ohne deren Visionstragödie. Ein langes, fast zu langes Stück Beschwörung unserer verwandelten Landschaft, gesehen mit den Augen des Widerspruchs. Sätze ohne Verben, ohne Bogen, verendend in Punkten ...

"Satzbau", "Heute ist der Satzbau das Primäre". Der Laudator der Ingeborg Bachmann, Werner Weber (Zürich), nahm diesen Satz Benns zum Ausgangspunkt seiner Preisrede. Er setzte die Sprache der Ingeborg Bachmann ab von dem, was sie "Gaunersprache" nennt, vom Gewäsch, das "Verrat des Wesens" ist. Er beschrieb, seine Rede selber in eine Kunstfigur verwandelnd, die Position der Bachmann durch die des Ikarus, der kurz vor dem Durchstoß zur Wahrheit abstürzt. "Als Mitwisser Gottes verworfen ..." - das sei die Erfahrung, aus der sie schreibe; um das Schweigen ihre Worte bauend, als letztes Ziel Liebe heraufrufend. Ehre Kunst eine Kunst: "durch die uns die Augen aufgehn".

So war und ist die Akademie auf der Suche nach Energien. Wer führt ihr mehr davon zu? Wer hält sie wirksam?

"Von dieser, im rasenden Tempo geträumten Geschichte blieb etwas zurück, das viel mehr wie Sehnsucht oder Wunsch, oder Plan war, sondern wie ein Versprechen auf Erfüllung."

Mit diesem Satz schließt Heymel seinen Bericht. Vom großen Traum einer deutschen Akademie.

Frankfurter Allgemeine Zeitung, 19.10.1964

Erträumte Wahrheit

Von Ruprecht Skasa-Weiß

Nach einer guten halben Stunde erkannte man die ersten Details: den vollen, kräftig ausladenden Mund, das stark entwickelte Kinn, die geschlitzten Augen unter den schweren, scheinbar wimperlosen Lidern, das helle, lockere Haar. Die Dame im violetten Kleid ließ den Skizzierstift sinken und verglich ihre Zeichnung mit dem Modell.

Etwas stimmte nicht: dieses Modell trug eine Brille mit dunkelgetönten Gläsern - die Zeichnerin hatte sich über diesen Umstand, aus einleuchtenden Gründen, souverän hinweggesetzt. Sie wollte ihr Modell ohne Maske fixieren. Und nichts anderes denn eine Maske, eine Schutzblende vor der Außenwelt, soll jene Brille wohl sein, welche Ingeborg Bachmann bei öffentlichen Auftritten zu tragen pflegt.

Die achtunddreißigjährige gebürtige Österreicherin, prominenteste deutschsprachige Lyrikerin unserer Zeit, las vor Mitgliedern und Gästen der Deutschen Akademie für Sprache und Dichtung im Darmstädter Justus-Liebig-Haus: stockend, monoton, mit nervosierend poröser Stimme. Sie verhaspelte sich, rang verquält um die Artikulation der Worte, zögerte immer wieder sekundenlang, als gelte es, einen nie gesehenen Text zu studieren: und dabei war dieser Text seine guten drei Jahre alt. Ingeborg Bachmann, die Trägerin des Georg-Büchner-Preises 1964, hält mit ihrer dichterischen Begabung seit geraumer Zeit auffällig haus - eine neue, unveröffentlichte Arbeit vorzutragen, hatte sie sich für den kommenden Tag, dem Tag der festlichen Preisverleihung, aufgespart; so las sie denn am Vorabend eine Erzählung aus dem Band "Das dreißigste Jahr", bei weitem nicht die stärkste, doch eine typische, die sich mit ihrem gedanklichen Gehalt sehr gut in die Thematiken dieser Darmstädter Herbsttagung fügte: "Ein Wildermuth". Wildermuth, der Richter und Wahrheitssucher von Berufs wegen, verstrickt sich eines Tages derart hoffnungslos im Gespinst winziger, banaler, nützlicher Wahrheiten, im Gewirr der unleugbaren und dennoch einander widersprechenden Fakten, die die alleinige, die eine große Wahrheit unter sich begraben haben, daß er, der wilden Muts Verzweifelte, sich zuletzt von der alten Wahrheit der Tatsächlichkeiten lossagt und auf eine neue setzt, auf eine Wahrheit, "von der keiner träumt, die keiner will".

Wahrheit ist, neben "Schweigen", "Flucht" und "Insel", ein Schlüsselwort in der Dichtung Ingeborg Bachmanns. Diese so empfindungsreiche und im öffentlichen Umgang so scheue Frau, die 1950 mit einer Arbeit über die "Kritische Aufnahme der Existentialphilosophie Martin Heideggers" zum Doctor philosophiae promovierte, hat es gelernt, unerbittlich zu denken - unerbittlicher und männlichkraftvoller als mancher Mann. Die parabolische Erzählung "Ein Wildermuth" mit ihrem philosophischen Pathos und ihrer nachgerade todesmutig logischen Konsequenz rückt uns eine Gedankenwelt vor Augen, deren Spekulationen sowohl im "Unmenschlichen" wie im künstlerisch nicht mehr Gestaltbaren münden. "Ja, was ist denn die Wahrheit über mich, über irgendeinen? Die ließe sich doch nur sagen über punktartige, allerkleinste Handlungsmomente, Gefühlsschritte, die allerkleinsten, über Tropfen um Tropfen aus dem Gedankenstrom ..."

Am Abend dann der Höhepunkt dieser Herbsttagung, die Stunde der feierlichen Preisverleihung. In der Darmstädter Orangerie flammen die Scheinwerfer auf, Fernsehkameras surren, zielen ins Publikum, auf die Bühne, auf riesige Blumenarrangements; erfassen den Präsidenten der Akademie. Drei neue Preise, dotiert mit jeweils 6000 Mark, werden in diesem Jahr verliehen; der Johann-Heinrich-Merck-Preis für literarische Kritik an Günter Blöcker, der Preis für Germanistik im Ausland an Robert Minder, den "Ersten Germanisten Frankreichs", und der Sigmund-Freud-Preis für wissenschaftliche Prosa an den Romanisten der Universität Freiburg Hugo Friedrich.

Schließlich Ingeborg Bachmann! Der Schweizer Literaturkritiker Werner Weber spricht die Laudatio auf die frischgebackene Büchner-Preisträgerin, vorsichtig, tastend, mehrfach abgesichert, umwegig. Er vergleicht den Versuch, das Werk Ingeborg Bachmanns zu deuten, mit einer Bergbesteigung; der Anfang fällt ihm schwer: "Es ist beklemmend, so am Fuß der Wand." Er spricht von Ingeborg Bachmanns "Leidenschaft des Denkens", zitiert Benn und Celan und attestiert der Dichterin "Mitwisserschaft in der Sprache". Ist Sprache auch Wahrheit? Ja, und zwar in einer Weise, die resignieren macht: "Schweigen, darum herum sind Ingeborg Bachmanns Worte gelegt." Das Wagnis dieser Frau wird definiert als quälender Schwebegang zwischen der Welt des wahren Worts und der Versatzwelt der Gaunersprache, als ein Gang vorbei am geschichtsfeindlichen Raum des totalen Ästhetizismus.

Dann steht sie selbst auf der Bühne, dunkel gekleidet, schüchtern, linkisch, verstört, beinahe mit leuchtendem Haar. Präsident Eppelsheimer verliest den Text der Verleihungsurkunde, die Kameras schnurren lauter denn je, man versteht nur Bruchteile. "... für die in diesem Jahr erschienene erste Sammlung ihres Werkes ... dichterisch und philosophisch in großer Konzeption das Bild der Literatur des Jahrhunderts ..." Ingeborg Bachmann ist seit 1957 Korrespondierendes Mitglied der Akademie, ihren ersten Preis erhielt sie vor elf Jahren von der Gruppe 47 - die Wahl der Akademie ist frei vom Hautgout des Sensationellen.

Die Geehrte spricht mit versagender Stimme in die Mikrofone, stattet Dank ab, bereitet behutsam auf die Lesung neugeschaffener Prosa vor: "Darstellung verlangt Radikalisierung und kommt aus Nötigung." Diese Darstellung gilt der zweigeteilten Stadt Berlin. Sie liest, liest wie immer, monoton, unsicher, abgehackt. Doch diese Prosa hat man bei ihr noch nie gehört; im asyndetischen Stakkatostil, unrastig und besessen, schildert diese Frau einen großen, schweren, flakkernden, apokalyptischen Traum, eine Endzeitvision, in der unablässig surreale Bildwelten bersten, eine schaurige Groteske: "Berlin ist aufgeräumt, die Geschäfte sind übereinandergelegt, geschichtet zu einem Haufen ... die Havel schäumt bis obenhin voll Bier ... die Amerikaner reißen das Brandenburger Tor aus und nehmen es zum Andenken mit ... die Gedächtniskirche fährt zum Himmel." Das Tagebuch einer Meskalinberauschten? "Es war eine Aufregung", lautet der letzte Satz, "war weiter nichts. Es wird nicht mehr vorkommen."

Schwer zu sagen, was diese Prosa wert ist, wenn sie gedruckt erscheint. Der Darmstädter Vortrag hinterließ einen höchst fragwürdigen Eindruck. Fängt Ingeborg Bachmann zu experimentieren an? Wir wollen es nicht hoffen - derlei Experimente liegen ohnehin längst hinter uns. Doch gemach: "Es wird nicht mehr vorkommen."
Stuttgarter Zeitung, 19.10.1964

Statt einer Rede - dichterische Improvisationen
Von W. E. Süskind

Die Spannung war groß am Samstagnachmittag in Darmstadt. Einmal: Wie würde die akademische Lobrede aussehen, mit der Werner Weber, der Literaturredakteur der *Neuen Zürcher Zeitung*, die fällige Preisverleihung zu feiern gedachte - die Verleihung ausgerechnet des Büchner-Preises an Ingeborg Bachmann? Und zweitens und spannender: Wie würde die Dichterin selbst mit der Aufgabe fertig werden, in ihrer Dankrede der Deutschen Akademie für Sprache und Dichtung die Bestätigung zu liefern, daß ihr blondes, manchmal wie bei einem müden Haflinger-Pony schräg hängendes Köpfchen zu Recht gerade diesen männlichen Lorbeer aufgesetzt bekam? Die bisherigen Preisträger von Kästner und Frisch bis zu Nossack und Enzensberger hatten alle mit viel Glück und wenig Gewalt die Kurve von ihrem Werk zum großen Georg Büchner genommen. Wie aber sie, deren geistige Gestalt in ihrer Poesie wie ihrer Rabulistik zwar einem Büchnerschen Stück, niemals aber dem unmittelbaren Mannesstamm von Büchners Künstlertum entsprungen sein könnte?

Nun, Ingeborg Bachmann hat den Knoten, man kann nicht sagen durchhauen, aber hinwegmanipuliert - ein wenig nach Art jenes Kinderspiels, bei dem man ein über die Hände gespanntes Fadenkreuz in immer neuen Figurationen weitergibt. Statt einer Dankrede zauberte sie, nach einer sehr viel schwächeren Prosavorlesung (der Erzählung "Ein Wildermuth") am Vorabend, bei der Preisverleihung ein noch ungedrucktes Stück dichterische Imagination vor, das auf faszinierende Weise Reichtum und Grenzen ihres Künstlertums zu erkennen gab. Kaum möglich, die Kategorie dieses Opus anzugeben, das man anfangs verwunderlich, eine Weile wahrhaft genial, hierauf nur noch bravourös und schließlich vor lauter Repetition der Sprachgebärde nahezu schwach finden mußte. Ein Zyklus von Berlin-Gedichten, Berlin-Impressionen, könnte man sagen. Aber diese Einordnung wäre ungerecht und würde das Werk in eine politische Aktualität rücken, die es weder haben will noch haben kann. Sagen wir also lieber: Eine dichterische Improvisation über Berlin - über alles, was an lokalen, geschichtlichen und großstadttypischen Erinnerungsbildern bei diesem Stichwort in uns aufsteigt. Übrigens in Prosa; aber in so flirrenden, an jagende Leuchtschriftsätze erinnernden Intervallen geschrieben, daß durchaus der Eindruck des furiosen Gedichts entsteht.

Der inhaltliche Fortgang, soweit von einem solchen die Rede sein kann, bewegt sich in Assoziationen, wie sie ein Fiebernder erleben mag, wobei als Anhaltspunkt immer wieder die Vorstellung einer Klinik mit Patienten, Pflegerinnen und Skat spielenden Ärzten auftaucht. Fast allzu bewußt scheint dieser motivische Ausgangspunkt gesetzt und in opalisierende Traklsche und Kafkasche Töne gehüllt. Von ihm aus schweift die Assoziation weiter zu Flugzeuglärm der Berliner Blockadezeit, zu Berliner Kirchenglocken (die Kleistsche Säuferanekdote?), zu Lichtreklamen und Bildern aus dem Zoo, schließlich zu einer allgemeinen Untergangs- und Erstarrungsvision, die mit Berlin im besonderen nichts mehr zu tun hat, sondern babylonisches Endzeitinferno schlechthin ausmalt. Bald überscharf, bald in grotesk-komischen Zwischentönen, und immer wie von einer Achterbahn aus gesehen, die über nächtliche Rummelplätze hinfegt.

Die Schwierigkeit bei dieser (und ich fürchte bei aller mit prinzipieller Gestalt- und Zeitauflösung arbeitenden und unverkennbar hysteroiden) Dichtung liegt darin, daß sie sich mit ihrer hohen Umdrehungszahl sowohl dem Gefühls- wie dem Intellektualurteil entzieht. Wie beim schnellen Autofahren kann man nur noch für die eigene Person entscheiden, ob es einem taugt oder nicht - und das ist das Ende der Kritik, die dann nur noch hinnehmen oder brüsk ablehnen kann. Nur mit Vorbehalt kann deshalb geäußert werden, was dem Referenten bei beiden Vorlesungen der Dichterin zum Ausdruck zu kommen schien. Es war einmal das durchdringende Gefühl, daß auf dem Grund dieser Dichtung ein gerüttelt Maß von schierer Sentimentalität liegt, verborgen dadurch, daß keine ausgeführte Gestalt, nicht einmal ein Tonio Kröger mehr das Spannungsverhältnis Geist - Natur in Handlungsvorgängen erlebt, sondern daß nur noch zur Apparatur abgemagerte Denkschemen ("ein Wildermuth") es monologisieren, man kann auch sagen: beplappern. Und es war zum anderen die beklemmende Vermutung, daß innerhalb dieser nur noch zyklopisch mit der Sprache arbeitenden Dichtung außer der menschlichen Gestalt auch das künstlerische Element abhanden kommt, das man Maß, Zucht, am einfachsten Ökonomie nennt.

Webers Laudatio, wunderschön in ihrer menschlichen Zugeneigtheit und musterhaft in der Form, blieb nicht unberüht von solchen Zweifeln. Nicht daß er sie ausgesprochen hätte, aber sie stellten sich beim Zuhörer ein und sollten es wohl auch, als gewisse hohe Feststellungen über große Dichter getroffen und Ingeborg Bachmann zugemessen wurden. Als da sind: Energie des Denkens; Absage an gestaltlosen Ästhetizismus und an jene unerfüllte Sprache, die die Bachmann selbst als "Gaunersprache" bezeichnet; Anerkennung des Mitmenschen als möglichen Mitwisser der Schöpfung. Sicher ist, daß Weber diese Qualifikationen seinem Schützling zuerkannte im Sinn des kameradschaftlich zärtlichen Vorhalts. Er selbst verglich sein Unternehmen mit der Ersteigung des Matterhorns. Als er auf dem Gipfel angelangt war, schien gleichwohl zweifelhaft, ob es gerade dieser individuelle Gipfel war. Weber zitierte ein herrliches Wort von Klopstock: Im guten Gedicht geistere das Wortlose unsichtbar umher wie im Homer die Götter. Das traf. Aber man vermochte nicht zu sehen, warum es gerade die Dichtung der Preisgekrönten träfe.

Süddeutsche Zeitung, 19.10.1964

ZUR POETIKVORLESUNG UND ZUM TUTZINGER SEMINAR

Das Experiment von Frankfurt
Von S. F.

Der neue Hörsaal 1 war bis auf den letzten Platz gefüllt, als Dr. Ingeborg Bachmann leicht zögernd, das Manuskript und ein Buch unterm Arm, geleitet von Magnifizenz Hartner, vom Prorektor Viebrock, den Herren des S. Fischer Verlages und anderen Ehrengästen, den Raum betrat. Die Tafel hinter dem Vortragspult war noch vollgekritzelt mit mathematischen Formeln. Es war mucksmäuschenstill, nachdem das studentische Beifallsklopfen verklungen war. Die erste Dozentur für Poetik an einer deutschen Universität wurde inauguriert; der Rektor der Universität, Professor Hartner und sein Vorgänger, der Anglist Professor Viebrock, dem die glückliche Idee zu danken ist, diese Dozentur einzurichten, sprachen einleitende Worte; Worte des Dankes, gerichtet an den S. Fischer Verlag für seine finanzielle Unterstützung, und an das Stiftungsgremium, das dieses "unerprobte Projekt" gefördert hatte. Dessen Vorbild ist der Lehrstuhl in Oxford, den derzeit W. H. Auden innehat. Es gelte, sagte Professor Viebrock, mit dieser Dozentur dem Wunsch der akademischen Jugend entgegenzukommen, die sich mit den Gebilden der modernen Dichtung - nicht allein der der Lyrik - auseinandersetzen will. Die Vorlesungreihe, die nun begonnen hat, sei den Studenten zugedacht, die Universität wolle daher in Zukunft Zeberusse vor dem Hörsaal postieren, die Inhaber von Studentenausweisen und Gastkarten "besonders freundlich" einlassen werden (zustimmendes Gelächter der Studenten). Also Ausschluß der Öffentlichkeit gerade bei diesem Unternehmen, das noch dazu ein privater Verlag finanziert? Es gibt auch andere Überlegungen, die dagegenstehen. Sie gehören zu dem schwierigen Kapitel Universität und Öffentlichkeit.

Dann betrat Ingeborg Bachmann das Podium, drehte ein wenig an ihrem Manuskript, sah kurzsichtig in das mitgebrachte Buch (Hofmannsthal, wie sich's später herausstellte), setzte eine Brille auf und hub an, mit leiser Stimme, leicht österreichischem Tonfall, bisweilen zögernd, doch sonst mit erstaunlicher Gelassenheit, in fast gleichbleibender Stimmlage zu reden. Ob sie in den hinteren Reihen ganz zu verstehen war, ist zu bezweifeln. Das wird sich einspielen müssen, etwa wie bei Nicolai Hartmann, der mit ähnlich leiser Stimme zu sprechen pflegte, der aber dennoch, selbst in großen Sälen, hörbar blieb, so leise war es, so regungslos blieb sein Auditorium.

Sie wolle nichts lehren, aber vielleicht etwas erwecken, sagte Ingeborg Bachmann, und sie bekannte, daß sie bis zuletzt fast unfähig gewesen sei, einen Ansatz zu finden für diesen Versuch, der ihr nicht recht geheuer sei. Um Stichworte brauchte man nicht verlegen zu sein: Standorte der Literatur, die ungezählten Ismen, die nicht minder zahlreichen Strukturfragen - zu allem könne man was sagen, gewiß: "Wer möchte da nicht gerettet sein, zu niemandes Schaden." "Verlust der Mitte", "Anti-Stück", "Anti-Roman", noch nicht freilich, aber vielleicht bald

"Anti-Gedicht", "Kahlschlag", man hat die Wahl. Parteilichkeit solle verworfen werden und Neutralität ebenso. Ein Drittes sei zu versuchen und dies sei: die erste Rechtfertigung des Schriftstellers ist seine Existenz, mit ihrem Schuldgefühl, das es immer schon gegeben habe - Tolstoi, Kleist, Gogol, Grillparzer, Mörike, alle haben es gekannt, alle haben darunter gelitten. Heute aber stehe die Fragwürdigkeit des Dichters zum ersten Mal einer Unsicherheit der ganzen Verhältnisse gegenüber. Und hier war es, daß Ingeborg Bachmann das mitgebrachte Buch hervorzog: den Chandos-Brief Hofmannsthals: ".. die abstrakten Worte zerfielen mir im Mund wie modrige Pilze."

Die Vortragende zögerte ein wenig, denkt nach. Dann kommt sie, auf einigen kunstvollen Umwegen, zu einer Art Bekenntnis. Sie glaube nicht, daß dem heutigen Schriftsteller nichts bleibe, als die Erfahrungen von Joyce, Musil oder Kafka zu nutzen. Wenn es sich so verhielte, wenn nur nach diesen Vorbildern experimentiert würde, dann freilich würde der Vorwurf, es habe mit der modernen Literatur nichts auf sich, zu Recht bestehen. Sie war vielmehr für neue Erfahrungen, für neues Denken - auf diesem Boden erst könnten neue, große Experimente gemacht werden; eine neue Sprache muß eine neue "Gangart" haben, sie muß aus notwendigen, unausweichlichen Antrieben entstehen. Der wahre Dichter zieht seine Bahn, er hat seine eigene, unverwechselbare Richtung - Unausweichlichkeit, das war ihr das Signum, an dem ein Dichter zu erkennen sei.

Fortschritt? Nein. Aber Veränderung. "Die Spezialisten mehren sich, die Denker bleiben aus." Sie zitierte Simone Weil: "Das Volk braucht Poesie wie das Brot" - aber: "dieses Brot müßte knirschen in den Zähnen, um an den Schlaf der Welt zu rühren." Heute sind wir "vor lauter Einverständnissen" so weit, daß die Formel Brochs nicht mehr weit ist: "Gewalt ist Gewalt, Krieg ist Krieg und Kunst ist Kunst." Und dann sprach sie den programmatischen Satz: "Die Kunst verstehen - dieses Mittel, die Kunst unschädlich zu machen." Wenn die Gesellschaft der Kunst sich entzöge, dann käme dies einem Bankrott gleich.

Die Studenten klopften Beifall. Die Magnifizenzen und Professoren erhoben sich. Gruppen bildeten sich und spät, der Umlagerung entkommen, erschöpft und nun, hinterher, ein wenig aufgeregt, verließ die erste Dozentin für Poetik in Deutschland den Saal.

Zur Übung die, wie üblich erst nach persönlicher Anmeldung hätte besucht werden dürfen, sollen sich dann wieder rund 300 Studenten und andere Neugierige eingefunden haben. Arme Neu-Dozentin! Mußte sie gleich mit den schlimmsten Schattenseiten heutiger Universitätsnöte bekannt gemacht werden?
Frankfurter Allgemeine Zeitung, 27.11.1959

Alles blieb ungesagt

Von Ruth Tilliger

Das Semester an der Frankfurter Universität ist zu Ende. Zu Ende ist damit auch das Gastspiel der Lyrikerin Ingeborg Bachmann, die sich vor drei Monaten als

Dozentin des neugeschaffenen Lehrstuhls für Poetik vorgestellt hatte. "Das ist halt ein Versuch, der mir selbst nicht geheuer ist", hatte sie in ihrer Antrittsvorlesung gesagt, und auch in der letzten Vorlesung betonte sie: "Das war ein Experiment für Sie und mich."

Ob das Experiment geglückt ist, davon hat keiner gesprochen. Nicht die Dozentin, nicht Professor Viebrock, der sehr herzliche Worte zum Abschied sprach ("Sie haben die vagen Vorstellungen, die wir von diesem Lehrstuhl hatten, erfüllt."), und nicht die Studenten. Immerhin machten die Studenten aus ihrer Unzufriedenheit keinen Hehl: Sie benutzten die letzte Seminarsitzung zu einem direkten Angriff auf die Poetin, zu einen Angriff, der die Blamage der Frankfurter Germanisten während der Bachmann-Gastdozentur vollkommen macht. Die Germanisten nämlich hatten sich über die letzte Vorlesung ihrer Dozentin geärgert. Ingeborg Bachmann hatte sich zum Abschluß das Thema "Literatur als Utopie" gewählt und versucht, das "ominöse Wort" Literatur zu beleuchten. Sie gab ihre Abneigung gegen die Literatur als Wisenschaft zu. Sie war, zum erstenmal während des Semesters, böse geworden, als sie "von der Denkmalpflege der Literatur, von Beamten betrieben" sprach. "Die Literaturwissenschaft der letzten fünfzig Jahre ist ein Phantom", diesen Satz von Ernst Robert Curtius schoß sie mit freudigem Sarkasmus zwischen ihre Hörer. Sie sprach vom "Terror" der Literaturhistoriker und -wissenschaftler ("aber eine Indizienkette von Werken spricht dafür, daß es doch eine Literatur gibt"), um sich gegen "die Beamten" dann mit einem Wort zu verteidigen: "Es gilt weiterzuschreiben!"

Solche Töne war man von der Dozentin Bachmann nicht gewohnt. Sie hatte sich ein Semester lang durch die Vorlesungen und Seminare gequält, war scheu und fast krankhaft schweigsam gewesen - und dann zuletzt wischte sie den Germanisten noch eins aus.

Das war die feierliche Inauguration des neuen Lehrstuhles an der Frankfurter Johann-Wolfgang-Goethe-Universität: Hunderte von Studenten und Ehrengästen drängen und schieben sich durch die schmalen Sitzreihen, um die Premiere einer akademischen Poetik mitzuerleben. (Stifter dieser für deutsche Verhältnisse einmaligen Einrichtung ist der S. Fischer-Verlag in Frankfurt. Er war über die Idee des Prorektors Professor Viebrock, eine "Verbindung zwischen der freien dichterischen Kraft mit dem geregelten akademischen Studium zu schaffen", so begeistert, daß er gleich die Kosten dieser Stiftung für die beiden ersten Jahr übernahm.) Die geradezu feierliche Neugierde im Saal legt sich erst, als die berühmte Inhaberin des von vornherein umstrittenen Lehrstuhls im Türrahmen erscheint: Dr. Ingeborg Bachmann. Klein und geduckt, sich hinter den Rücken der sie umgebenden Prominenten verbergend, mit hängenden Schultern und langen roten Haaren. Als sie zum Rednerpult schreitet, man hätte die berühmte Stecknadel fallen hören können. Und die Gespanntheit nimmt eine geradezu schmerzliche Intensität an, als es der Dichterin nur schwer gelingt, einen Anfang zu finden. Umständliches Hantieren mit den Brillengläsern, Hüsteln, Nesteln, verwirrtes Schütteln des Kopfes und endlich das leise, dünne, hauchige Stimmchen: "Es ist mir bis zum Schluß nicht gelungen, einen Ansatzpunkt für diese Vorlesung zu finden."

Wie berechtigt diese Skepsis war, sollte sich erst im Laufe des Semesters herausstellen: Es gelang den Studenten nicht, einen Ansatzpunkt für das Gespräch mit der Lyrikerin zu finden. Die Zeile aus ihrem Gedicht "Abschied von England" wird gültig: "Alles blieb ungesagt."

Das Auditorium horcht auf, muß aufhorchen, um diese hingehetzten, hingehauchten, zögernden Worte der Dozentin überhaupt verstehen zu können. Die Technik ihres Vortrages stößt auf immer mehr Schwierigkeiten. Sie haspelt die Sätze herunter, klebt eng am Manuskript; verliert mitten in der Entwicklung eines Gedankens den Faden, zerrt an der Brille, sucht wie ein kleines Mädchen mit dem Finger nach der verlorenen Stelle im Manuskript, streicht sich die Haare aus der Stirn. Sie zittert, schwankt, ist ständig auf der Flucht. Diese Nervosität löst sich auch nicht im Laufe der nächsten Vorlesungen, weil es keine Nervosität ist, vielmehr die Art der Dichterin. Die Studenten haben das nie begriffen. Sie sind den redegewandten Walter Höllerer gewohnt, und sie wollen handfestes Wissen, sie wollen Rhetorik, sie wollen - Seminarscheine. Sie werden es ihr nie verzeihen, daß sie es gewagt hat, Zweifel an der Literaturwissenschaft anzumelden. Ihre Fragen in den Seminarsitzungen bewiesen außerdem, wie wenig sie die eigenwilligen Vorlesungen von Ingeborg Bachmann verstanden hatten. Eigenwillig, das ist überhaupt das Stichwort für das erste Semester der Poetik-Dozentur in Frankfurt. Am Pult stand keine Germanistin, da stand eine Dichterin. Sie war für akademische Begriffe total unkonventionell. Sie behandelte in zwangloser Folge Fragen der Literatur, die vielleicht auch sie bewegten. Ihre Vorlesungen verdienen eine Veröffentlichung. Weil sie so redete, wie es noch niemals in einer Universität vernommen worden war, naiv und überlegen, wissend und zweifelnd.

"Was ist passiert seit 1900?", haucht sie in der ersten Vorlesung und wirft ein paar Namen in die Debatte: Joyce und Proust, immer wieder Joyce, dann Hofmannsthal, Rilke, Musil und Broch und auch Brecht. Sie deutet die Probleme nur an: "Kann der Schriftsteller seine Existenz rechtfertigen? - Die Schuld des Dichters, der sich anmaßt, die Welt zu definieren. - Es gibt keine Entwicklung der Literatur in der Horizontalen, es gibt höchstens ein Aufreißen in der Vertikalen. - Hätten wir das Wort, wir bräuchten die Waffen nicht. - Die sprachlose Gewalt. - Die Spezialisten mehren sich, die Denker sterben aus. - Wo sind die großen Entzünder? Vielleicht Wittgenstein?"

Aber das sind nur Vermutungen, schränkt sie ein. Sie schränkt immer ein, stellt in Frage, meldet Zweifel an. ("Welche Kritik Ihrer Erzählung "Alles" hat Sie mehr berührt, die von Herrn Jens oder die von Herrn Maier?" fragte einer im letzten Seminar. "Keine", hauchte sie.) Mancher Zuhörer muß sich fragen: Warum, warum nur hat sie diese Dozentur angenommen? Sie kann nicht über Dichtung sprechen, das ist ihr sogar unheimlich, und sie sagt es immer wieder. Sie ist gegen jede Interpretation, wie später die enttäuschten Seminarbesucher vernehmen müssen. Und sie führt alle Erwartungen der an der Frankfurter Universität arg vernachlässigten Germanisten ad absurdum mit dem Satz: "Kunstverständnis? Das beste Vorbeugungsmittel gegen die Kunst." Die sonst so fleißigen Federn der Studenten ruhen, keiner schreibt mit, vielen entgehen die Nebensätze, die bei ihr das Hauptgewicht haben. Wenn sie etwa vom trockenen Brot spricht, das zwischen den Zähnen knirscht und den Hunger erst weckt, und dieses Brot mit dem Gedicht, das sie meint, vergleicht. "Dichtung, die heute Dichtung sein will, muß scharf von Erkenntnis und bitter von Wehmut sein." Hat jemals einer die Gedichte der Bachmann treffender charakterisiert?

Zwischen den Vorlesungen von Ingeborg Bachmann und ihrem Seminar liegt eine Stunde. Die Prominenz der Germanisten erholt sich während dieser Zeit im kitschigen Universitätscafé. Auch "die Bachmann" kommt. Hinter ihr ein Schwarm von stutzerhaften Dichterlingen, Küß-die-Hand-Charmeuren und kognakspendenden älteren Damen. Dieser pseudo-poetische Rattenschwanz verärgert sogar die unkonventionellen Studenten ("Hat sie das nötig?"). Aber im Seminar, wo sie "es nötig hätte", wird sie selbst von den bleichgesichtigen Jünglingen im Stich gelassen. Sie sitzt zusammengesunken am Pult, wehrlos ausgesetzt den nicht immer intelligenten Fragen der Germanisten. Denn die wollen das Gedicht verstehen, sie wollen über den "Unterschied zwischen Inhalt und Form" reden, sie interessiert "das Problem der Sprache". "Kann mir keiner helfen?" seufzt die Dozentin. "Ich weiß nicht, wo ich anfangen soll". "Will niemand etwas sagen?" Aber sie sind unbarmherzig eifrig, dieser Frankfurter Studenten, sie wollen lernen und begreifen (später wollen sie auch ein Autogramm ins Gedichtbuch), sie verstehen die Dichterin nicht, die da draußen sitzt und mit jedem Wort ringt, das sie ihren fremden Hörern sagen soll. Sie findet die Worte nicht, sie hat keine Antworten auf die Fragen, die in den sonst üblichen Seminarübungen gestellt werden. Sie möchte die Studenten reden lassen, um herauszufinden, was diese interessiert. Aber sie scheitert an der eingedrillten Interpretationswut, an der Vorliebe zum Kategorisieren.

Grausam, wie Studenten sind, lassen sie nichts unversucht, die Dichterin bloßzustellen. Jede Seminarsitzung dauert eine Stunde, und diese Stunde ist eine Qual für jeden, der, wenn auch nicht verstand, so doch ahnte, wie schwer Ingeborg Bachmann dieses Amt wurde, das sie nun einmal übernommen hatte. Hilflos ausgesetzt einer Meute von fleißigen Germanisten, fallen ihr nicht einmal die Namen von zwei zeitgenössischen Dichtern ein, über die man eventuell eine Arbeit schreiben könnte. "Ich habe keine Germanistik studiert. Nein, darauf kann ich keine Antwort geben. Nein, ich möchte nicht interpretieren", resigniert sie und läßt die Studenten weiter Phrasen dreschen. Hie und da macht sie den Ansatz zu sprechen, aber die Worte ersterben auf ihren Lippen, werden nie gehört.

Ihre Vorlesungen, die das Prädikat "Einmalig" verdienen, scheinen vergessen zu sein, sobald die Studenten den Seminarraum betreten. Schon die erste Frage, die aufgeworfen wird - und das war in allen Seminarsitzungen zu beobachten - zerstört die Atmosphäre, die von der Vorlesung hätte herübergerettet werden sollen. Da war etwa jene denkwürdige Vorlesung, da sich Ingeborg Bachmann mit dem "Ich" in der Dichtung beschäftigte, mit dem "Ich ohne Gewähr", wie sie es nannte, da sie zwischen dem historischen Ich (Churchill in seinen Memoiren) und dem existentiellen Ich (Henry Miller) unterschied und immer wieder von Hans Henny Jahnn sprach. Vierzehn Tage später prägte sie Aphorismen zur Namensgebung in der zeitgenössischen Dichtung. Sie ging von Wedekinds "Lulu" aus, um die Leuchtkraft der Namen aufzuzeigen, sprach von der "Geographie der Literatur", dem "Zauberatlas", den der Dichter kennen sollte, und behauptete auch: "Das Vertrauen in die naive Namensgebung ist erschüttert." Thomas Mann, den letzten großen Namengeber, den "Namenerfinder und Namenzauberer" meinte sie ausklammern zu müssen, weil er seine Namen durchweg ironisiert hätte. Sie beschäftigte sich mit Joyce, der sogar die Namen (Bloom) mit in die Sprachauflösung hineintreibe, und mit Faulkner, bei dem die Namen gleichzeitig Eigenschaften seien.

Die Reihe der Vorlesungen schloß mit dem schon erwähnten, dichterischen Angriff auf die Literaturwissenschaftler. Und wenn diese ihr bisher alles verziehen hatten, diese Bonmots - mehr war es nicht - vergaßen sie nicht. Sogar der Seminarleiter animierte seine Kollegen später zum "Auf-die-Barrikaden-Steigen". Die Angriffe und Provokationen wurden gegen Schluß hin so plump, daß sich Ingeborg Bachmann zu ihren Zigaretten und zu der roten Nelke flüchtete, die ihr ein kleiner Student auf das Pult gelegt hatte. Sie dachte nicht daran, sich provozieren zu lassen. Sie verschanzte sich, wie stets zuvor, hinter ihrer überdimensionalen schwarzen Lacktasche und hinter ihren roten Haarsträhnen.

Hinter dem Experiment der neuen Dozentur in Frankfurt steht also auch noch am Ende des Semesters ein Fragezeichen. Ingeborg Bachmann hat sich tapfer geschlagen, aber bei den Studenten, so scheint es, verloren. Vielleicht aber war auch nur das Bild des redegewandten Walter Höllerer noch zu gegenwärtig, der die Frankfurter Studenten verlassen hatte, um nach Berlin zu gehen. Für das Sommersemester 1960 nennt das Vorlesungsverzeichnis noch keinen Namen für die Poetik-Dozentur. In Universitätskreisen allerdings behauptet sich der Name Marie Luise Kaschnitz. Unsere Dichterinnen sind um ihren Mut zu beneiden.
Deutsche Zeitung, 8.3.1960

Bachmann-Dozentur. Übernimm ein Amt

Von Anonym

Mit betonter Gelassenheit trommelten Studenten und Gasthörer auf die Pultdeckel, als der Prorektor Professor Helmut Viebrock in der letzten Woche des Wintersemesters 1959/60 die Dichterin und zeitweilige Dozentin Dr. Ingeborg Bachmann im Hörsaal V der Frankfurter Johann-Wolfgang-Goethe-Universität verabschiedete. Der Beifall war um eine erkleckliche Anzahl Phon geringer als jener, den ein neugieriges und erwartungsreiches Auditorium der vielfach preisgekrönten Lyrikerin ("Anrufung des Großen Bären") und Hörspielautorin ("Der gute Gott von Manhattan") vor ihrer Antrittslesung am 25. November 1959 dargebracht hatte.

Daß der neugegründete Lehrstuhl für Poetik an der Frankfurter Universität mit einer jungen und attraktiven Poetin besetzt worden war, hatte damals die musische Frankfurter Prominenz scharenweise in die Universität an der Bockenheimer

Warte getrieben. Die sonst eben nicht verwöhnten Frankfurter Germanisten hatten Muße, namhafte Literaten und Verleger aus der Nähe zu bestaunen, die sonst nicht in den Universitätshörsälen zu treffen sind, und sogar von der Untergrund-Boheme waren ein paar Bilderbuch-Vertreter erschienen.

Anlaß dieser extraordinären Veranstaltung war die Premiere der "Stiftungs-Gastdozentur für Poetik". Nach dem Vorbild der englischen Universität Oxford, an der jeweils ein Dichter für fünf Jahre die Aufgabe übernimmt, Vorlesungen über Dichtkunst zu halten, war auch in Frankfurt ein neuer Lehrstuhl eingerichtet worden, von dem aus jeweils für ein Jahr ein deutscher Autor über Dichtung lesen sollte. Als Patron für die ersten zwei Jahre zeichnete der Frankfurter S. Fischer Verlag, als erste Dozentin war die 33jährige Lyrikerin Ingeborg Bachmann ausgewählt worden. Bereits nach dem ersten Semester gab sie erschöpft ihr Amt wieder ab.

Wie jedermann im Auditorium deutlich erkennen konnte, war der kleinen, rotblonden Ingeborg Bachmann ihre ungewohnte Pflicht vom ersten Augenblick an nicht recht geheuer gewesen. Als sie, nach wohlwollend-einleitenden Worten Professor Viebrocks, schließlich das Lehrerpodium betreten mußte, stand Ingeborg Bachmann zunächst wortlos und bleich hinter dem Pult und suchte nach ihrer Brille - einer sehr modernen, dickrandigen Brille, von der Eingeweihte behaupten, sie trage sie nur zum Schutz gegen die Außenwelt und nicht etwa zur Stärkung des Sehvermögens. Auch die Haare, ehemals in ultra-kurzem Pagenschnitt, sind möglicherweise aus dem gleichen Grund länger geworden; sie dienten der Dozentin als charmanter Augenvorhang.

Durch Brille, Haarsträhnen, Taschentuch und Manuskriptmappe wenigstens etwas gegen die ungewohnte Umgebung abgeschirmt, versuchte die Bachmann schließlich zu realisieren, was sie bereits in ihrem 1953 erschienenen Gedichtband "Die gestundete Zeit" empfohlen hatte:

> Wie eitel alles ist.
> Wälze eine Stadt heran,
> erhebe dich aus dem Staub dieser Stadt,
> übernimm ein Amt,
> und verstelle dich,
> um der Bloßstellung zu entgehen.

Die Verstellung glückte nicht. "Ich weiß gar nicht, was ich da mitschreiben soll", murrte später eine Studentin auf dem Flur, während "die Bachmann" in Begleitung einiger Kamelhaarmäntel auf und ab wandelte. Tatsächlich machte Dr. Ingeborg Bachmann, die nie Germanistik studiert hat - sie promovierte 1950 in Wien mit einer Arbeit über "Die kritische Aufnahme der Existentialphilosophie Martin Heideggers" -, das Zuhören ungewöhnlich schwer. Ihre zaghafte, leise Stimme verlor sich in dem riesigen Hörsaal V, ihre willkürlichen Zäsuren und Betonungen - sie legt das Hauptgewicht grundsätzlich in die Nebensätze - lenkten ab, ihr nervöses Hantieren mit Brille und Taschentuch irritierte. Sogar die ersten Bankreihen, für die Ehrengäste reserviert, lichteten sich im Laufe des Semesters.

Sogleich in der Antrittsvorlesung hatte Ingeborg Bachmann ironisch verkündet: "Kunstverständnis? Das beste Vorbeugungsmittel gegen die Kunst!" Bei solcher Skepsis gegenüber den Mitteln der Wissenschaft auf dem Kunstbereich wurde schnell deutlich, daß die Vorträge der Lyrikerin wenig Stoff von dem vermitteln konnten, was die Studenten für ihre Prüfungen brauchen.

Tatsächlich waren die Vorlesungen der Bachmann zwar völlig unakademisch, aber durchaus originell; die Themen - Generalnenner: "Fragen zeitgenössischer Dichtung" - heißen etwa "Das Ich in der Dichtung" oder "Die Namengebung in der zeitgenössischen Literatur". Demgegenüber waren die Germanistik-Studenten auf ihrem Hochschulweg zum Deutschlehrer-Beruf darauf aus, nach Vorlesungsgewohnheit Literaturprodukte erklärt und interpretiert zu bekommen. Die Hörer wollten die Lyrikerin ("Ich will nicht lehren, sondern erwecken!") zum Kategorisieren bringen, zum Urteilen, vielleicht auch zum Verurteilen.

Aber die lyrische Vagabundin Ingeborg Bachmann - sie wechselt ständig ihre Wohnsitze; nach Wien, London und Rom ist derzeit Zürich an der Reihe - tat den Studenten diesen Gefallen nicht, und in den Seminaren, die nach einer kurzen Pause jeweils den Vorlesungen folgten, verstummte sie fast völlig. Zunächst hatte sie versprochen, zu jeder Sitzung einen Schriftsteller mitzubringen: "Ich brauche Hilfe." Sie begnügte sich dann aber mit hauseigenen Koreferenten, mit dem Prorektor oder mit einem Assistenten des literaturwissenschaftlichen Seminars. Der jeweilige Verbindungsmann zwischen der Dichterin und den wißbegierigen Studenten hatte freilich die Seminarübungen fast allein zu bestreiten. Die Sätze, die Ingeborg Bachmann sprach, sind an einer Hand aufzuzählen.

Die Dichterin Bachmann, deren Lieblingsvokabeln "Schweigen, Stummheit, Flucht, Insel" sind und deren Verschlossenheit, Scheu und Fluchtgestik so leicht kein Gegenstück in der zeitgenössischen Literatur finden, blieb hilflos vor den Wünschen ihrer Studenten, germanistischen Wissensstoff anzuhäufen, und ebenso hilflos standen die Studenten ihrer neuen Dozentin gegenüber, ärgerten sich über die unpopuläre und unverständliche Art ihres Vortrags und wußten mit den fast geflüsterten Monologen nichts anzufangen.

Die scheue Gastdozentin hatte wahrscheinlich schon nach den ersten Vorlesungen, noch mehr nach den quälend langweiligen Seminarsitzungen, eingesehen, daß sie als Inhaberin eines vielbeachteten Lehrstuhls nicht einmal der Bloßstellung würde entgehen können, vor der - ihren Versen zufolge - die Übernahme eines Amtes bewahrt.

So artete die Abschiedsvorstellung der Literaturpreisträgerin zu einem respektablen Versuch einer Selbstverteidigung aus, zu einem verzweifelten Protest gegen jene akademische Ordnung, in die sie sich nicht eingliedern konnte.

Die Bachmann nannte ihre Abschiedsvorlesung "Literatur als Utopie" und fing unversehens und unerwartet an, jene Institution anzugreifen, in deren Dienst sie sich gestellt hatte. Die Lyrikerin sprach vom "ominösen Wort" Literatur, gegen das sie schon als Studentin ("Ich bin keine Germanistin") tiefe Abneigung gehabt habe, sie bezeichnete die Literaturwissenschaftler als Phantasten, die sich "an einem Wunschbild orientierten", und bestätigte ihren Kollegen auf Zeit schließlich, sie seien "Beamte" und übten einen wahren "Terror" aus. Die Literaturwissenschaft sei nichts anderes als eine "Denkmalspflege, von Beamten betrieben". Ihr einziges Zugeständnis war die Feststellung, es sei immerhin trotzdem noch so etwas wie eine Literatur übriggeblieben: "Eine Indizienkette von Werken spricht dafür."

Während sich nach dieser Attacke und vor dem anschließenden, letzten Seminar die Wahlzürcherin und Preisträgerin der Gruppe 47 im Universitätscafé von ihren Anhängern huldigen ließ, streckten die wenigen redegewandten Seminarteilnehmer in der Wandelhalle die Köpfe zusammen. "Steigen Sie doch endlich auf die Barrikaden!" forderte denn auch der sonst eher gutmütige, rundliche Seminarbetreuer seine Kommilitonen auf.

Und als sich später im Seminar ein junger, bärtiger Student erhob und von "Schamanentum" sprach, von der "Propaganda, die Frau Bachmann auf diese Weise für ihre Bücher macht", und seiner Dozentin ungalant "esoterisches Getue" vorwarf, tat die Bachmann noch etwas, das im Universitätsseminar mindestens so ungewöhnlich war wie ihre Vorlesungen: Sie griff nach ihrer riesigen schwarzen Lacktasche und fing an zu rauchen. Zu einer anderen Entgegnung ließ sie sich nicht bewegen, nur zu ein paar schmalen Entschuldigungsworten wie "Das habe ich doch nicht so gemeint" und "Es hat mir ferne gelegen, Sie anzugreifen".

Was sich dann entspann, glich eher einer kabarettistischen Veranstaltung als einer seriösen Seminarsitzung. Die Studenten sagten der verwirrten Doktorin der Philosophie ins Gesicht, sie könne ja gar nicht ohne Literaturwissenschaft auskommen, auch sie benutze die Regeln, sei also der von ihr angegriffenen Wissenschaft zu Dank verpflichtet.

Es ist fraglich, ob diese Sätze überhaupt ihren Adressaten erreichten, denn Ingeborg Bachmann schien zu schlafen. Sie hatte aufgegeben; sie ließ jetzt den Phrasen ihren Lauf. Sie verschanzte sich hinter ihrer Lacktasche und spielte mit der roten Nelke, die ihr der kleinste, bärtigste und eifrigste Seminarist heimlich aufs Pult gelegt hatte.

Auch der Vertreter des S. Fischer Verlags konnte nichts mehr retten. Seine Beteuerungen, "Frau Bachmann hat mit unserem Verlag ja gar nichts zu tun", wurden überhört, und der Versuch, das verfahrene Gespräch in eine andere Bahn zu lenken, schlug fehl. Die Dichterin dachte nicht mehr daran, irgend etwas wie Werkstattgeheimnisse auszuplaudern. Die konkretesten Fragen beantwortete sie mit einem Achselzucken, bestenfalls mit einem "Nein" oder "Ich weiß nicht". Unterdes hielt der junge Mann vom S. Fischer Verlag ein riesiges Nelkenbukett unter seinem Pult verborgen.

Die Bachmann verabschiedete sich von ihren Hörern mit einer kleinen Entschuldigung für ihre "Ungeschicklichkeiten", nicht ohne vorher noch, den "Beamten" zum Trotz, zu betonen: "Es gilt weiterzuschreiben." Bereits früher hatte sie geschrieben: "Es gilt, mit dem Nachklang im Mund weiterzugehen und zu schweigen", ähnlich wie vor ihr Gottfried Benn: "Man muß sehr viel sein, um nichts mehr auszudrücken. Schweige und gehe dahin."
Der Spiegel, 20.4.1960

Die gestundete Zeit im Lindenhof
Von fr.

In einer schönen Umgebung, in dem abseits der großen Straße bei Murnau inmitten von Weideland nahe den Bergen liegenden Grafenaschau fanden sich auf Einladung der Evangelischen Akademie im dortigen Lindenhof ungefähr vierzig junge Leute, Studenten und höhere Schüler, zusammen, um unter der Führung Dr. Bernhard Gajeks über Gedichte Ingeborg Bachmanns zu diskutieren.

Die mit ihrem frühen Ruhm schier die Götter herausfordernde junge österreichische Dichterin gilt bei vielen als Vorkämpferin eines neuen Daseins, als Prophetin einer neuen Erde und als Beispiel eines neuen, kraftvollen Willens, überkommenen Ehrwürdigkeiten abzusagen und "... unter dem kommenden Wind und unter den wehenden Halmen jeder Herkunft zu leben". Grund genug für eine religiöse Institution, sich mit ihr auseinanderzusetzen.

Es ist heute nicht leicht, aus dem in mancher Hinsicht verwilderten Pluralismus einer Gruppe intellektueller Jugendlicher herauszuholen, was eine literarische Diskussion einigermaßen interessant machen und ihr etwa auch noch Gewicht geben kann: unbefangene Urteile. Gedanken, denen nichts Schablonenhaftes innewohnt, Proben zumal jener natürlichen Verständigkeit, die zum Gegenstand hinführt und klare Vorstellungen davor schützt, in den Spinnengeweben irgendeiner philosophischen oder theologischen Modeströmung, in Bultmannschen oder Heideggerschen Phrasen, bis zur Unkenntlichkeit verhüllt zu werden.

Unliebsam macht sich bei vielen Diskussionen dieser Art ein ernstes Gebrechen unseres höheren Schulwesens geltend: daß dem Nachwuchs keine elementaren Begriffe vermittelt werden, deren gemeinsamer Besitz verhindert, daß alles durcheinanderredet und selbst die gängigsten Wörter wie Erkenntnis, Wahrheit, Ursache, Welt und Vernunft von einem jeden in einer anderen Bedeutung verwendet werden. Auch in Grafenaschau verhielt es sich nicht anders, obschon Dr. Gajek, klug die Mitte haltend zwischen akademischem Seminar und zwangloser Aussprache, sein Bestes tat, um die schönen Verse der Frau Bachmann der Wirrnis kleinbabylonischer Sprachverwirrung zu entreißen.

Mit sicherem Griff hatte er aus dem verhältnismäßig umfangreichen Werk der Dichterin die für ihr Weltbild wie für ihr Wollen und Erwarten repräsentativsten Gedichte ausgewählt: "Landnahme", "Mein Vogel", "Einmal muß das Fest ja kommen", "Reigen", "Erde, Meer und Himmel" aus dem Zyklus "Lieder auf der Flucht". Ein jedes dieser Gedichte gibt eine Menge Rätsel zu lösen auf und fordert mit manchem Vers zu der bei modernen Gedichten unausweichlichen Frage heraus, was nun eigentlich gemeint ist.

Aus dem Gedicht "Einmal muß das Fest ja kommen" spricht ziemlich unverhüllt ein entschlossenes Heidentum. Indes brachte die Aussprache keine Klarheit darüber, inwieweit mit der Aufforderung an die Heiligen, dem Festland zu sagen, daß die Krater nicht ruhen, uralter Mythos beschworen oder bloß dem natürlichen und zeitunabhängigen Verlangen nach Genuß eine Art Beglaubigung zuteil werden soll. Zu keinem rechten Ende kam man auch mit der Erörterung des rätselreichen Gedichts "Mein Vogel", in welchem wieder die Eule der Minerva, die nach Hegel erst in der Dämmerung ihren Flug beginnt, mit wandelvollen Zärtlichkeiten angeredet und gegen die alten religiösen Mächte ausgespielt wird.

Daß es dem werdenden akademischen Nachwuchs - abgesehen von der schmalen Erfahrungsbasis - vielfach an positiven Kenntnissen auch der großen Dichtung mangelt, wurde deutlich an dem fehlschlagenden Versuch eines jungen Teilnehmers, eine Brücke zwischen Ingeborg Bachmann und Hölderlin zu schlagen, der gleich jener von einem merkwürdig tiefen Argwohn gegen die Daseinsmacht Liebe erfüllt ist.

Halb zur Ergänzung der Tagungshauptarbeit - die am Sonntag in einem übersteigert abstrakten Gespräch mit dem jungen Vikar Troß über die Dichtung Ingeborg Bachmanns in christlicher Sicht ihren Abschluß fand -, halb zur Unterhaltung wurde am Samstagabend das Hörspiel "Der gute Gott von Manhattan" auf Tonband dargeboten. Es gibt vieles zu raten bei diesem nicht eben stärksten dramatischen Werk der Dichterin, und vielleicht hat sich, zum mindesten unbewußt, der eine oder andere unter den jungen Leuten in Gedanken in eine Zeit versetzt, in der es für den Dichter kein Risiko mehr ist, was er zu sagen hat, ohne Umschweife zu sagen.

Münchner Merkur, 19.10.1962

NACHRUFE

Schrecken des Alltäglichen

Von Axel Hecht

Die Bücher der österreichischen Dichterin Ingeborg Bachmann beschreiben verletzliche Menschen. Eine im Bett gerauchte Zigarette brachte sie jetzt selbst in Lebensgefahr.

"Ihr Haar war verbrannt, sie trug noch die verkohlten Fetzen ihres Schlafrocks am Leib. Ich rief sofort einen Krankenwagen. Gleich nach ihrer Einlieferung verlor sie das Bewußtsein. In den kurzen Momenten, in denen sie zu sich kam, wollte sie niemanden sehen." Verstört berichtet die Römerin Augusta di Vecchio vom schlimmsten Tag im Leben ihrer österreichischen Freundin Ingeborg Bachmann, die am Morgen des 26. Septembers in die Intensivstation des Krankenhauses 'Sant' Eugenio' eingeliefert wurde. Mehr als vierzig Prozent ihrer Haut waren verbrannt.

Ingeborg Bachmann, 47 Jahre alt, seit acht Jahren in Rom, prominente deutschsprachige Lyrikerin und bedeutende Erzählerin, hatte den Tag wie gewohnt mit Schreiben begonnen - an einem neuen Roman. Sie war in den letzten Tagen kaum noch zum Essen gekommen, hatte zu Beruhigungstabletten gegriffen, sich erschöpft in ihrer Wohnung in der Via Giulia am Tiber zu Bett gelegt. Noch eine letzte Zigarette. Ehe sie aufgeraucht war, schlief die Junggesellin ein. Ihr Nylon-Nachthemd fing Feuer.

Als Ingeborg Bachmann die Flammen spürte, stürzte sie unter die Dusche und löschte die brennenden Fetzen. Sie ließ Wasser in die Badewanne laufen und kühlte ihre Brandwunden. Dann versank die Schriftstellerin, die das Leben oft als "ungeheuerliche Kränkung" beschrieben hat, in Apathie.

Erst zwei Stunden später, um halb sechs Uhr morgens, wählte sie die Telefonnummer ihrer Freundin Augusta di Vecchio, Tochter ihres früheren Hausportiers in der Via Bocca: "Bring mir etwas Brandsalbe!" Doch obwohl sich die Freundin mit dem Medikament gleich auf den Weg machte, kam sie erst um sieben ins Haus. Am Portal in der Via Giulia Nr.66 gibt es keine Klingel. Man muß warten, bis der Portier am Morgen aufschließt. So kam Ingeborg Bachmann spät in die Klinik. Zu spät, sagen die Ärzte.

Im Krankenhaus Sant' Eugenio wurde der Unfall geheimgehalten. Erst fünf Tage nach Ingeborg Bachmanns Einlieferung entschlossen sich die Ärzte zu einem Bulletin: "Signorina Bachmann kam sehr geschwächt in die Klinik. Unsere Therapie zielt wie bei anderen Patienten in unserem Verbrennungszentrum darauf, den Körper nicht über die hautlosen Stellen seine Flüssigkeit verlieren zu lassen. Botschafter, Verleger und viele andere Leute wollten die Patientin schon besuchen. Wir haben jedoch alle abgewiesen außer ihrer Schwester, die aus Österreich nach Rom gekommen ist."

Die Schutzmaßnahmen waren berechtigt. Kurz nach ihrem Eintreffen hatte Ingeborg Bachmann mit einem Lungenödem zu kämpfen; dann mußte sie wegen drohenden Nierenversagens operiert werden. Freunde, Studenten und Gäste des Priesterkollegs "Germanicum" boten sich als Blutspender an. US-Außenminister Henry Kissinger erkundigte sich beim leitenden Arzt der Spezialabteilung, Professor Elio Ciarpella, nach dem Befinden der Dichterin. Der Politiker hatte sie vor Jahren kennengelernt; er schätze ihre Bücher.

All diese Besorgnis galt einer Frau, die - scheu, verschlossen, abweisend - "immer wieder am Alltäglichen gescheitert ist" (so deutsche Freunde). Kam sie im Herbst nach Deutschland, vergaß sie regelmäßig ihre warme Kleidung in Rom. Ihre zahlreichen Wohnungswechsel waren stets Versuche, neue Lebensmöglichkeiten zu finden. Ob sie sich in Zürich, München, Berlin oder Rom einmietete, immer suchte sie sich große Räume - Enge hat sie noch nie vertragen, aber lange in ihr leben müssen.

Geboren wurde Ingeborg Bachmann am 25. Juni 1926 in Österreich, einem Land, das nach ihren Worten "aus der Geschichte ausgetreten ist". In der Provinzhauptstadt Klagenfurt, wo die Lehrerstochter aufwuchs, hatte sie auch ihr erstes prägendes Erlebnis: "Da hat es", sagte sie, "einen bestimmten Moment gegeben, der hat meine Kindheit zertrümmert. Der Einmarsch der Hitlertruppen in Klagenfurt. Es war etwas so Entsetzliches, daß mit diesem Tag meine Erinnerung anfängt ... Diese ungeheure Brutalität, die spürbar war, dieses Brüllen, Singen und Marschieren - das Aufkommen meiner ersten Todesangst."

Nach Schulzeit und Philosophiestudium an den Universitäten Graz, Innsbruck und Wien promovierte Ingeborg Bachmann über die Existential-Philosophie des deutschen Denkers Martin Heidegger. Danach, so erzählte sie "bin ich sofort in ein Büro gegangen, Matrizen schreiben. Sekretärin wäre zuviel gesagt. Es war schon ein Glück, in diesen Jahren in Wien überhaupt eine Stellung zu finden".

Von 1951 bis 1953 arbeitete sie dann als Redakteurin am Wiener Sender Rot-Weiß-Rot. Nebenbei schrieb sie für Nachtstudios der Funkhäuser Essays. Als sie einmal ein Honorar von 1000 Mark bekam, warf sie den Job hin: "Ich habe halt gedacht, davon könnte ich ein ganzes Leben leben."

Sie ging auf Reisen, lebte in Paris, London und Rom, wo sie ihren ersten Gedichtband verfaßte, "Die gestundete Zeit". Deutschlands damals noch intaktes Dichterforum, die "Gruppe 47", gab Ingeborg Bachmann dafür ihren ersten Literaturpreis. Im folgenden Lyrikband "Anrufung des Großen Bären" (1956), wurde sie zur melancholischen Stimme einer im Krieg um ihre Jugend betrogenen Generation.

Ingeborg Bachmann versuchte sich am Hörspiel und gewann mit dem "Guten Gott von Manhattan" den renommierten Hörspielpreis der Kriegsblinden. Sie verdiente in jenen Jahren dennoch nicht viel, aber bald war sie "die Bachmann". Sie wurde zu Poetik-Vorlesungen an der Frankfurter Universität aufgefordert, erhielt den österreichischen Staatspreis, später die höchste literarische Ehrung der Bundesrepublik, den Darmstädter "Georg Büchner Preis".

Im Sommer 1961 legte sie ihren ersten Band mit Erzählungen vor, autobiographisch eingefärbte Geschichten, die sie "Das dreißigste Jahr" nannte. Kurze

Zeit darauf wechselte sie wiederum das Genre: Für den Komponisten Hans Werner Henze verfaßte sie das Libretto zu dessen Oper "Der junge Lord" (1965). Darin wird eine snobistische Gesellschaft von einem eitel herausgeputzten Affen genarrt.

Das Thema war nicht ohne Ironie: Im selben Jahr wurde die Bachmann, die nun mit dem Schweizer Schriftsteller Max Frisch ("Andorra", "Mein Name sei Gantenbein") zusammenlebte, in der römischen Gesellschaft gesehen. Sie trank viel; Freunde berichten von temperamentvollen Auseinandersetzungen zwischen ihr und dem Schweizer. "Alle Männer sind krank, unheilbar krank", sagte sie später.

Nach drei Jahren trennten sie sich. Ingeborg Bachmann arbeitete an ihrem ersten Roman. Bis zu 18 Stunden am Tag schrieb sie an einem auf mehrere Bücher angelegten Werk mit dem Arbeitstitel "Todesarten". Ihr 1971 veröffentlichter Roman-Erstling hieß dann aber "Malina" und war stark autobiographisch.

Als ein Krankenwagen des italienischen Roten Kreuzes sie am Morgen des 26. September in die Klinik brachte, hatte die Autorin die Fortsetzung der "Todesursachen" (sic!) fast beendet und ihr nächstes Ziel schon ins Auge gefaßt: Für den STERN wollte sie Ende November auf Reisen gehen, um "ihr Paradies" zu entdecken - die Einsamkeit Westafrikas. Es sollte ihre erste Reportage werden, also wieder ein neues Genre. "Leben ohne zu schreiben", so hatte Ingeborg Bachmann einmal gesagt, "undenkbar!"

stern, 18.10.1973

"Alleinsein ist eine gute Sache"

Von Harald Hartung

Ingeborg Bachmann wurde am 25. Juni 1926 in Klagenfurt geboren, studierte u.a. Philosophie und promovierte über "Die kritische Aufnahme der Existentiaphilosophie Heideggers". Neben ihren Gedichtbänden waren es vor allem ihre zwei Hörspiele "Zikaden" (1955) und "Der gute Gott von Manhattan" (1956), die ihren Ruhm begründeten. 1959 eröffnete sie die Poetikdozentur an der Frankfurter Universität; 1961 erschien ihr vielbeachteter Erzählungsband "Das dreißigste Jahr". Aus ihrer Freundschaft mit dem Komponisten Hans-Werner Henze entstand das Libretto "Der junge Lord" (1965) zur gleichnamigen Oper Henzes. Letzte Veröffentlichungen Bachmanns waren ihr Roman "Malina" (1971) und die Erzählungen "Simultan" (1972).

Wer über den Tod Ingeborg Bachmanns etwas sagen will, kann an der Art und den Umständen dieses Todes kaum vorübergehen. Es ist, als hätte dieses Sterben durch Feuer, durch Brandwunden, ausgelöst durch das Zusammenwirken von Zufälligkeiten, Rilkes Idee vom "eigenen Tod" auf schauerliche Weise parodieren und zugleich auf das absurdeste bekräftigen wollen. Ein Unfall, wenn man so will, wie er häufig genug vorkommt. Aber es fällt schwer, in seinen Details nicht etwas Zeichenhaftes zu sehen. Hatte Ingeborg Bachmann nicht in ihren Gedichten immer wieder das Feuer als Element ihres Lebens und Dichtens gerühmt? "Es ist ein Feuer unter der Erde/ und das Feuer ist rein", heißt es in "Lieder von einer Insel". Und es gibt ein paar andere Verse, die man kaum zitieren kann, ohne sich dem Vorwurf auszusetzen, Leben und Kunst zu vermischen und ihren Zusammenhang zu mystifizieren. Aber wie kann man das folgende anders denn als Bestätigung dieses verdrängten Zusammenhangs lesen - als Bestätigung im Gefühl des Schocks?

Wenn auch im Nadeltanz unterm Baum
die Haut mir brennt
und der hüfthohe Strauch
mich mit würzigen Blättern versucht,
wenn meine Locke züngelt,
sich wiegt und nach Feuchte verzehrt,
stürzt mir der Sterne Schutt
doch genau auf das Haar.

Die Zumutung, diese Verse im Zusammenhang eines realen Todes lesen zu sollen, ist nicht gering und kann hier nicht gemindert werden. Ingeborg Bachmann hat, in den Stärken und Schwächen ihres Werkes, aber wohl auch durch ihre Existenz, solche Zumutung dargestellt. So resultiert der Schock dieser Verse nicht aus irgendwelcher planer Wortwörtlichkeit, so als wären es buchstabengenau eingetroffene Prophezeiungen. Der Schock rührt daher, daß diese Verse, gerade in der an die Entstehungszeit gebundenen Stilisierung, den Blick freigeben auf das, was das Leben und Schreiben der Bachmann ausgemacht hat.

Sie hat als Lyrikerin begonnen. Ihre beiden Bände "Die gestundete Zeit" - zuerst 1952 in Alfred Anderschs Reihe "studio frankfurt" erschienen - und "Anrufung des Großen Bären" (1956) machten Ingeborg Bachmann zur gefeierten Lyrikerin. Freilich kamen für diesen Ruhm mit dem Klimawechsel der sechziger Jahre "härtere Tage". Bei ihrem ersten Erscheinen aber wirkten die Verse durch eine nie gehörte Entschiedenheit des Tones. Läßt man einige modische Attribute fort, spricht auch heute noch aus jenen Gedichten eine Kraft und Unbedingtheit, die sich nicht korrumpieren lassen wollte.

Selbst der gewiß problematische Glaube an das "Lied überm Staub danach", das uns übersteigt, war mehr als eine literarische Attitüde, die sich beliebig ausmünzen oder auch anders wenden ließ. Ingeborg Bachmann bewies Konsequenz: Als sich die Unbedingtheit ihrer lyrischen Sprache nicht mehr halten ließ, gab sie das Gedichteschreiben auf.

In den epischen Arbeiten der Folgezeit, vor allem in dem nach sehr langer Pause erschienenen Roman "Malina", mußte das Zusammentreffen des absoluten Gefühls mit den relativierenden, realitätsnäheren Erzählformen zwiespältige Resultate ergeben. So sind "Malina" wie der zuletzt erschienene Prosaband "Simultan" durchaus noch rezensiert und rezipiert worden, wurden aber kaum im ernsten und strengen Sinn als autonome und weiterführende Werke angesehen. Es schien, als hätte sich das Interesse an Ingeborg Bachmann, in dem immer

schon ein Gutteil Neugier und Teilnahme lag, immer stärker auf die öffentlich-private Person verlagert, wie sie sich, scheu und publikumssüchtig zugleich, bei Lesungen und Fernsehauftritten exponierte. Läßt man das Quälende dieses Interesses fort und hebt das Positive heraus, so war es die Besorgnis um die Fortführung einer stets schon bedrohten und fragilen Existenz und die Anteilnahme am Versuch einer Frau, sich schreibend zu emanzipieren und ihr eigenes vollständiges Leben zu führen. Man las in einem römischen Statement der Bachmann "Denken ist solitär, Alleinsein ist eine gute Sache" und zögerte, den Satz zu akzeptieren, weil er aus dem Mund dieser Frau kam. Ich will damit sagen, daß das Interesse an Ingeborg Bachmann über den Bereich des Literarischen hinaus Probleme berührte, in die wir involviert sind, ohne sie zureichend ausdrücken oder gar lösen zu können. Ihrem Satz vom solitären Denken und der guten Sache, allein zu sein, kann ich jetzt nur die Fragen ihrer eigenen Verse entgegenhalten: "sollt ich die kurze schauerliche Zeit/ nur mit Gedanken Umgang haben und allein/ nichts Liebes kennen und nichts Liebes tun?"
Frankfurter Rundschau, 18.10.1973

Nicht zu Hause in dieser Zeit

Von Ingeborg Drewitz

[...]
Die Nachricht [vom Tod] ist so unvorstellbar, daß der Atem stockt. Und doch so vorstellbar, wenn man an die Nähe des Todes in ihrer Lyrik, ihren Hörspielen, ihrer Prosa denkt. Nur hätte sie sich solch einem banal sensationellen Tod nicht erfunden. Verbrannt beim Rauchen im Bett, vierzig Prozent der Haut zerstört, ein Nachrichten-Tod, keiner für eine Dichterin der leisen Töne, der Zurücknahme der Leidenschaft - zuletzt.

Als sie auftrat, auf den ersten Tagungen der "Gruppe 47", fiel sofort die nachromantische Erotik ihrer Verse auf, nichts von Zeitgenossenschaft und doch nahe, glühend in den Farben, sicher im Zugriff der Sprache, die Szene mediteran, ortlos, zeitlos. Schwermut spürbar, doch gebändigt. Der Klagenfurterin war die kakanische Ironie eines Musil vertraut und doch fremd, sie blitzte in ihrer Lyrik nie, in den Erzählungen dann und wann auf. Immer wieder ihre leise Stimme, ihre mondäne Schüchternheit, ihr Zurückweichen in kostbar eingerichtete Wohnungen, ihre Weltflucht und ihr Welthunger. Aus Amerika brachte sie das Hörspiel "Der Gute Gott von Manhattan" mit, jenes leidenschaftliche, ja ekstatische Spiel von Liebe und Abschied. Für Hans Werner Henze richtete sie unter anderem die Libretti "Der Prinz von Homburg" und "Der junge Lord" ein. In Berlin lebte sie ein Jahr lang zwischen Biedermeiermöbeln am Hasensprung und litt unter der Stadt, deren politisches Klima ihr fremd blieb. Spaziergänge mit Witold Gombrowicz, Gespräche natürlich, sie hatte gern Gäste, blieb aber immer wie auf der Flucht, stilisierte manchmal fast ärgerlich ihre Scheu. Doch dahinter verbarg sie sich. Sie litt nicht nur an Berlin, was sie in der Büchner-Preisrede 1964 heimzahlte. Sie litt, übersensibel, an der Fremdheit der Welt, der Menschen.

In ihrer Prosa, dem Erzählungsband "Das dreißigste Jahr" (1961), dem "Malina"-Roman (1971) und dem Erzählungsband "Simultan" (1972), wurde die Berührungsangst immer deutlicher als der Antrieb ihres Schreibens erkennbar. Die fragilen Erfolgsfrauen, die beiden Elisabeth im Erzählungsband "Simultan" sind ihr wohl am porträtähnlichsten gelungen. Beide weltläufig und nervös und durch das Karriere-Erlebnis ausgekühlt, beide empfindlich für die subtilen prä-erotischen Gesten, wünschen sich Wärme und Geborgenheit und ertragen dann doch nicht mehr als eine flüchtige Nähe, ein Aufblitzen jener Illusion, im andern, im Partner zur Ruhe zu kommen. Ingeborg Bachmann hatte die schwere psychische Krise, die im "Malina"-Roman sichtbar geworden war, hinter sich, den weinerlichen Narzißismus, der alle, die sie liebten, erschüttert, aber die Zyniker auf den Platz gerufen hatte. Sie hatte viel Erfolg, kaum ein Preis, den man ihr in Österreich und der Bundesrepublik nicht gegeben hatte, wohl weil alle spürten, daß hier eine schrieb, die eigentlich nicht ganz zu Hause war in dieser Zeit, in dieser Welt. Die ein wenig vom Kärtner Tannenwald-Geruch und ein wenig vom Parfüm einer Diva an sich hatte. Die sich immer verkleidete, als Mädchen, als Dame, die sich nicht mitteilen konnte, wollte und doch einen Zug um den Mund hatte, der von einem wilden Hunger nach Leben zeugte. Immer liefen Geschichten um. Immer wußten die Literatur-Insider etwas zu flüstern. Immer war Geheimes öffentlich - sie hat das sicher gebraucht, weil es ihr in den schwer erträglichen Zeitspannen zwischen dem Schreiben half, sich zuzusehen, sich außer sich gegenwärtig zu wissen.

Kann ein Mensch so sterben, so unsinnig banal, der sein Leben lang vor der Banalität wie vor der Berührung einer Kröte zurückgewichen ist? Sie hat die "Luzidität" gesucht, die Elisabeth Mattrei in der letzten Erzählung "Drei Wege zum See" gefunden zu haben glaubte, ja im Abschiednehmen von dem jungen Freund gefunden hatte. Ob dieser Trost geholfen hat?

Der Tagesspiegel, 18.10.1973

Noch gibt es Lieder zu singen

Von Horst Bienek

Die Nachrichten, über die Tage hinweg, sie haben uns verstört. Gespräche mit Kollegen, Telefonanrufe bei gemeinsamen Freunden in Rom; Hoffnungen wie Irrlichter. Heym beim Schlittschuhlaufen ertrunken; Horvath von einem herabstürzenden Ast erschlagen; Ingeborg Bachmann mit einer brennenden Zigarette eingeschlafen und in Brand geraten, Verletzungen, die tödlich waren.

Nie war ein Tod so schwer und so sinnlos.

Sie war das liebste Geschöpf der deutschen Kritik. Seit jenem Jahr (1953), da sie zum ersten Mal bei der Gruppe 47 vorlas und gleich den Preis der Gruppe erhielt, noch bevor ihr erster Gedichtband erschienen war, wurde sie mit Hymnen und Preisen überschüttet. Nach der Trümmerlyrik (wer erinnert sich noch daran), eine junge Dichterin, die diesen Namen, wirklich verdiente; kein Weltschmerz, aber Weltangst, keine lyrische Schwärmerei, aber nüchternes Pathos, keine Aktualität, aber Zeiterfahrung - und in der Form so etwas wie Klassizität. Ein junges, schönes Mädchen mit großen, klugen Augen, scheu und immer etwas verwirrt, aus der "Großen (geistigen) Landschaft bei Wien" stammend, Trakl und Wittgenstein: "... dem vergänglichsten Augenblick geneigt und der Schönheit verfallen, sag ich mich los von der Zeit, ein Geist unter Geistern, die kommen." So wie sie, stelle ich mir vor, hat man den jungen Rilke begrüßt. Die besten kritischen Stimmen beschäftigten sich mit ihr und mit diesem Werk von im ganzen nur zwei schmalen Gedichtbänden und kamen aus dem Staunen und Rühmen nicht heraus.

"Kämpfenden Sprachgeist" nannte Holthusen ihre kühnen Versuche, der ins Schweigen versickernden Sprache noch einmal mächtige Bilder und Gesten abzugewinnen.

Ingeborg Bachmann war eine so originäre Stimme, neben der (ausgenommen der alte Benn) alles andere leiser wurde oder gar verstummte. Hier ist nicht der Platz, auf Einzelheiten einzugehen, es sei nur darauf verwiesen, daß es hauptsächlich ihr Tonfall war, der alle, übrigens auch die Leser, weithin faszinierte. Ein Tonfall, so bestimmend wie imperial, der die Autorin gleich in die obersten Ränge einwies. Sie thronte immer.

Das zweite Hörspiel brachte ihr gleich den Kriegsblindenpreis und mehr essayistische Auseinandersetzungen ein, als sie Eich für sein ganzes umfangreiches Hörspielwerk jemals bekam. Daß sie seitdem keine Gedichte mehr veröffentlichte, außer einer Handvoll im Kursbuch (im Kursbuch?! Was waren das noch für Zeiten!), wurde beflüstert wie sonst nur das Schweigen eines Koeppen. Um ihren ersten Roman "Malina", zehn Jahre nach so vielen Prosaversuchen, war so viel raunende Erwartung, daß er, noch bevor die Rezensionen erschienen, auf die Bestsellerliste kletterte.

Es war nicht nur ihr Werk, es war auch ihre Person, die an dieser ihrer Aura teilhatte. Jeder, der einmal dabei war, wenn sie vorlas, wird das nicht vergessen: dieses zögernde Hinaufgehen zum Pult, so als ob sie tausend Widerstände überwinden müßte, dann das Ausbreiten des Manuskripts, das Aufsetzen der Lesebrille, das Herumwühlen in den Blättern, und jetzt das Absetzen der Brille, der scheue, hilflose, ja verängstigte Blick ins Publikum, das nochmalige verzweifelte Suchen nach der ersten Seite, das Streichen der Haare aus der Stirn, dann erneut das Aufsetzen der Brille, immer mit endlos langen Pausen, die Erwartung, Erregung, Nervosität suggerieren, da oben wie auch im Publikum. Und dann das leise, monotone, fast tonlose Vorlesen, mit zahllosen Versprechern, nein, kein Vorlesen, eher das hastige Absolvieren eines Textes, mit dem man der Öffentlichkeit ausgesetzt war. Ich habe mich manchmal gefragt, ob das zur Show gehörte oder tatsächlich ihr Wesen war. Später, als ich sie näher kennenlernte, war mir klar: Anfangs mag es vielleicht Show gewesen sein, aber sicher ist, daß sie später ganz in dieser Rolle gelebt hat, ja, daß sie zu ihrer Existenz geworden ist. Vielleicht war es für sie die einzige Möglichkeit, der Wirklichkeit (dieses Literaturbetriebs) auszuweichen, den sie wirklich haßte. Doch je mehr sie sich ihm verweigerte, um so stärker wurde ihre Person mystifiziert. Als sie sich von ihrem Verleger überreden ließ, zum Erscheinen des "Dreißigsten Jahres" eine Lesereise durch Deutschland zu machen, drängten sich die Zuhörer zu ihren Vorträgen wie bei keinem anderen (literarischen) Autor. Die Leute konnten ihre Gedichte auswendig sagen: "Mein lieber Bruder, wann bauen wir uns ein Floß/ und fahren den Himmel hinunter?" Oder hatte damals, Anfang der sechziger Jahre, unsere Literatur zum letzten Mal eine Öffentlichkeit?

Die Bachmann hatte Maßstäbe gesetzt. Für andere; aber auch für sich. Auf ebenso radikale Weise wie Celan (und doch ganz anders) zeigte sie, daß es noch Lieder zu singen gibt, jenseits des Menschen. Schreiben war für sie existieren, und die Grenzen des Schreibens aufzuzeigen bedeutete für sie, die Grenzen ihrer Existenz abzustecken. Sie hörte auf mit Gedichten. In der Prosa wagte sie sich weit hinaus. Wahrhaft in extreme Bereiche. Und so wurden ihre Erzählungen auch zu extremen, bis an die äußerste Grenze gehenden, manchmal sie übertretenden Wahrheitsfindungen. Immer ging es ihr um das Ganze, das Absolute, das Alleinige, eben um *Alles*, wie kurz und vieldeutig ihre wohl beste Prosaarbeit heißt. Es ging ihr niemals um eine Figur, eine Handlung, ein Ereignis, das wird nur benutzt, um in der Sprache von geisteshellen Bildern alles über die Liebe, alles über die Wahrheit, alles über die Schuld usf. zu sagen. Bei diesem Schritt zum Ganzen hin mußte sie wohl stolpern. Doch sei festgehalten, daß sie in ihren besten Texten den Rang einer Djuna Barnes erreichte. Ihre Fragen und Zweifel gingen tiefer als die Fragen und Zweifel der andern, und ihr gelang etwas, was seit der Langgässer in unserer Literatur vergessen war: das Gegenwärtige mit dem Mythischen zu verbinden, alltägliche Situationen in Bereiche des Dämonischen zu steigern. Theben in jedem Haus, Dublin in jeder Kleinstadt, Gomorrha in jeder Hausbar.

Ich gebe zu, das ist bereits anfechtbar. Und der Literaturbetrieb, der sie einst gehätschelt, schüttete nicht nur wohlmeinende Kritik, sondern auch Spott über sie aus. Eine neue Generation, die sich in eisgekühlten Sätzen des Lettrismus oder in blanker Ironie ausdrückte, fertigte das so ab: "Märchentante!" (Wondratschek in "Text + Kritik"). Es gab, man sollte es nicht leugnen, in den letzten Jahren so etwas wie eine Bachmann-Dämmerung.

Ich habe ihre letzten Prosaarbeiten nicht mehr gelesen. Vielleicht hielten sie nicht mehr den Rang, mit dem sie angefangen hat. Nun gut. Aber sollte man das nicht sehen als das Suchen und Tasten nach neuen Ausdrucksformen für jenen großen Romanzyklus, an dem sie seit Jahren mit fanatischer Besessenheit gearbeitet hat: "Todesarten". Eine deutsche Recherche sollte es werden. Eine Suche, und das ist das Kierkegaardsche in ihr, nach dem Leben, nach dem Lieben, das doch nichts anderes ist als eine Krankheit zum Tode, eine allmähliche Vereisung.

> Ich aber liege allein
> im Eisverhau voller Wunden.
> Es hat mir der Schnee
> noch nicht die Augen verbunden.
> Die Toten an mich gepreßt,
> schweigen in allen Zungen.

Niemand liebt mich und hat
für mich eine Lampe geschwungen.

Sie hätte aufhören können, nach den Gedichten, nach den Hörspielen. Ihr Platz in der Literaturgeschichte war ihr sicher. Früh verstummt und makellos: So wie das die Deutschen lieben. Aber sie hat sich keinen Moment von der Kritik irritieren lassen und unbeirrt weitergeschrieben. Ihr Nachlaß wird einiges zutage fördern.

Ich glaube, sie hat nicht aufgehört, uns zu beunruhigen.

Ingeborg Bachmann hat, überspitzt gesagt, schon zu Lebzeiten, ja in ziemlich jungen Jahren, eine Legende erzeugt. Ohne ihr Zutun. Vielleicht braucht die Literaturgeschichte von Zeit zu Zeit ihre Legenden. Hoffen wir, daß diese Legende und dieser sinnlose Flammentod/ Lichttod nicht ihr Werk überdecken werden, wie das mit der Lasker-Schüler geschah. Mit ihrem Tode spüren wir schmerzlich, daß jetzt schon, viel zu früh, eine Epoche deutscher Nachkriegsdichtung zu Ende gegangen ist. Celan, Eich und jetzt die Bachmann.

Frankfurter Allgemeine Zeitung, 18.10.1973

"Ich denke an sie wie an ein Mädchen"

Von Heinrich Böll

Niemand sollte, denke ich, Ingeborg Bachmanns fürchterliche Todesart allzu hurtig mit ihrem geplanten Romanzyklus "Todesarten" in Verbindung bringen und in ihrem Werk Anspielungen auf und Ahnungen über einen Feuertod suchen.

Man hat, wie es zur Grausamkeit der literarischen Szene zu gehören scheint, ohnehin den Schmerz und die ebenso hohe Abstraktheit wie Sinnlichkeit ihrer Poesie zu sehr literarisiert. Man hat aus der Anrufung den Ruf, der zum Schrei wurde, nicht hören wollen, man hat Ingeborg Bachmann selbst zu Literatur gemacht, zu einem Bild, einem Mythos, verloren in und an Rom, diese österreichische Protestantin, die als Mädchen auszog, die höchsten intellektuellen Abenteuer zu suchen, sie bestand und dann anfing, den Großen Bären und die Heiligen Leonhard, Antonius, Vitus, Rochus anzurufen ("weil du gelitten hast").

Daß in der Ikonisierung einer lebenden Person eine schrittweise Tötung versteckt sein kann, müßte gerade an ihr deutlich werden. Ich mag die Art ihres Todes nicht symbolisieren, mythologisieren oder gar eine metaphysische Schleife draus winden. War Ingeborg Bachmann nicht gefangen in dem Bild, das andere sich und andere aus ihr gemacht haben? Ich weiß nur, daß sie immer beides war: immer da und immer abwesend; da, wenn einer sie brauchte, und dann war der großen Dichterin ihre Zeit keineswegs zu kostbar, etwa ein Zimmer zu besorgen oder in halb Italien nach einem geeigneten Hotel zu telephonieren; mancher Versprengte und polizeilich Gesuchte der Berliner Studentenbewegung wird sich hoffentlich ihrer Hilfsbereitschaft und Gastfreundschaft erinnern.

Denn sie war eine Dichterin und damit beides: engagiert - und das andere. Und sie war beides ganz: mit leiser Stimme und doch voller Energie, wie wenn sie Gedichte vorlas. Hinter ihrer habituellen Nervosität, einer Art ständiger Gebrochenheit, die immer den Zustand "kurz vor dem Zusammenbruch" signalisierte, verbargen sich Zähigkeit, Kraft, auch Direktheit, die spontan zu Freundschaft und Hilfsbereitschaft wurde, und sie selbst hat am wenigsten irgend etwas "literarisiert", wenn ihr auch manches unglückselig geriet oder ausging. Wie sie ihr ihren Preis verlieh, widerlegte die Gruppe 47 zum dritten Male (nach Eich und Ilse Aichinger) den Ruf, der ihr fälschlicherweise anhaftete, einer banalisierten Vorstellung von Wirklichkeit anzuhängen. Es gehörte Mut dazu, 1958 dem Komitee gegen Atomrüstung beizutreten, sich 1963 der Klage gegen Dufhues anzuschließen und 1965 die Erklärung zum Vietnamkrieg zu unterschreiben. Man sollte nicht versuchen, diese Art Mut und Engagiertheit aus der großen Dichterin herauszudividieren, denn das eine gehört zum anderen. "Ich mit der deutschen Sprache, dieser Wolke um mich, die ich halte als Haus, treibe durch alle Sprachen." Und hat sich weder in dem einen noch dem anderen Deutschland je auch nur andeutungsweise wohl gefühlt: "Sieben Jahre später in einem Totenhaus trinken die Henker von gestern ihre goldenen Becher aus."

Natürlich gibt es da auch genug Klatsch, und gewiß wird der eine oder andere bemerken, sie sei wohl gelegentlich unter ihr Niveau gegangen; ich möchte nur feststellen, daß man Niveau haben muß, um darunter oder darüber zu gehen. Ja, sie war Gott sei Dank nicht "gleichbleibend", sie hatte Blößen, gab sie sich und zeigte sie. Gottes Segen über alle Gleichbleibenden, die ihres Niveaus so sicher sind, daß sie nie drunter und nie drüber geraten.

Das Erstaunlichste an Ingeborg Bachmann war ja, daß diese brillante Intellektuelle in ihrer Poesie weder Sinnlichkeit einbüßte noch Abstraktion vernachlässigte, und daß sie jenen immer mehr zum Aussatzmerkmal denunzierten großen Komplex, den man Emotion zu nennen pflegt, wieder in den höchsten Rang erhob. Wenn Emotion ungefähr mit Bewegung oder Bewegtheit, Emotionslosigkeit mit Unbewegtheit oder Bewegungslosigkeit übersetzt werden kann, darf ich feststellen: unbewegt war Ingeborg Bachmann nie. In manchen ihrer Gedichte verbirgt sich ein Element, das volksliedhaft hätte werden können, wäre das Volk beider Deutschlands und Österreichs bereit gewesen, die liedhafte Bitterkeit anzunehmen.

Hoffentlich werden sich nicht zu viele Lesebuchautoren, Eltern, Erzieher und Nikotingegner dieser schrecklichen Begebenheit mit mahnenden Zeigefinger bedienen: Ingeborg Bachmann, die über einer glühenden Zigarette einschlief. Wir, die wir sie gekannt haben, wissen, daß es nicht Zufall und nicht bloß eine Unart war, und daß es doch nicht "ins Bild gesetzt" werden und noch weniger symbolhaft mit ihrem Leben und ihrem Werk verknüpft werden sollte. Sie war es, die den berüchtigten Spruch "Tapferkeit vor dem Feind" in "Tapferkeit vor dem Freund" umgeprägt hat.

Ich denke mit Schmerz an sie, mit Zärtlichkeit und in Freundschaft, und ich denke an die siebenundvierzigjährige Frau wie an ein Mädchen, und ich wehre mich gegen etwas, das leicht gesagt ist: der Tod habe sie erlöst. Nein, diese Art der Erlösung suchte sie nicht; ich würde sie gern selber fragen, ob ich mich täusche.

Der Spiegel, 22.10.1973

Mit scharfem Gehör für den Fall

Von Erich Fried

Vieles an ihr ist immer gleich geblieben. Im Spätherbst 1950 habe ich sie zum erstenmal gesehen, fast genau einundzwanzig Jahre später zum letztenmal. In dieser Zeit hat sich ihr Gesicht verändert, aber nicht der Augenausdruck, nicht das Suchende, scheinbar Unsichere in ihrer Sprechweise, das täuschen konnte: Sie war nicht in allem unsicher. Wo sie ihre Fragen stellte und was sie in Frage stellte, wußte sie ziemlich genau, und sie wußte auch, mit welchen Antworten sie sich nicht abspeisen ließ. Das Entgegenkommende, das auf den ersten Blick manchmal Gekünstelte ging nicht auf Kosten dessen, was für sie wesentlich war. Ihre Grundfragen blieben immer die gleichen. Ihre Hilflosigkeit und pechvogelhafte Anfälligkeit für allerlei kleineres Mißgeschick und unwahrscheinliche Unfälle beruhten vielleicht unmittelbar auf der Ratlosigkeit gegenüber den Grundfragen, an denen sie dennoch festhielt. Zur Ratlosigkeit zwangen diese Fragen; sie war keiner persönlichen Schwäche des Menschen oder der Dichterin zuzuschreiben.

Ingeborg Bachnmann war vor allem denkende lyrische Dichterin. Von ihrer Prosa (die letzten Jahre verbrachte sie über einem großen epischen Werk mit dem Titel "Todesarten") werden wahrscheinlich nur einige Kurzgeschichten bleiben. Ihre Prosadiktion war nie so sicher wie die ihrer Verse, auch nicht wie die ihrer Hörspiele, obwohl sie sich auch in diesen nie ganz sicher fühlte, zum Beispiel nie genau wußte, ob "Der gute Gott von Manhattan" nicht vielleicht doch darunter litt, daß die Botschaften der Eichhörnchen als tatsächlich und nicht nur in der Phantasie eines Irren von den Eichhörnchen kommend dargestellt werden.

Von ihren Gedichten wird voraussichtlich viel mehr bleiben, verdient jedenfalls zu bleiben. Chotjewitz hat ihre Lyrik einmal als Kitsch bezeichnet. Um dieses Mißverständnis zu vermeiden, muß man vielleicht auf gewisse Unterschiede zwischen deutscher und österreichischer Lyrik in den ersten Jahren nach 1945 eingehen.

In Deutschland empfanden viele das Jahr des Zusammenbruchs als das Jahr Null oder Jahr Eins, sprachen von *tabula rasa* und völligem Neubeginn. In Österreich sprach man von der Niederlage der Deutschen und von der Rückbesinnung auf die eigenen alten Werte. Beides war falsch. Das völlige Neubeginnen ist unmöglich (hätte auch Verzicht auf die Sprache vorausgesetzt), und die guten alten Werte Österreichs waren zum großen Teil nicht so gut. Für die Literatur aber wurde es wichtig, daß die beiden Mißverständnisse in einem Gegensatz zueinander standen. So konnte die deutsche Lyrik der ersten Nachkriegszeit in ihrer Zurückgenommenheit manchem entgegenwirken, was sich in der österreichischen Lyrik noch allzuviel Spielraum und Verspieltheit gestattete, während österreichische Dichter wie Ilse Aichinger, Ingeborg Bachmann (auch Celan muß man da zur österreichischen Tradition rechnen) ein wichtiges Gegengewicht gegen die Zurücknahme und Armut der Dichtung darstellten, denn die deutsche Kahlschlaglyrik war bittere Medizin gewesen. Freilich begünstigte der Einfluß der Österreicher in der Bundesrepublik dann indirekt bis zu einem gewissen Grad die

Benn-Überschätzung. Der Einfluß der Lyrik Brechts war unglücklicherweise durch den Kalten Krieg zunächst stark beschränkt.

Bei Ingeborg Bachmann finden sich gewisse Benn-Einflüsse, vor allem Einflüsse seiner Spätzeit, die nicht seine beste war, in ihrem zweiten Gedichtband, obwohl sie Brechts Gedichte schon früh kannte und liebte.

Sie erfuhr übrigens später, daß es in Brechts Nachlaß Randglossen und Anmerkungen zu ihren Gedichten gab, teils kritisch, teils auch sehr positiv, und hatte immer vor, in die DDR zu fahren und sich diese Anmerkungen anzusehen, obwohl sie, da sie von Brechts Urteil viel hielt, auch große Angst davor hatte. Es kam ihr aber immer wieder etwas dazwischen, und sie hat Brechts kritische Anmerkungen nie gesehen.

Obwohl die "Anrufung des Großen Bären" bedeutende Gedichte enthält, wie "Reklame" oder "Landnahme", finden sich von ihren besten Gedichten mehr im ersten Band, "Die gestundete Zeit", der 1952 erschienen ist. Das größte Gedicht dieses Bandes, "Große Landschaft bei Wien", enthält Beispiele für fast alle ihre besonders guten dichterischen Eigenschaften. Von der Bedrohtheit der Landschaft bei Wien sagt sie:

... aus dem Feld schlagen
die Bohrtürme den Frühling.

Die unheimliche Genauigkeit dieser Worte "aus dem Feld schlagen" wirkt im Textzusammenhang gar nicht gesucht, gekünstelt, aber ihre Präzision hilft wenige Zeilen später eine Stelle tragen, die sonst vielleicht zu "lyrisch" wäre, namentlich für den Geschmack der damaligen bundesdeutschen Kahlschlagdichter:

... und es wacht
die Iris des Öls über den Brunnen im Land.

Wer die dargestellte Landschaft kennt, sieht nicht nur das gefährlich schillernde Ölauge, sondern auch die Brunnen, die bis zum Horizont hin mit ihren schrägen Balken die ebene Landschaft überragten.

Ebenso mußte man das Riesenrad gekannt haben, im zerstörten Prater, durch den der Weg in die "Große Landschaft bei Wien" führte, um die Mehrdimensionalität der folgenden Zeilen, auch als Klage um die beschädigte Landschaft zu verstehen:

Still stehn die Räder. Durch Staub und Wolkenspreu
schleift den Mantel, der unsre Liebe deckte, das Riesenrad.

Dann, nach einigen vielleicht etwas zu "lyrischen" Zeilen, plötzlich wieder hart:

Alles Leben ist abgewandert in Baukästen,
neue Not mildert man sanitär ...

Eine Aussageform, die sich in der bundesdeutschen Lyrik erst Jahre später wiederfindet, dann aber ohne lyrisches Gegengewicht, wie es bei ihr wenige Sekunden später in Zeilen folgt wie:

Wunder des Unglaubens sind ohne Zahl.
Besteht ein Herz darauf, ein Herz zu sein?

Immer wieder findet sich bei ihr die Rettung und Wiederermöglichung scheinbar konventionell gewordener dichterischer Ausdrücke durch enge Verbindung mit scharfen, aus jedem lyrischen Schwelgen ausbrechenden Formulierungen:

> träum dein Geschlecht, das dich besiegt, träum
> und wehr dennoch mystischer Abkehr im Protest.

Die Präzision "dein Geschlecht, das dich besiegt" könnte vom späten Rilke stammen; der Kontrast zwischen dem für sich allein zu archaischen "wehr" und dem "Protest" aber ist neu. Was in diese Zeile nicht aufgeht, will und soll auch nicht aufgehen. Das Gedicht endet mit den Zeilen:

> Die Türme der Ebene rühmen uns nach,
> daß wir willenlos kamen und auf den Stufen
> der Schwermut fielen und tiefer fielen,
> mit dem scharfen Gehör für den Fall.

Ohne die letzte Zeile wäre dieses Fallen als Fallen von Stufe zu Stufe in der großen Tradition klassischer deutscher Dichtung geblieben. Die letzte Zeile aber ändert radikal den Wert der drei vorhergehenden. Der Effekt ist völlig überzeugend.

"Die Anrufung des Großen Bären" enthält aber mehr Versuche, konventionelle Formen wiederzubeleben - nicht immer geglückte Versuche - und weniger unmittelbar zur Zeit Stellung nehmende, abseits aller Parteipolitik doch tief engagierte Gedichte als der erste Band, in dem Gedichte wie "Holz und Späne", "Früher Mittag", "Alle Tage", die die Sage von der "unpolitischen" Ingeborg Bachmann eindeutig widerlegen. Da wird etwa Goethes Lied vom König in Thule variiert:

> Sieben Jahre später,
> in einem Totenhaus,
> trinken die Henker von gestern
> den goldenen Becher aus.
> Die Augen täten dir sinken.

Ob in einer solchen Stelle eine Erklärung für ihre Übersiedelung nach Italien liegt? Ich glaube, man muß sich vor so billigen Schlußfolgerungen hüten, obwohl sie mir mehr als einmal gesagt hat, sie könne die Unverfrorenheit des alten Ungeists in der Bundesrepublik nur schlecht tragen.

Ich glaube, daß diese Unverfrorenheit und die Erkenntnis vieler Vergeblichkeiten - auch innerhalb der Gruppe 47, die ihr ihren ersten Literaturpreis verliehen hatte - zu dem, was sie ihre Fluchtversuche nannte, und schließlich auch zum Versiegen ihrer Lyrik, ihrer eigentlichen Ausdrucksform beigetragen hat.

Die Zeit, 26.10.1973

Todesarten

Günter Grass

Du hast sie gesammelt:
Schränke voll,
deine Aussteuer.

In leichteren Zeiten, als das noch anging
und die Metapher auf ihren Freipaß pochte,
wäre dir (rettend) ein Hörspiel gelungen,
in dem jener typisch doppelbödige Trödler,
durch dich vergöttert, alte Todesarten verliehen
neue aufgekauft hätte.

Bedrängt von.
Keine kam dir zu nah.
So scheu warst du nicht.
Wichsende Knaben hatten den Vorhang gelöchert:

jeder sah alles, Seide und chemische Faser
die jüngste Kollektion, bezügliche Zitate.

Todesarten: außer den windigen Kleidchen
diese probieren und diese;
die letzte paßte.
(Als Ingeborg Bachmann starb)
Die Zeit, 26.10.1973

Ingeborg Bachmann - ein Nachruf

Von Toni Kienlechner

Als Leser der ZEIT erwidere ich auf zwei Beiträge zum Tod der Ingeborg Bachmann: Ich zitiere die Schlußworte des Beitrags von Erich Fried, in denen er berichtet, daß Ingeborg Bachmann ihm gesagt hat, "sie könne die Unverfrorenheit des alten Ungeistes in der Bundesrepublik nur schlecht ertragen". Genauer hätte nicht belegt werden können, warum Ingeborg Bachmann gern in Italien lebte: Das Gedicht "Todesarten" von Günter Grass ist ein "Kommentar", den kein italienischer Dichter oder Schriftstellerkollege zu verfassen, zumindest zu veröffentlichen imstande wäre. Als der dreiwöchige entsetzliche Todeskampf dieser klugen und begabten Frau endlich zu Ende war, lesen ihre Angehörigen und Freunde einen "Trauer"-Beitrag von Günter Grass, wo der Schriftsteller nicht umhin konnte, auch seinen eigenen Sex-Tick miteinfließen zu lassen (wo nicht?) - und wo er zu der Feststellung kommt: "*Der* Tod stand Ingeborg gut!" ... (Trauer muß Elektra tragen) ... also nicht einmal ein origineller Gedanke - *nur* unmenschlich - in Geist und Ausdruck.

Daß Italien keine schlechte Wahlheimat war, möchte ich anschließend so nüchtern wie möglich beweisen, nämlich mit dem kurzen Auszug aus dem Nachruf, den die Wirtschaftszeitung "Il Globo" Ingeborg Bachmann widmete: keine Zeile zuviel und vor allem keine Zeile falsch, weder im Geist noch im Tonfall: "Fast immer ist es eine schlimme Sache, wenn ein Dichter, ein Künstler in die Schlagzeilen gerät. Die Welt erhitzt sich nie für die wirklich wichtigen Dinge eines Künstlers, weder für sein neuestes Werk noch für einen Wendepunkt in seiner Erkenntnis noch den Höhepunkt seiner Reife. Wenn also das Interesse des breiten Publikums berührt wird von etwas, was den Künstler betrifft, so ist es meist ein Unheil, ein Verhängnis, das von sich aus ins Auge fällt: etwa der Selbstmord Hemingways, der tödliche Autounfall von Albert Camus, die 'irrtümliche' Erschießung des Garcia Lorca, die Haft im Kerker oder Irrenhaus eines griechischen oder sowjetischen Intellektuellen.

Nun ist es zu Ende, und in zwei Tagen werden Ingeborg Bachmann und ihr entsetzlicher Unfall, ihr Sterbenskampf, ihr Tod kein Zeitungsfutter mehr sein. Es wird wieder zum Vorschein kommen, was bleibend ist an ihr. Wir wollen keine Hymnen singen - das hätte sie zutiefst irritiert ...

Reich an scharfsichtigem Intellekt, jeder Gefühlsseligkeit mißtrauend trotz ihrer beinahe krankhaften Sensibilität, ihre überquellende Phantasie stets in strenger Kontrolle haltend, wurde Ingeborg Bachmann eine einzigartige dichterische Erfahrung für alle, die deutsch zu lesen verstanden, und später auch für die Leser der Übersetzungen ihrer Werke.

Liebe und Intelligenz - das sind die beiden kostbaren Dinge, welche Ingeborg Bachmann in sich selbst und in der Welt gefunden hat und auf die sie vielleicht nicht verzichten wollte. Zu diesen beiden Dingen, die sie mit sich nahm, gehört auch Italien, das Land ihrer Wahl, wo sie tragischerweise ihren Scheiterhaufen fand." Der Verfasser dieses Nachrufs unter dem Titel *Amore e Intelligenzia* in der Zeitung "Il Globe" ist der Germanist und Übersetzer Italo A.Chiusano.
Die Zeit, 16.11.1973

Keine Kerze für Florian

Von Hilde Spiel

Nein, nein, ich will es nicht, ich kann es nicht ertragen, wie die Wellen sich wieder geglättet haben nach diesem Tiefensturz, wie widerspruchslos man ihr Verschwinden hinnimmt und an ihrer Stelle ein totes Standbild aus dem Wasser zieht, makellos, die vollendete Legende.

Und damit beginnt es schon, mit dieser metaphorischen Verklärung, hier noch dazu mit einem falschen Bild, denn es war ein anderes Element, das sie verzehrte, es beginnt mit der Mythologisierung eines Menschen und seines Todes, der gräßlich war, unausdenkbar gräßlich und darum lieber nicht gedacht. Schmerz, sagt man, habe sie nicht gelitten, aber wer weiß, was vorgeht in jemandem, der scheinbar bewußtlos, entnervt, entseelt vor uns liegt, welche Ahnungen, Empfindungen, welches körperliche Leiden? Vor kurzem las ich, man hätte Sterbende nach ihren Eindrücken befragt, die letzten zehn Minuten seien immer friedlich gewesen, sie hätten sich alle ins Unausbleibliche gefügt, es geradezu herbeigewünscht. Diesen fadenscheinigen Trost will man sich und uns unterschieben. Und genau so, ja schlimmer, verfährt man mit den Dichtern, indem man ihr Ende, kaum ist es eingetreten, bereits als unabwendbar erklärt, ihr Leben zur Fabel macht, abrundet, einordnet in die Seiten der Literaturgeschichte.

Gewiß, ich weiß genau, wieviel Anlaß sie selbst dazu gab. Wie sehr sie pflegte, was ein ganz anderer Schriftsteller, Ernst Jandl, ablehnend als "poetische Lebensführung" bezeichnet, wie sie sich selbst romantisierte, in ihrer Prosa zumal. Auch ich habe die vielen Stellen in ihren Gedichten und Erzählungen gelesen, in denen sie mit dem Feuer spielte, ihren Tod eitel nannte, ihn vorauszusagen schien mit nachtwandlerischer Sicherheit:

> Wenn auch im Nadeltanz unterm Baum
> die Haut mir brennt."
> "Wenn meine Locke züngelt."
> "Wenn ich befeuert bleib wie ich bin
> und vom Feuer geliebt."
> "Ich seh den Salamander durch jedes Feuer gehen."
> "Wenn alle Krüge zerspringen,
> was bleibt von den Tränen im Krug?
> Unten sind Spalten von Feuer,
> sind Flammenzungen am Zug.

Und am schrecklichsten:

> Fällt diese Hand ins Feuer
> Mein Wort, errette mich.

Zu Dutzenden sind sie aufspürbar, diese Omina, leitmotivisch kehren sie immer wieder, nicht zu reden von all den Hinweisen in ihren Erzählungen auf brennende, verlegte, vergessene Zigaretten, die Löcher in Tischplatten sengen oder im Teppich verglimmen. Und wie Falstaff nicht bloß selbst witzig war, sondern auch Ursache, daß andre Witz hatten, so rief ihr prophetisches Vorgefühl bei ihren Freunden die gleiche Hellsicht hervor - so bei Kurt Klinger, dem Lyriker, der zwei Jahre vor ihrem Tod einen Zyklus über sie schrieb, darunter das Gedicht *Einäscherung der Poetessa*, mit den entsetzlichen Zeilen

> Sie brennt, sie brennt wie Feuer unter der Erde,
> sie ist zu den Delphinen heimgekehrt,
> dort wird es ihrer Seele besser gehen,

und noch unmittelbarer, bewegender:

> Doch als wir die Gebeine bergen wollten,
> lag sie unverletzt und mädchenhaft
> unter einem Schleier atmender Asche.

Daß sie gefährdet war, wußte sie wohl, und hatte Angst vor dieser Gefährdung, der sie doch, wie sie gleichfalls wußte, ihre Dichtungen verdankte. Angst vor dieser entfernten und erbarmungslosen Sphäre, in der sie nicht nur zum poetischen Erleben zugelassen, sondern zum poetischen Leben verurteilt war. Und ihre Prosa ist eine einzige Flucht davor, eine Flucht vor dem Metaphorischen ins Direkte, ja Triviale, auf eine Ebene, in der ihr nichts drohte als Liebeskummer oder jene kleinen Fährnisse des Alltags, die man in einer Nacht zu überwinden vermag. Aber selbst dort verstreute sie ihre Hilferufe, warf Flaschenposten aus; noch in ihren anfechtbarsten, mondänsten Geschichten, etwa in jener von der törichten Beatrix ("Probleme, Probleme"), sind sie zu finden, dort in den Leitwörtern "grauenvoll" und "Belastung" und in dem Verfallensein der Beatrix an den tiefen Schlaf. "Wo nehmen", so heißt es in "Simultan", "die anderen Menschen bloß die Fassungskraft her, ich weiß nur, bei mir wird sie immer schwächer." Und später dann, kosmopolitisch verfremdet: "Aide-moi, aide-moi, ou je meurs ou je me jette en bas. Je meurs, je n'en peux plus." Ganz abgesehen von "Malina", wo in einer Mischung aus Liebesromanze, Gesellschaftssatire, Lebensphilosophie, Psychodrama und Anamnese immer wieder diese Angstschreie ertönen, vor allem in den Träumen, den Nachtmahren des zweiten Teils, auch hier nicht metaphorisch, sondern pseudo-real, in Form von Schreckgesichten.

Ach, es ist leicht, ihre Lyrik zu lieben, diese reinen Exerzitien, in denen sie sich immer auf den eigenen Höhenzügen hielt, dem äußersten Grad, niemals abrutschte oder sich zufrieden gab mit billigeren Bildern. Obwohl schon hier sich Leute fanden, die kein gutes Haar an ihr ließen, ihr vorwarfen, sie hole "aus den Töpfen und Tigeln, die auf dem hohen Bord der lyrischen Tradition stehen, vom Grunde die Reste und mixe ein lyrischer Bindemittel" draus, und selbst Erich Fried in seinem Nachruf auf sie Textkritik übte, ihre Verse Zeile für Zeile auf- oder abwertete, gleichwohl auch eine Stelle verteidigte, die ohne ihre Präzision "vielleicht zu lyrisch" gewesen wäre, als könnte man - oder mußten zumindest die "damaligen bundesdeutschen Kahlschlagdichter" - darin, daß Lyrik auch einmal lyrisch ist, etwas Verwerfliches sehen. Als sie dann aufgab, herabstieg in wärmere Regionen, ins Greifbare, allzu leicht Faßliche, als nicht mehr die strengen Richter der Gruppe 47, sondern die Ladenmädchen sie zu bewundern begannen - im Kleidersalon "Zur Brieftaube" in Wien sammelten die Verkäuferinnen für einen Blumenstrauß, den sie ins Krankenhaus nach Rom schicken wollten, mit guten Wünschen für den zweiten Band von "Malina", aber davon erfuhr sie nichts mehr - da wurde sie gehetzt, verhöhnt, statt daß man ihr diese Flucht zugebilligt, ihre Hand ergriffen hätte und sie sanft, aber nachdrücklich auf die großen Möglichkeiten hingewiesen, die in einer weniger ichbezogenen, ichbesessenen Prosa für sie gelegen waren, und statt über "Probleme, Probleme" zu spotten eine Geschichte nach Gebühr gewürdigt hätte, die sie an die Seite Tschechows und Schnitzlers stellte: "Das Gebell".

Aber sie vertat sich, sie verlor sich, sie floh nicht nur ins alltägliche Gefühl, in die fatalen aber nicht tödlichen Krankheiten, um den letalen zu entgehen, sondern gleich in eine Welt, die den Jungmädchenbüchern der zwanziger und dreißiger

Jahr eigen war, jenen der Joe Lederer und Irmgard Keun, die mit dem Laurencin-Pinsel malten; drängte sich auch unter die Schatten Joseph Roths und Hofmannsthals, ließ ihre Spiegelfiguren mit Trottas schlafen und mit Altenwyls soupieren, Rettungsversuche, nicht mehr "Todesarten", obwohl der geplante Roman immer noch so hieß. Das nahm man ihr übel. Und auch, daß sie trivial-romantisch lebte, nicht nur schrieb, selbst in der Blauen Bar des Hotel Sacher saß bis drei Uhr früh, mit der römischen Schickeria umging, aber sich im Goethe-Institut nicht blicken ließ, nach St. Moritz fuhr und vor der Verleihung des Großen Staatspreises in Wien den Kosmetiker aufsuchte. Andere Dichterinnen, älter freilich als sie, waren da penibler, fielen niemals aus der Rolle, gaben sich keine Blöße und keine Prosazeile aus der Hand, deren sich ein Vers hätte schämen müssen. Sie aber war ein Bündel aus Spannungen, hatte diesen guten scharfen Verstand, geschult an Heidegger und Wittgenstein, hatte diese bebende Empfindsamkeit, litt auch mit den Erniedrigten und Beleidigten - denn während man ihr vorwarf, sie halte sich von der Maschinenwelt fern, setzte sie heimlich politische Taten - und war zugleich eine Frau, die den Männern gefallen wollte, gern an Luxus roch wie an einem Rauschkraut, das ihr die Todesfurcht nahm.

Zu viel, zu viel gesagt schon über sie, auch hier, ohne daß sie selbst heraufbeschworen worden wäre, die lebendige Inge, deren Verschwinden aus dieser Welt uns das Herz zerreißt. Wie war sie, wie ging sie, wie sprach sie, wie lachte sie - und wie oft hat sie gelacht! Ich versuche, sie mir zurückzurufen, ihre zögernde Art, die weiche und doch körnige, kärntnerisch angehauchte Redeweise - einzelne Silben stockend unterstrichen, die Sätze fast skandiert - und immer mädchenhaft, bis zuletzt, nicht anders als in diesen ersten Jahren nach dem Krieg. Wir saßen beim Heurigen, den man sich damals fast menschenleer, ohne Musik, nur ein paar Bänke und Tische in einem Vorstadtgarten, denken muß, Ilse und Inge, zwei schöne, schüchterne Geschöpfe, ein paar Freunde, darunter Hans, der sie beide entdeckt, und Zeno, der sie zuerst gedruckt hatte, und mir fiel, die ich aus England zu Gast nach Wien gekommen war, Shelley ein:

> Bliss was it in that dawn to be alive
> and to be young was very heaven.

Jung waren sie, und in einer Zeit, die bereit war, neue und kühne Stimmen zu hören, eine andere als jene böse, häßliche Zeit, in der man in das Mittelmaß gezwungen und schließlich ganz zum Verstummen gebracht worden war. Wir hatten sie gern, aber nicht den mindesten Respekt vor ihnen, die später so gefeiert werden sollten, und ihrer langen tropfenden Haare wegen nannten wir sie die "Nudelsuppe" und die "Wasserschlange", ohne daß ich sagen könnte, welche die eine und welche die andere war.

Bald darauf sah ich beide in London, immer noch hängenden Haares, sie wehten durch die weiten Straßen und zugigen Untergrundschächte und treppauf in mein Zimmer herein, aber Ilse war nicht Ilse, sondern ihr schwesterliches Ebenbild, und Inge trieb Späße mit ihr, und war heiter und befreit, noch keineswegs bedrückt von der Last, die sich allmählich ansammeln und immer schwerer werden sollte. Einmal saßen wir, Jahre später, viele Stunden lang auf der Terrasse des Café Bazar, unterm Dach, aber immer wieder besprüht vom Regen, der ringsum prasselnd niederfiel, und redeten von einem Freund und einem Feind, die wir gemeinsam hatten. Auch da war sie noch voll Munterkeit und Selbstironie, voll Zuversicht, gleich ihrer myopischen Miranda, von der es heißt: "Obwohl sie zaghaft aussieht, ist sie nicht schwächlich, sondern selbständig, eben weil sie weiß, was sich zusammenbraut im Dschungel, in dem sie lebt." Und hatte ihren ersten Gedichtband schon erscheinen lassen, und bei der Gruppe gelesen. Dann wieder in London, in ihrer glücklichsten Zeit, beschützt endlich von dem Schriftsteller, mit dem sie lebte, zierlich, zierlich und elegant, mit schmalen Schühchen und zarten Handschuhen und einer winzigen Handtasche, molto chic auf italienische Art, und konnte sich nicht halten vor Lachen, weil sie in ihrem englischen Verlag so von oben herab behandelt wurde, keiner kannte sie dort, obwohl man ihr Buch gedruckt hatte, und war in Deutschland schon so berühmt. Hernach nur noch hilflos, ob in Wien, Berlin oder Rom, auch wenn sie scheinbar gelöst im Freien vor dem Café Imperial ein Himbeereis aß. Immer gequälter, immer verdüsterter. Und ihre langen, stundenlangen Telefongespräche, nach der Ankunft, vor der Abreise, auch über tausend Kilometer hinweg.

Es hilft nichts, es gelingt mir nicht, sie will sich nicht zeigen, bleibt hinter den unzugänglichen Worten versteckt. Aber ich bin Zeugin: sie war da. "Über das Schreckliche und zugleich auf unheimliche Weise literarisch Stimmige dieses Todes ist hinlänglich geredet", hat auch Jean Améry geschrieben, doch es bleibt nichts anderes übrig, da sie auf Unsichtbarkeit beharrt, als darauf zurückzukommen, weil dieses Ende sie aus dem Flachland, in dem sie mit Ivan ans Gänsehäufel fuhr und mit Mr. Frankel nach Maratea, hinauf katapultiert hat in eisige Regionen, wo sie mit Tränen die Welt entlangrollte, allein mit den Metaphern, entrückt und ausgesetzt. "Florian Kerzen stiften für jeden Tag, an dem ihre Wohnung nicht abgebrannt ist, wegen der angezündeten Zigaretten, die sie weglegt, sucht und dann gottlob findet, wenn auch schon ein Loch in den Tisch gebrannt ist." Hier ist kein Gott zu loben. Und keine Kerze zu stiften dem Florian.
Merkur, Jg. 27, Heft 12, Dez. 1973, S. 1195-1198

Erinnerung an Ingeborg Bachmann

Von Michael Astroh

Rom: Kuppelbauten, Paläste, Plätze. Rom: Flieder, Brunnen und Katzen. Eine massive, eine spielerische Unmittelbarkeit. Unter schattigen Bäumen spannt der Tiber seine Bögen. Über die hellen Brücken fließt der Verkehr.

Ich stand unterhalb der Engelsburg und hatte mich zu einem Besuch entschlossen. Ich folgte dem Corso Vittorio Emanuele über den Fluß, bog in die Via Giulia ein und blieb vor dem Portal des Palazzo Sacchetti stehen, einem Stadtschloß aus dem 17. Jahrhundert. Ich fand keinen Eingang und trat in den Innenhof. Es war still. Ich schaute mich um, an den Fassaden entlang. Es war so still, daß ich draußen den Verkehr hörte. Irgendwo rechts war ein Portiersloge. Eine Hausmeisterin wies mich ins dritte Stockwerk. Ich schellt und trat einen Schritt zurück. Sie öffnete mir selbst. Wie ich sie in Erinnerung hatte, stand sie da. Sie schob den Kopf vor. "Ja, bitte?" fragte sie. Ich stellte mich vor. Wir hatten schon einmal anläßlich einer Lesung miteinander gesprochen. "Kommen Sie bitte herein", sagte sie und führte mich in ein hohes, etwas dunkles Zimmer. Ob ich Tee trinke, Jasminblütentee mit Honig, fragte sie und bat mich, Platz zu nehmen.

Neben der Couch brannte eine Lampe mit grünem Schirm. Die Vorhänge waren zur Hälfte zugezogen. Sie bedauerte, nur wenig Zeit zu haben, ihr Verlag erwarte ein Manuskript. Dennoch war sie bereit, einige meiner Arbeiten zu lesen und mit mir an einem der nächsten Tage darüber zu sprechen. Ich fragte, ob sie meinen Brief erhalten habe. Nein, er sei nicht angekommen, antwortete sie. Die italienische Post sei sehr unzuverlässig, überhaupt gehe es drunter und drüber: der Neofaschismus, die Ermordung Feltrinellis. Man könne nicht absehen, was komme. Sie war von den Ereignissen sichtlich betroffen. Sie saß auf der Kante der Couch, vorgebeugt, die Arme verschränkt. "Ach, rauchen Sie?" fragte sie plötzlich und hielt mir die Schachtel hin. "Die Deutschen sind auch anfällig für modische Bewegungen", fuhr sie fort, "politisch wie literarisch. Im Kursbuch steht jetzt, die Litertur sei tot. Das ist Unfug. Im guten Österreich geht zwar manches langsamer, aber man ist distanzierter, auch dem Fortschritt gegenüber."

"Die Distanz verlieren", überlegte sie, "das ist eine der großen Gefahren. Früher bin ich täglich nach draußen gegangen, um mir etwas anzusehen, eine Kirche, ein Museum. Heute ist das anders. In der vergangenen Woche habe ich das Haus nicht verlassen. Ich habe es kaum bemerkt." Ihre Augen waren blaß. Die Wangen hingen herab. In der weiten Bluse wirkte sie seltsam häßlich; entstellt, wie vor dem Ende von etwas. Neben der Lampe klingelte das Telefon. Ich wollte ihr den Apparat reichen, doch sie winkte ab. Es klingelte, klingelte nochmals. "Nein - ach, könnten sie für mich abnehmen", bat sie. "Ich kann das nicht mehr, ich kann das nicht mehr ertragen." Eine Freundin wollte sie sprechen. Als das Gespräch beendet war, reichte sie mir den Hörer, und ich legte ihn auf die Gabel zurück. Sie sah eine Weile ins Leere, atmete den Rauch ihrer Zigarette aus und erzählte: "Auf Sizilien eines Nachts während eines Erdbebens bin ich liegen geblieben. Ich war ganz ruhig und las Novellen von Puschkin. Was hätte bei einem Naturereignis auch passieren können? - Aber ein Telefon, ein Telefon kann mich in Angst versetzen."

An einem Nachmittag holte ich sie in ihrer Wohnung ab. Sie hatte ein paar Besorgungen zu machen, und ich begleitete sie. "Als Kind habe ich auf einer Burg wohnen wollen. Ich habe mir immer ein Haus wie dieses hier gewünscht, gegen das kein Sturm ankommt", sagte sie und setzte eine große Sonnenbrille auf, "das Treppenhaus ist besonders schön. Die Stufen sind so gemauert, daß man bequeme Schritte machen kann."

Beim Portier schaute sie nach Post. Dann gingen wir in Richtung Piazza Navona. Sie wollte ein Farbband für ihre Schreibmaschine kaufen und eine Kette von der Reparatur abholen. "Dieser Handwerker ist sehr fleißig", erklärte sie mir, "er arbeitet auch sonntags; er repariert Hausgeräte und Schmuck, oder er schleift Scheren. "Wir bogen in die Gasse ein, in der die enge Werkstatt lag. In einem Durcheinander von Ersatzteilen und Werkzeugen saß ein Mann mit einer Mütze. Er holte die Kette hervor und prüfte den Verschluß. Da die Reparatur nur klein gewesen war, wollte er kein Geld dafür nehmen. Sie bestand darauf, daß er ihr einen Preis nenne.

Wir überquerten die Piazza Navona. Um die Brunnen scharten sich die Touristen. Das seien Schafherden, meinte siee und lächelte. Dann begann sie unvermittelt vom Schreiben zu sprechen: "Am Anfang ist es ein Geheimnis, das man hütet. Eines Tages kann man es nicht mehr aushalten und zeigt, was man geschrieben hat, jemandem, von dem man glaubt, daß er es verstehen und beurteilen kann. - Über die meisten Sätze erschrickt man, wenn man sie wiederliest; denn man erkennt, daß sie schlecht sind. So ist es mir gegangen. Man schreibt und schreibt, und nur selten - in einigen Sätzen - entdeckt man den Zusammenhang von allem. Manche Wörter sind wie Geschenke. Das gibt einem Hoffnung."

Das Geschäft für Schreibmaschinen hatte geschlossen. Sie nahm davon so wenig Notiz, daß man hätte vermuten können, sie sei gar nicht wegen des Farbbandes hinausgegangen. Die Nachmittagssonne fiel gerade noch in die lebendigen Gassen. Vor einem Metzgerladen hingen große Fleischstücke an der Hauswand. "Direktheit und Stolz prägen die Menschen in dieser Stadt", erklärte sie mir, "wenn jemand mit seiner Meinung nicht heraus will, sagt man zu ihm: "Spuck mich an!" Wer auf dem Markt kauft, ohne zu feilschen, den halten sie für einen Schwächling. Feilschen ist ein Spiel; und es hat seine Grenzen. Wer sie übertritt, riskiert eine Schlägerei." In einem Espresso lud sie mich zu einem Cappuccino ein. Sie erzählte mir, wie die Milch dafür zu Schaum geschlagen wird, und meinte, wir könnten noch einen zweiten vertragen.

Auf dem Corso staute sich der Verkehr bis an die Brücke hinauf. Wir gingen zurück in die Wohnung, bis in das Zimmer, wo noch die Lampe brannte. Sie bemerkte, daß ich hinschaute. "Ich lasse immer ein Licht brennen", sagte sie, "wenn man allein lebt, bekommt man leicht solche Angewohnheiten." Sie begleitete mich zur Tür. Wenn sie mir helfen könnte, würde sie es versuchen. Wir verabschiedeten uns voneinander.

Ich habe Ingeborg Bachmann nicht mehr wiedergesehen.
Neue Zürcher Zeitung, 14.4.1974

Wahrheit ist noch zumutbar

Von Marcel Reich-Ranicki

Österreichs Dichterin. 60 Jahre wäre sie geworden an diesem 25. Juni 1986 in Klagenfurt. Anlaß für Stadtväter und Landesoberhäupter, mit Kränzen, Bläsertrio und feierlichen Reden "der großen Tochter unserer Stadt" zu gedenken. Daß Ingeborg Bachmann Klagenfurt nicht mochte und auch nicht begraben sein wollte, wurde tunlichst verschwiegen. Einer machte den Spielverderber: Marcel Reich-Ranicki mit seiner Grabrede für die Dichterin, die, lebte sie noch, noch immer unbequem wäre.

In Sachen Ingeborg Bachmann ist man sich heutzutage einig: Sie wird gerühmt, bewundert und verehrt. Für ihr Werk hat man einen schönen Platz gefunden, nämlich in der Schatzkammer der deutschen Poesie. Und wer weiß, ob nicht schon ein Denkmalsockel in Arbeit ist. Das alles geht mit rechten Dingen zu, denn wir verdanken Ingeborg Bachmann eine Anzahl wunderbarer Gedichte - und Österreich liebt seine großen Dichter, zumal wenn sie nicht mehr leben.

Wer befürchtet, daß man die Autorin der "Gestundeten Zeit" so rasch ins Museale entlassen oder gar mit einer Aureole umgeben möchte, der kann sich schwerlich der Frage enthalten, wie es mit dem Ansehen der Ingeborg Bachmann beschaffen wäre, wenn sie noch unter uns weilte. Ich glaube, sie und ihre Heimat - sie würden sich gegenseitig viel Kummer bereiten.

War Ingeborg Bachmann etwa eine Ruhestörerin oder gar eine Rebellin? Nein, das war sie nicht. Aber sie meinte, die Wahrheit sei dem Menschen zumutbar. Ihr schwebte eine Dichtung vor, "scharf an Erkenntnis und bitter von Sehnsucht, um an den Schlaf der Menschen rühren zu können". Von einer Literatur, die im luftleeren Raum entsteht, also außerhalb der geschichtlichen Situation, wollte sie nichts wissen; vielmehr war sie überzeugt, daß die Kunst uns die Möglichkeit gebe zu erfahren, "wo wir stehen und wo wir stehen sollten, wie es mit uns bestellt ist und wie es mit uns bestellt sein sollte".

Diese klare Forderung hat Ingeborg Bachmann sehr ernst genommen und auf ihre Weise zu verwirklichen gesucht. Man mache sich nichts vor: Auch heute würde sie ihren Lesern die Wahrheit zumuten, auch heute würde sie alles tun, um an den Schlaf der Menschen zu rühren, auch heute würde sie ihren Landsleuten unmißverständlich sagen, wo sie stehen und wo sie stehen sollte. Ob eine solche Autorin bei den Repräsentanten des Staates und der Parteien sonderlich beliebt wäre, muß zumindest bezweifelt werden.

In ihrem Gedicht "Curriculum vitae" fragte die junge Ingeborg Bachmann: "Mein trauriger Vater/ warum habt ihr damals geschwiegen/ und nicht weitergedacht?" Nicht um die Vergangenheit ging es ihr dabei, sondern vor allem um die Gegenwart - obwohl inzwischen über dreißig Jahre verstrichen sind, bin ich nicht sicher, ob diese Frage als überholt gelten kann. Unheimlich klingen nach wie vor Ingeborg Bachmanns Verse aus dem Jahre 1952:

Sieben Jahre später,
in einem Totenhaus,
trinken die Henker von gestern
den goldenen Becher aus.
Die Augen täten dir sinken.

Wie wir wissen, mangelt es auch heutzutage nicht an solchen, die zu unserer Überraschung keinen Grund sehen, die Augen sinken zu lassen.

In ihrem "Psalm" spricht Ingeborg Bachmann von jenen, die, da ihnen zwei Finger an der Hand fehlen, nicht schwören können, was sie schwören möchten - "daß alles, alles nicht gewesen sei". Ihnen erteilt sie einen bitteren Ratschlag:

Übernimm ein Amt
und verstelle dich,
um der Blossstellung zu entgehen.

Die Poesie der Ingeborg Bachmann ist nicht verblaßt, sie macht uns immer noch unsere Welt bewußt. Daher würden sich, befürchte ich, manche von der jetzt gefeierten Dichterin, wäre sie noch am Leben, entrüstet abwenden. Sie hat das Unbehagen und die Unruhe, mehr noch: die Angst einer ganzen Generation ausgedrückt. Zu dieser Unruhe und zu dieser Angst haben wir hier und heute Anlaß genug - und freilich auch zu höchstem Respekt vor Ingeborg Bachmann, der Poetin.
Die Weltwoche, 10.7.1986

Zur Edition und Auswahl

Grundlegung
Die Bachmann-Rezeption gleicht einem Mythos. Schon seit der „Spiegel"- Titelgeschichte (1954), vor allem aber seit dem Tod der Dichterin (1973) wurden gerne und häufig stereotype Äußerungen über ihr Leben und Werk verbreitet, die im Laufe der Jahre immer wieder wiederholt wurden und zu inhaltslosen Worthülsen verkamen. Besonders auffällig zeigt sich dies in vielen Zeitungsartikeln, doch auch die akademische Forschung ist davor nicht sicher. Es ist ein auffälliges Phänomen, dass sich die Wissenschaft oft auf einige bekannte Zeitungsartikel bezieht, die ein bestimmtes Bild Ingeborg Bachmanns entwerfen, das nicht selten unhinterfragt übernommen und tradiert wird. Übersehen wird dabei häufig, dass die Rezeption doch differenzierter ist. Dieses Manko liegt vor allem daran, dass eine umfangreiche Sammlung mit Rezeptionsdokumenten, wie sie hier erstmals vorgelegt wird, bisher nicht zur Verfügung stand. Selbst die Dissertation von Constance Hotz („Die Bachmann". Das Image der Dichterin: Ingeborg Bachmann im journalistischen Diskurs. Konstanz 1990) weist noch den Mangel auf, tatsächlich eine nur relativ geringe Anzahl von vornehmlich bekannten Artikeln einschlägig analysiert zu haben.
Der vorliegende Band enthält allgemeine Aufsätze und Artikel über Ingeborg Bachmann, darunter Besprechungen von Lesungen, Radio-, Fernsehsendungen und ähnlichem. Der für die zweite Auflage ausgegliederte erste Band unserer Dokumentation versammelt klassische Rezensionen zu Buchveröffentlichungen. In beiden Bänden wird die Wirkungsgeschichte Ingeborg Bachmanns erstmals über einen längeren Zeitraum sichtbar. Damit ist es möglich, den Beginn bestimmter Rezeptionslinien auszumachen und sie über die Jahre und Jahrzehnte weiter zu verfolgen. Es ist zu erkennen, dass ein Kritiker vom Vorgänger Aussagen übernimmt, die sich zuweilen bis in die Wortwahl gleichen. Man sieht aber auch, dass die Aufnahme des Bachmannschen Werks doch differenzierter ablief, als bisher angenommen. Interessant ist ferner, dass Filme von und über Bachmann oder ihr Werk nicht unwesentlich das Image der Dichterin beeinflussten. Dies wird indirekt in einigen Artikeln erkennbar, die in den Bänden Aufnahme fanden.

Materialbasis
Für diesen Band konnten die bibliographischen Bemühungen von Otto Bareiss und Frauke Ohloff fruchtbar gemacht werden, die bis 1988 das gesamte Schrifttum von und über die Autorin verzeichnet haben. Darüber hinaus haben die Herausgeber Material bis zum Jahr 1994 systematisch gesammelt und ausgewertet. Zum Abdruck kommen allerdings nur Beiträge bis 1992. Jeder noch so intensiven Materialsuche sind gewisse Grenzen gesetzt, die nicht im Verantwortungsbereich der Bibliographen liegen. Verluste sind vor allem bei regionalen Zeitungen und kurzlebigen Stadtblättern zu beklagen, ebenso bei Rundfunk- und Fernsehmanuskripten, da es hier längst nicht üblich ist, Artikel und Typoskripte den Verlagen und Archiven zuzuschicken. Eine systematische Ermittlung ist deshalb hier nicht möglich; sie bleibt dem Zufall überlassen. Dass Verlage heute häufig kein systematisches und auf Vollständigkeit angelegtes Archiv führen oder keinen Zugang gewähren, ist im Fall Bachmann nicht zu beklagen. Allerdings wurde von Seiten des Piper Verlags nur wenig Material zur Verfügung gestellt. Glücklicherweise konnten die dadurch entstehenden Lücken nahezu vollständig durch aufwendige Recherchen geschlossen werden. Insgesamt lagen den Herausgebern für beide Bände mehr als 1500 Besprechungen, Porträts, Reportagen und Typoskripte als Basis vor.

Auswahl
Bei der kaum noch zu überschauenden Fülle an Material musste notwendigerweise auf den vollständigen Abdruck aller Beiträge verzichtet werden. Ziel konnte es nur sein, eine möglichst große Anzahl von Besprechungen in repräsentativer Auswahl vorzulegen. Natürlich gab es in den 50er Jahren wesentlich weniger Beiträge als etwa nach der Veröffentlichung des Romans „Malina" (1971), sodass für den späteren Zeitraum eine strengere Auswahl getroffen werden musste, wohingegen die Anfänge vollständiger dokumentiert sind. Selbstverständlich wird auf den Abdruck von kürzeren, oft nur wenige Zeilen umfassenden Hinweisen leichter zu verzichten sein, sofern sie nicht zu den beinahe einzigen Zeugnissen eines Werkes gehören, als auf substantiell hervorragende Rezensionen. Dennoch sollen möglichst alle Richtungen und (Irr-)Wege der Bachmann-Rezeption vertreten sein.
Anhand der Anzahl der im Band abgedruckten Artikel zu den jeweiligen Büchern der Bachmann kann in der Regel die Presseresonanz abgelesen

werden. Wenn also zu „Simultan" (1972) viermal so viele Besprechungen dokumentiert sind als zu „Der gute Gott von Manhattan" (1958), dann entspricht das Zahlenverhältnis der tatsächlich ermittelten Anzahl von Besprechungen.

Einige Bücher Bachmanns, vornehmlich die aus dem Nachlass herausgegebenen, sind selten oder gar nicht rezensiert worden. So etwa die Publikation der „Frankfurter Poetikvorlesung" (1980) oder die „Briefe an Felician" (1991).

Das Ziel einer repräsentativen Auswahl – so wagen die Herausgeber zu vermuten – scheint gelungen, auch wenn einige Artikel nicht nachgedruckt werden durften. Es besteht aber für die Benutzer die Möglichkeit, Beiträge, die aus irgendeinem Grund nicht dokumentiert sind, sei es aus Urheberrechtserwägungen heraus, sei es, weil sie der Auswahl zum Opfer fielen, bei den Zeitungen oder über das Fernleihesystem zu bestellen.

Darstellung

Die Artikel sind nach den einzelnen Werken Bachmanns in chronologischer Reihenfolge ihres Erscheinens angeordnet, beginnend mit Rezensionen zu „Die gestundete Zeit" (1953) in Band 1. Wiederauflagen oder nur leicht veränderte Nachdrucke erhalten keine eigene Rubrik, Rezensionen dazu werden unter der Erstauflage subsumiert. Wenn allerdings ein Neudruck vom Charakter her eine deutlich veränderte Edition darstellt, erhält das Buch ein eigenes Kapitel.

Die Artikel innerhalb eines Kapitels sind ebenfalls chronologisch geordnet und jeweils mit Kurzüberschrift und Verfasserangabe im Kopfteil bzw. mit Erscheinungsort und -datum am Ende des Beitrags versehen. Die chronologische Einordnung erfolgt dergestalt, dass Monatsschriften am Ende des Monats, Quartalsschriften am Ende des Quartals und Jahrbücher am Ende des Jahres stehen. Die vollständige bibliographische Angabe kann der Leser den einschlägigen Spezialbibliographien entnehmen. Bei Sammelrezensionen zu mehreren Büchern Bachmanns in Band 1 ist die Besprechung unter dem in der Hauptsache besprochenen Werk eingeordnet. Gegebenenfalls findet man den Artikel auch in diesem zweiten Band unter den Rubriken „Allgemeines zu Leben und Werk", „Zu Lesungen" oder „Nachrufe".

Abdruck
Der Abdruck erfolgt in der Regel vollständig, wort- und zeichengetreu. Verbessert wurden lediglich eindeutige Satzfehler, Falschschreibungen von Titeln, Irrtümer der Erscheinungsjahre o. a. (sofern diese nicht geradezu charakteristisch für die Besprechung selbst sind). Falsche Zitate aus den Bachmann-Werken werden übernommen und z. T. mit einem (sic!) versehen. Genauso wurde bei der Schreibung von Eigennamen verfahren. Bei Auszeichnungen und Titeln mussten zuweilen Vereinheitlichungen vorgenommen werden. Normalerweise wurde aber die Typographie der Vorlage übernommen. Kürzungen wurden nur dort vorgenommen, wo Sammelbesprechungen auch auf Bücher eingehen, die nicht von Ingeborg Bachmann stammen, oder im Falle von längeren Leseproben aus dem Werk. Gedichtnachrucke hingegen wurden übernommen. Auslassungen und Zusätze der Herausgeber stehen in Klammern bzw. werden durch Auslassungszeichen in Klammern gekennzeichnet; Auslassungen im Text werden durch ... markiert. Weggelassen wurden generell auch Preisangaben für Bücher, die Verlagsangabe oder Termine für Lesungen. Es mag Gründe geben, gerade beim Problem der Textkürzungen nicht eine solche Vorsicht walten zu lassen, denn der Leser wird mit einigem Recht fragen können, warum er so häufig die gleichen biographischen Angaben zum Autor mitlesen muss.
Ein besonderes Problem ist der Wunsch einiger Rezensenten, den in der Zeitung abgedruckten Artikel für den Band an einigen wenigen Stellen abzuändern, oder besser: in die Urform zu bringen, da Redakteure zuweilen eigenmächtig Texteingriffe vornehmen, die sich nicht mit den Absichten der Verfasser deckten und zudem nicht für die Ewigkeit erhalten bleiben sollten. Andererseits sind sich die Herausgeber darüber bewusst, dass durch einen, gegenüber dem Zeitungsabdruck veränderten Nachdruck der Dokumentationscharakter der Ursprungspublikation eingeschränkt ist. In drei Fällen haben die Herausgeber hier - nicht ohne Bedenken - zugestimmt, da es sich um eine Vereitelung sachlicher Fehler handelt oder die Abdruckgenehmigung nicht erteilt worden wäre. Ein Artikel von Peter Hamm und zwei Beiträge von Marcel Reich-Ranicki folgen einer deutlich veränderten Version, die in Buchform erschienen ist. Darauf wird am jeweiligen Artikelende hingewiesen.

Register
Ein Register der Publikationsorgane und ein Verfasserregister ermöglichen dem Benutzer das schnelle Auffinden der Besprechungen. Ist eine Rezension unter einem Kürzel veröffentlicht worden, findet man in dem entsprechenden Registereintrag möglicherweise den Verweis auf den Autor, sofern er ermittelt werden konnte.

Danksagung
Am Zustandekommen dieses Bandes haben zahlreiche Personen und Institute mitgewirkt, denen wir für ihre Hilfsbereitschaft herzlich danken: die Mitarbeiter der Verlage und Archive, der Zeitungen, Zeitschriften und Sender. Besonders danken wir aber allen Autoren und Autorinnen sowie anderen Rechteinhabern, die die Abdruckerlaubnis erteilten. Leider konnten nicht alle Verfasser ermittelt werden, da Zeitungen nicht mehr existieren, Adressen verloren gingen oder Antworten aus nicht geklärter Ursache ausblieben. Einige Anonyme oder Pseudonyme konnten nicht aufgelöst werden. In allen Fällen bittet der Verlag, sich mit ihm in Verbindung zu setzen, um etwaige Ansprüche abzugelten.

Paderborn, Juli 1994   Heike Kretschmer/Michael M. Schardt

Register der Rezensenten
(Heike Kretschmer)

A

Anonym *29, 37, 61, 68, 126, 132, 136, 158*
Adam, Ursula *35*
A:H: *22*
Astroh, Michael *182*

B

Baden, Hans-Jürgen *15*
Baumgart, Reinhard *51*
Bernrieder, Irmgard *83*
Bienek, Horst *169*
Blöcker, Günter *72*
Böll, Heinrich *172*
Brandt, Ingeborg *65*
Buchholz, Hartmut *122*
Bunte, Ursula *81*

C

cbg *93*
Conrad, Peter *13*

D

Drewitz, Ingeborg *168*

F

F.A.Z. *143*
fr. *162*
Frenkel, Ulrike *120*
Fried, Erich *174*

G

G.G. *140*
Grass, Günter *177*
Grissemann, Stefan *96*
Groenewold, Henrike *31*
Gropp, Rose-Maria *106*
Günther, Joachim *129*

H

Hamm, Peter *41*
Hartung, Harald *166*
Hecht, Axel *164*
Heise, Hans Jürgen *62*
Hildebrandt, Dieter *131*
hmb *76*
hod *75*

J

Jacobs, Wilhelm *70*
Jaesrich, Hellmut *89*
Jelinek, Elfriede *109*

K

Kienlechner, Toni *177*
Koschel, Christine *25*

L

Lenz, Eva-Maria *92*

M

Meyhöfer, Annette *100*
Michalek, Eberhard P. *61, 71*
mn *71*

P

Piotrowski, Christa *95*

R

Radisch, Iris *103*
Reich-Ranicki, Marcel *78, 85, 184*
Reding, Josef *15*
Ringelband, Wilhelm *139*

Rohde, Hedwig *91*
Ross, Werner *63*
Rühle, Günther *147*

S

Schönwiese, Ernst *9*
Schroers, Ralf *144*
Schulze-Reimpell, Werner *84*
Schwarzer, Alice *115*
Seidel, Hans Dieter *90*
S.F. *153*
Silens, Peter *128*
Skasa-Weiß, Ruprecht *148*
sol *133*
Spiel, Hilde *178*
Spiegel, Hubert *123*
Stephan, Rainer *124*
Süskind, W.E. *150*
Süss, Sigrid *141*
S.W. *134*

T

Thieringer, Thomas *77*
Tilburg, Jutta von *126*
Tillinger, Ruth *154*

V

Vogelsang, Fritz *137*

W

W.A. *146*
Weidenbaum, Inge von *25*
Weiss, Walter *24*
Wienert, Klaus *82*
W.K. *134*

Z

Zenke, Thomas *80*

Register der Zeitungen uud Zeitschriften
(von Heike Kretschmer)

B

Badische Zeitung *122*
Berliner Zeitung *132*
Börsenblatt des deutschen Buchhandels *137*

C

Courage *31*

D

Darmstädter Echo *193*
Deutsche Volkszeitung *22*
Deutsche Zeitung (siehe Rheinischer Merkur)

F

Frankfurter Allgemeine Zeitung *71, 78, 80, 85, 90, 92, 106, 123, 131, 143, 147, 153, 169*
Frankfurter Rundschau *77, 166*

G

Göppinger Kreisnachrichten *140*

K

Kölner Stadt-Anzeiger *84*
Konkret 62
Kontraste *15*

M

Merkur *178*
Münchner Merkur *162*

N

Neue Zürcher Zeitung *93, 182*

P

Die Presse *24, 35, 96*

R

Rheinische Post *83, 141*
Rheinischer Merkur *154*
Ruhr-Nachrichten *15, 126*

S

Saarbrücker Zeitung *94*
Sonntagsblatt *70*
Der Spiegel *29, 68, 100, 158, 172*
stern *164*
Stuttgarter Zeitung *5676, 120, 137, 148*
Süddeutsche Zeitung *25, 41, 124, 150*

T

Der Tagesspiegel *82, 91, 95, 129, 133, 134, 168*
Die Tageszeitung *57*
taz (siehe Die Tageszeitung)
Telegraf *128*
Trierischer Volksfreund *81*

V

Vorwärts *144*

W

Die Welt *65, 89*

Die Welt der Bücher *45, 140*
Die Weltwoche *13, 184*
Westfälische Rundschau *126, 136*
Wort in der Zeit *9*

Z

Die Zeit *51, 61, 63, 72, 75, 103, 174, 177*